DELLO STESSO AUTORE

Donne d'Oriente
La terra dei gelsomini
Armenia
La via per Isfahan
La regina crocifissa
Lady Hamilton
Il silenzio di Dio
Il libro di zaffiro
La signora della lampada
Io, Gesù
Una nave per l'inferno
I giorni e le notti
Il ragazzo di Bruges

Gilbert Sinoué

Le storie d'amore che hanno cambiato il mondo

traduzione dal francese di
Roberto Boi e Giuliano Corà

NERI POZZA EDITORE

Titolo originale:
12 passions amoureuses qui ont changé l'Histoire

Prima edizione, gennaio 2016
Seconda edizione, febbraio 2016

ISBN 978-88-545-1159-0

Il nostro indirizzo internet è: www.neripozza.it

Preambolo

Il lettore potrebbe giustamente interrogarsi sulla legittimità del titolo di quest'opera, e cercare di capire in che modo l'amore di Édith Piaf per Cerdan, quello di Lady Hamilton per l'ammiraglio Nelson o quello di Nehru per Lady Mountbatten abbiano potuto giocare un ruolo negli avvenimenti mondiali. E tuttavia... Se Lady Mountbatten e Nehru non fossero stati così appassionatamente innamorati, è probabile che il processo che doveva portare all'indipendenza dell'India sarebbe stato molto più conflittuale di quanto sia poi avvenuto. Se Édith Piaf, tormentata dalla mancanza di Cerdan, non avesse insistito perché egli la raggiungesse al più presto – non in nave, come lui aveva previsto, ma in aereo – il pugile avrebbe affrontato Jake La Motta e magari, chissà, avrebbe riconquistato il titolo di campione del mondo. Se il folle amore di Dom Pedro per Inès de Castro non si fosse concluso con l'assassinio di quest'ultima, Alfonso IV e suo figlio non si sarebbero scontrati in una guerra che fu sul punto di devastare il Regno del Portogallo.

E come ignorare il ruolo determinante che Lady Hamilton giocò a fianco di Maria Carolina, regina del Regno di Napoli e di Sicilia? Se, per amore dell'ammiraglio Nelson, l'ambasciatrice non fosse intervenuta, la flotta inglese si sarebbe trovata in pessime acque e forse non sarebbe stata in grado di affrontare l'ammiraglio Brueys nella baia di Abukir. Tutti i frammenti che compongono l'universo sono uniti tra loro; basta modificarne uno perché tutti quelli a esso collegati risentano di tale cambiamento. Frida Kahlo e Diego Rivera, Rodin e Claudel, la coppia Burton e Taylor, Hugo e Juliette... Ognuno di loro, ciascuno a proprio modo e con maggiore o minore intensità, ha turbato i disegni del destino.

La regina crocifissa
Dom Pedro e Inès de Castro

Palazzo di Montemor, Portogallo, ottobre 1340

Il bussare alla porta strappa Alfonso IV, re del Portogallo, alle sue riflessioni. Era in attesa del suo visitatore.

«Entrate!»

Un giovane sui vent'anni avanza con passo lesto nella stanza.

«Mi avete fatto chiamare, padre?»

La voce è incerta, come se le parole incespicassero sul palato prima di uscire.

«Avvicinatevi, dom Pedro!»

I due uomini si somigliano, al punto che se non vi fossero trent'anni di differenza potrebbero sembrare gemelli. Alti, carnagione olivastra, occhi e capelli neri, tratti spigolosi e naso dritto; stanno piantati l'uno di fronte all'altro nel medesimo atteggiamento, un misto di arroganza e orgoglio.

Dom Pedro attende che il padre si accomodi, poi si siede a sua volta.

«Avete come al solito un aspetto stanco» nota Alfonso. «Mi riferiscono che non dormite abbastanza».

«Ne abbiamo già parlato, padre. La notte mi fa orrore».

«Ma dormire è necessario. È la natura stessa che lo impone. Come trascorrete dunque le vostre notti?»

«Leggo».

«Leggete! E naturalmente leggete poesie! Stupidi *cancioneiros*[1]! E poi, alle prime luci dell'alba, inforcate il vostro

1. Poemi su vari argomenti in portoghese e castigliano, popolari in Portogallo fin dal XIV secolo (*N.d.T.*).

cavallo in compagnia di quello schiavo... di cui neanche ricordo il nome».

«Massala».

«Appunto, Massala. E vi fate rivedere solo a mezzogiorno».

«Cosa c'è... di male... a...»

Ecco, la solita difficoltà ad articolare le parole quando la tensione cresce. Dom Pedro contrae le dita. Quando guarirà da questo balbettio che lo tormenta sin da bambino? Trae un profondo respiro e continua: «Vorrei che mi diceste la ragione per cui mi avete fatto chiamare».

«Ce ne sono due».

Alfonso si alza bruscamente e raggiunge la finestra, spalancata sulla pianura. Riprende a parlare dando le spalle al figlio.

«Un'armata di mori, della stirpe dei Merinidi, è sbarcata a Gibilterra in risposta alle richieste di aiuto lanciate dall'emiro di Granada. La comanda Abu el-Hassan, il "sultano nero". Tutto induce a credere che abbia intenzione di condurre una vasta controffensiva e di avanzare verso nord. Il re di Castiglia e León si sta muovendo per incontrarlo, e ha chiesto il mio aiuto».

Sul volto del giovane principe appare un'espressione dubbiosa.

«E voi avete accettato?»

Alfonso si volta di scatto.

«Non avrei dovuto?»

«L'Andalusia non è il Portogallo, e che io sappia voi non avete mai avuto particolare simpatia per la Castiglia. Appena l'anno scorso eravate in guerra contro il sovrano di quel regno, il vostro omonimo Alfonso XI».

Il re ha un gesto d'impazienza.

«Alfonso ha sposato vostra sorella, *doña* Maria, che però non sopportava più di essere maltrattata e offesa dal marito. Perciò non ho avuto altra scelta che intervenire. Tuttavia è ormai acqua passata. Da allora mio genero ha fatto onorevole ammenda dei suoi errori e tutto è rientrato nella normalità».

«Tanto meglio. Fosse stato per me, però, non avrei perdonato quell'individuo così in fretta».

«Perché avete la testardaggine della giovinezza e ignorate tutto della politica. Del resto sembrate dimenticare che da sempre i mori sono nostri comuni nemici. Tutto ciò che mette in pericolo la *Reconquista* mette in pericolo il Portogallo».

«Quando partirete?»

«Mi metto in marcia domani, alla testa di mille uomini».

Segue un nuovo silenzio. Il re si rimette seduto al suo posto. Si tormenta la barba.

«Ho anche un'altra cosa da dirvi».

Pedro abbozza un cenno d'assenso e aspetta.

«State per sposarvi».

«Spo... sarmi?»

«Come avete appena ricordato, è vero che tra noi e la Castiglia c'è stata spesso bufera, e che ancora permangono rivalità e gelosie. Tuttavia oggi l'unione di *doña* Maria col re di Castiglia ci permette di guardare al presente con maggiore serenità. Ma se il presente è sereno, il futuro va invece costruito».

«Il futuro?»

«Voi, figlio mio, il futuro del regno siete voi. Se vogliamo che la pace così faticosamente conseguita si mantenga, e compiere un ulteriore passo di avvicinamento tra noi e i nostri vicini...»

«Voi auspicate che...»

«Voi sposerete *doña* Costanza, l'infanta di Castiglia. Non è un'ipotesi, ma una necessità. Ha compiuto diciannove anni, perciò siete coetanei. Stando a quel che si racconta di lei è piuttosto bella, e anche dolce e docile, il che non guasta. Il matrimonio avvicinerà ancora di più i due regni e salvaguarderà la discendenza, la mia e la vostra».

Il nervosismo tende i tratti del giovane principe. Cerca

le parole con cui replicare, ma sa che farebbe fatica a tirarle fuori. E poi, servirebbe a qualcosa? Lo ha imparato da tempo: il figlio di un re non decide nulla.

«Quando?»

«Al mio ritorno. La domanda di matrimonio è già stata presentata ed è stata accolta con favore. Ma a giudicare dalla vostra espressione, sembra che non condividiate la stessa buona disposizione».

Dom Pedro ha bisogno di qualche istante per riuscire ad articolare le parole.

«La felicità non consiste forse nel fingere di fare per passione ciò che si fa per interesse? Sono parole vostre, ricordate?»

«Perfettamente».

«Sposerò dunque *doña* Costanza. E nascerà anche la passione».

«Così va bene».

Il re si alza.

«Ora dobbiamo lasciarci: il tempo corre e io devo mettermi in viaggio».

«Che Dio vi protegga, padre. Tornate sano e salvo».

Il principe accenna un timido movimento verso il sovrano, ma subito ci ripensa. Alfonso non ha mai sopportato le effusioni, di qualsiasi natura esse siano.

Dom Pedro fa giusto un inchino, poi lascia la stanza.

Burgos, Castiglia

Per quanto i raggi del sole invadessero la stanza attraverso la finestra, *doña* Costanza represse un brivido e si rivolse alle sei dame del suo seguito, riunite in semicerchio attorno a lei.

«Sono congelata! *Señoras*, che una di voi abbia la bontà di chiedere a un servo di ravvivare questo braciere, ormai non riscalda più!»

Mentre in un fruscio di seta e taffettà una dama si affrettava a esaudire il suo desiderio, lei fece un sospiro e proseguì: «Nove mesi d'inverno e tre d'inferno, ecco cos'è la Castiglia. Credete che in Portogallo il tempo sarà simile a questo?»

Le rispose una voce piena di brio.

«Dicono che l'amore possa ardere più forte di mille soli. E non è forse l'amore che vi attende laggiù?»

«Mia cara, il sole si può vedere, ma l'amore? A dire il vero, io ignoro tutto di questa parola, ignoro il senso che riveste».

Poi l'infanta si rivolse a una giovane donna, la più giovane di tutte.

«E tu, Inès? Tu ne sai qualcosa? Dopotutto stai per compiere vent'anni. Uno più di me. Trecentosessantacinque giorni. Vorrà pur dire qualcosa, no?»

Inès de Castro si fece rossa in viso.

«Oh, *doña* Costanza, io ne so meno di voi».

Poi rettificò timidamente: «So solo che si tratta di un sentimento tra i più nobili e puri che possano esistere».

«Sembri parlarne con trasporto... L'hai mai provato?»

«No, mai. Però so che esiste, anche se è invisibile. Dopotutto, non vedere Dio non impedisce di avere fede».

Timide risa soffocate fecero eco alle sue parole. Ma *doña* Costanza s'incupì.

«Ho paura. Gli piacerò? Saprò sedurlo? Dicono che dom Pedro sia un bell'uomo, mentre io... Guardatemi».

Sollevando leggermente la guarnacca bordata di rosso, l'infanta lasciò la sua sedia e si diresse verso un piccolo specchio bombato appeso a una parete della stanza.

«Guardatemi! Ho le guance troppo tonde, le ciglia corte, gli occhi già segnati dalle occhiaie benché non abbia ancora diciannove anni. E le mie labbra non sono che un accenno di carne!»

«Siete troppo crudele con voi stessa, *doña* Costanza» protestò Inès. «Non dovete. Voi avete tutto per piacere a un gentiluomo. E comunque, credete che la bellezza sia la cosa più importante?»

«Per una donna lo è sicuramente!» rispose angosciata l'infanta, e si girò verso Inès. «Ma è evidente che tu non hai questo genere di problemi. Tu sei splendente come un raggio di sole!» Poi, rivolgendosi alle altre dame: «Non ho ragione? Siate sincere. Non esiste una sola di voi che in presenza d'Inès de Castro non ceda all'invidia e alla gelosia. Abbiamo visto tutte quale turbamento suscita negli uomini. Dall'ultimo di loro al più importante, tutti, tutti quanti ne sono abbagliati. Non fanno che bisbigliarsi l'un l'altro il soprannome che le hanno dato: *Cuello de garza*... *Cuello de garza*... Collo di cigno... Ah, la natura è davvero ingiusta!»

Lisbona, 15 novembre

L'impervia collina digrada sull'immenso estuario nel quale confluiscono languide le acque del Tago. Le porte della città sono imbandierate. Nelle piazze il vino scorre già a fiumi.

La folla tiene d'occhio la porta del Mare, dalla quale dovrebbe apparire il corteo reale. D'un tratto, con un fremito bronzeo, le campane della cattedrale si sciolgono e subito le loro vibrazioni riempiono il cielo mischiandosi ai raggi del sole, fino a diventare una medesima essenza.

Un brivido attraversa la folla.

Sì, eccoli!

Diversi bambini, tutti vestiti di bianco, aprono il corteo disseminando fiori lungo il cammino. Dietro di loro, re Alfonso è il primo ad attraversare la volta. La moglie, *doña* Beatrice, cavalca al suo fianco, incarnando un singolare contrasto con lo sposo. Lei così gracile, lui immenso. E tanto lei appare serena, tanto lui sembra tormentato.

Seguono i nobili, drappeggiati nelle sopravvesti ricamate con fili d'oro e d'argento.

Un nitrito scuote l'aria. È il cavallo di dom Pedro, forse innervosito da tutta quella confusione. Accenna uno scarto, ma viene trattenuto dal principe, che subito dopo gli accarezza l'incollatura con un gesto pacato. Il cavallo si acquieta e riparte al trotto sulle orme della coppia reale.

Avanzando, il promesso sposo risponde alle ovazioni con misurati cenni del capo.

Dove sta andando? Dove lo conduce il destino? Che piega prenderà quel matrimonio?

Lo sguardo torvo di dom Pedro abbraccia la cattedrale.

Non ha ancora visto l'infanta. Dicono che sia graziosa. Ma la grazia è sufficiente a conquistare il cuore chiuso di un uomo?

Ecco, il corteo è arrivato sul sagrato.

Bisogna scendere da cavallo. Il re e la regina sono già all'interno, e così anche i vari membri della nobiltà.

Un lacchè si prende cura dell'animale. Pedro varca l'ingresso e avanza lungo la navata fino ai piedi dell'altare dove sono già riuniti gli ecclesiastici, tra i quali spicca come si conviene monsignor Mendes, il vescovo di Lisbona.

Il principe si pone a sinistra dell'altare. Una corrente gelida lo fa rabbrividire.

A sua volta, anche l'infanta è entrata nella cattedrale. Cammina al braccio del padre, il conte Juan Manuel de Penafiel. L'uomo ha un portamento elegante, sembra quasi che cammini sfiorando il terreno. I baffi all'insù caratterizzano il volto d'aquila.

Li seguono le dame d'onore.

Sono sei.

L'infanta e suo padre si fermano a un passo da dom Pedro. Il conte saluta e si allontana.

Ecco, ora sono soli, l'uno di fronte all'altra.

Lei non osa nemmeno alzare il viso; lui osa appena scrutarla. Il vescovo li invita ad avvicinarsi.

La cerimonia può iniziare.

Di tutto ciò, dom Pedro più tardi ricorderà solo la sensazione provata allo scambio degli anelli, quando le loro mani si sfiorarono: una sensazione di fastidio. Tanto da fargli capire, in quel preciso istante, che per quanto le loro vite ormai fossero legate, le loro carni si sarebbero unite con fatica.

Il vescovo impartisce la benedizione. Il coro intona il *Te Deum*. È finita. L'infanta di Castiglia e il principe ereditario di Portogallo sono sposati. I due regni possono andare in pace.

Dom Pedro si voltò e fece per riattraversare la navata per guadagnare l'uscita. Fu allora che la vide.

No, non poteva essere vera! Quel candore, quella carnagione così bianca e fresca, quella grazia! Non poteva essere reale. E le guance di giglio e di rosa, il collo di alabastro. E sotto la seta un seno forse d'avorio e di neve. Capelli color dell'oro, intrecciati nello sfolgorio del Mar da Palha. Labbra scolpite nel rubino e nel corallo. E gli occhi, opalini come il mare e verdi come la speranza. Profondi come l'infinito.

Le prime parole che gli vennero in mente furono: *Cuello de garza*... Collo di cigno...

Dovette appoggiarsi al braccio di *doña* Costanza per non vacillare. Chissà se lei se ne rese conto.

Quando arrivarono all'altezza di Inès de Castro, Pedro pensò che lei sentisse il battito impazzito del suo cuore. Tuttavia osò fermarsi. Osò alzare gli occhi. E osò fissarla come se avesse voluto sciogliersi in lei. Quanto a lungo? Quanto tempo rimase a contemplarla così?

La corte aspettava. Il vescovo era in attesa.

Finalmente riuscì a strapparsi da quella visione, e riprese il cammino verso l'uscita.

Montemor, Portogallo, 23 novembre

La campana cessò i rintocchi dell'Angelus. Il silenzio avvolse il crepuscolo.

Nascosto dietro una colonna, dom Pedro diede un'ultima occhiata all'ingresso del chiostro di San Vincenzo, poi con voce sorda disse: «Non verrà».

«Meglio così» replicò Massala. «La vostra idea era assurda! Insomma, riflettete! Volevate che consegnassi a *doña* Inès una lettera scritta di vostro pugno, per giunta sotto gli occhi di vostra moglie e davanti alle altre dame d'onore. Una follia!»

Dom Pedro fissò negli occhi il suo schiavo. Da tempo il destino gli aveva posto accanto quell'uomo; da bambino aveva visto il suo volto molto più spesso di quello di Alfonso.

«È falso!» ribatté. «Non è questo ciò che avevo progettato, lo sai bene. Quelle dame accompagnano Costanza ogni giorno, giusto prima dell'Angelus serale. E prima di immergersi nella preghiera passano da qui, sotto queste arcate. Io sarei rimasto in disparte, e tu avresti approfittato di un momento in cui Inès fosse rimasta da sola per avvicinarla».

«E se la sua padrona l'avesse interrogata sul contenuto del messaggio, cosa avrebbe risposto? Se *doña* Costanza avesse preteso di leggerlo? Posso capire che di voi stesso non v'importi granché, ma pensate a *doña* Inès!» Scosse il capo con decisione. «Mi fate paura. Il letto di vostra moglie è ancora caldo e già il vostro corpo e il vostro cuore si smarriscono dietro un'altra».

Dom Pedro emise un urlo di stizza.

«Allora non hai capito! *Io so che è lei*. Già quando l'ho vista nella cattedrale ho capito che era lei».

«È una follia» ripeté Massala. «Voi stesso mi avete detto di non sapere nulla di quella giovane. Forse il suo cuore è già preso. Non conoscete nemmeno il suo nome!»

«Ti sbagli. Ho preso informazioni, così ora so molte cose».

Il berbero lo guardò sbalordito.

«Sì» confermò Pedro. «Ho interrogato una delle dame d'onore e anche il Gran Maggiordomo».

«Che Allah perdoni la vostra leggerezza! State certo che vostra moglie ne è già stata messa al corrente».

«La cosa non m'importa».

Massala si prese il volto tra le mani.

«Avevo ragione quando vi dicevo che eravate solo un ragazzo, e che come tutti i ragazzi vivete ogni cosa all'estremo».

Indifferente alla reazione del suo servo, dom Pedro proseguì: «Non è sposata».

«E che altro?»

«È la figlia di don Fernández de Castro, valoroso capitano».

«Tutto ciò è molto bello» borbottò Massala, «ma non toglie nulla al pericolo che correte. Rendetevi conto che non si tratta solo di un inganno nei confronti di vostra moglie, ma di un attentato all'onore della Castiglia. Lasciate perdere! Scacciate quella donna dalla vostra mente! Oltretutto dimenticate che è dama d'onore: quand'anche lei volesse accondiscendere ai vostri sentimenti, il suo ruolo le proibisce qualsiasi tradimento. State perdendo il vostro tempo».

Immerso nei suoi pensieri, Pedro ricominciò a camminare su e giù sotto gli archi ogivali.

«Non capisco cosa sia successo. Perché non sono venute? *Doña* Costanza è la devozione fatta persona. Non perde mai un'occasione per pregare...»

Si volse di scatto verso lo schiavo.

«Mi è venuta un'idea!»

Da una tasca della giubba tirò fuori una busta sigillata e la porse a Massala.

«Tieni!»

Il berbero ebbe un gesto di rifiuto, spaventato come se il suo padrone gli avesse teso un carbone ardente.

«Prendila» insistette Pedro. «Gliela porterai subito».

«Subito? Dove? E come?»

«Nel modo più semplice. Ti basterà infilare la lettera sotto la sua porta. So qual è la sua camera».

Di fronte all'assenza di reazioni, il tono della sua voce s'indurì.

«Io ti voglio bene come se fossi mio padre, Massala. Ma non dimenticare che mi devi anche obbedienza».

Nobile dama,

abbiate indulgenza, vi prego, per il mio cuore e la mia anima. Da giorni essi non mi appartengono più, sono volati verso di voi e siete voi, ormai, a governare il loro destino.

L'ho voluto? Se volere significa aspirare a rendere possibile l'impossibile, allora sì, forse l'ho voluto. Se volere significa sognare di sfiorare la bellezza e salire i gradini che conducono al paradiso, ebbene sì, l'ho voluto. Io vi ho amata ancor prima di sapere che esisteste. Vi amo come si amano la felicità, la speranza, il sole che sorge. Vi amo con la tormentata impazienza di chi scruta l'orizzonte in attesa dell'essere amato. Vi amo come il popolo ama il re, come il frastuono delle armi ama la pace. Condannatemi, svergognatemi, disprezzatemi; ma, di grazia, risparmiatemi l'indifferenza. Perfino il vostro risentimento sarebbe per me una consolazione, perché potrei comunque dirmi: «Lei pensa a me».

Vi aspetterò domani all'alba, a cinque leghe da qui, ai piedi della statua di Diana, tra le rovine del tempio romano di Évora. Il mio servo Massala sarà ai vostri ordini per condurvi là a bordo di una carrozza. Verrete quando lo riterrete opportuno. Io sarò lì alle prime luci dell'alba, e attenderò fino al tramonto. E tornerò ogni giorno, fino a che Dio me ne darà la forza.

Dom Pedro

Seduta vicino al focolare, Inès rilesse la lettera una seconda volta, poi una terza, infine se la mise contro una guancia.

Così, il principe aveva reso possibile l'inconcepibile. Ciò che lei aveva provato il giorno del matrimonio, lo aveva provato anche lui. Quell'emozione così forte, tanto da diventare dolorosa, l'aveva condivisa con lui. Eppure, fatto strano, sapere che quella condivisione esisteva non solo non mitigava l'emozione, ma la rendeva se possibile ancora più violenta, ancora più inquietante. D'un tratto ebbe l'impressione che la sua camera fosse diventata un baratro, e lei si trovasse proprio sull'orlo. Sarebbe caduta? Era quello il prezzo da pagare per vivere ciò che una donna onorata non doveva in alcun modo concedersi di vivere?

E adesso? Adesso che sapeva, cosa avrebbe dovuto fare?

Costanza, Costanza. Mai quel nome aveva preso tanto spazio nella sua mente. E quasi subito a quel nome si unì la parola "tradimento", e poi un'altra, ancora più terribile: "peccato". Quale delle due sarebbe stata più pesante da reggere, se il giorno dopo lei avesse ceduto al sentimento?

Che fare, mio Dio, che fare... Di dom Pedro non sapeva niente, se non quel poco che le confidava la sua fortunata padrona.

Tradimento, tradimento...

Di nuovo quella parola bussava alle porte della sua mente... No, sarebbe stata una pazzia! Una de Castro non poteva abbandonarsi ad amori clandestini.

Posò la lettera sul tavolo. Non sarebbe andata a Évora.

Presa la decisione, un dolore indicibile le attraversò il ventre, obbligandola a ripiegarsi su se stessa.

Palazzo di Montemor, Portogallo

Era una sera di luna piena. Pedro fece in punta di piedi il corridoio rischiarato da una luce lattescente; giunto in fondo scese uno alla volta i gradini che portavano al piano inferiore, verso le camere dove dormivano le dame d'onore. Giunto infine davanti a quella di Inès de Castro, batté due colpi secchi e attese. Poiché nulla accadde, posò la mano sulla maniglia e aprì la porta.

Adesso, fermo sulla soglia, esitava a fare anche un solo passo. Indovinava, più che vederlo, il corpo della giovane stesa sulla schiena. Poteva udire il suo respiro leggero, morbido come la seta, dolce come il frullo di un passero. Andarsene, oppure ardire?

Si avvicinò al letto e si mise in ginocchio. Contemplarla, ascoltarla, era già sufficiente. Quanto tempo rimase così, a nutrirsi di quella visione? Non possiamo saperlo. Del resto, calcolare un momento simile, in cui persino il cielo trattiene il fiato, è impossibile.

A un tratto lei si mosse, emise un sospiro e si girò sul fianco. Ora solo un respiro divideva il suo volto da quello di dom Pedro.

A voce bassa, quasi senza rendersene conto, lui ripeté: «Inès... Ines... Inès...»

Lei aprì gli occhi e lo vide.

La sua reazione fu strana. Avrebbe dovuto spaventarsi, urlare, invece rimase immobile a osservare Pedro con occhi tranquilli. Sconcertato, lui non fu in grado di dire nulla; del resto non gli sarebbe stato possibile, tanto l'emozione gli serrava la gola.

Infine, con uno sforzo sovrumano, balbettò: «La lettera... Avete compreso il senso della mia lettera?»

Lei si sollevò tenendo la coperta sul seno, e parlò lentamente.

«Se avessi saputo scrivere, se solo avessi saputo...»

«Sì?»

«Vi avrei detto le medesime parole».

Una vibrante felicità invase il cuore di dom Pedro. Lei era dunque fatta della sua stessa natura. Le loro anime erano gemelle... Pensare che aveva avuto così paura!

«Allora perché? Perché non siete venuta a Évora?»

Lei rispose quasi supplicando: «Non fatemi questa domanda».

Poi subito continuò: «Avete dimenticato i legami che mi uniscono a *doña* Costanza? E quelli, ancora più sacri, che fanno di voi il suo sposo?»

Lui si alzò bruscamente.

«Nulla è immutabile, mai».

Lei sorrise come si sorride a un bambino.

«Voi parlate da uomo libero, dom Pedro, quando invece sia io che voi siamo prigionieri».

«Avete ragione» approvò lui. «Prigionieri l'uno dell'altra».

«Circondati da carcerieri».

Il principe andò verso la finestra e fissò a lungo il cielo notturno. Dove trovare una via di fuga? Sapeva che lei non aveva torto, che il presente era solo un'immensa muraglia eretta tra loro.

«Vivere senza di te... non è possibile» balbettò. «Se non vi fosse alcuna speranza, ne morirei».

Preso dall'emozione, le aveva dato del tu.

«Un principe può permettersi di morire d'amore, dom Pedro? Un giorno voi sarete re. Il vostro popolo avrà bisogno di voi».

«Non esiste regno né altro al mondo che ai miei occhi abbia importanza, se tu non sei accanto a me!»

Aveva la bocca e le labbra secche ma continuò lo stesso, combattendo strenuamente col ritmo delle sillabe.

«Non mi hai appena detto che quella lettera avresti potuto scriverla tu? E se l'avessi scritta, avresti forse omesso qualcosa, anche una sola frase, ritenendola inappropriata? Dimmelo, ti prego. E se la tua risposta è sì, faccio giuramento di sopravvivere col mio dolore, senza mai cercare di tornare da te».

Seguì un silenzio interminabile. Secoli di silenzio. Infine le labbra di Inès abbozzarono un "no", pur senza pronunciarlo.

Allora lui si sedette sul bordo del letto e, abbandonando qualunque timore, si chinò su di lei. Inès non lo respinse.

Sentire il calore di Pedro, e il suo viso sulle guance, fece cadere le sue ultime resistenze.

Alavaro Gonçalves, uno dei tre consiglieri più vicini al re, non riusciva a credere alle proprie orecchie. Ripeté la domanda al servo che stava ritto davanti a lui.

«Sei sicuro di quello che affermi?»

«Sì, signore. L'ho visto. Ho visto dom Pedro come ora vedo voi».

«Ed entrava nella camera di *doña* Inès? Ne sei certo?»

«E non è la prima volta. È così ogni notte, da una settimana».

La sorpresa di Gonçalves si trasformò in sgomento.

Incredibile! Che l'infante fornicasse fuori dal matrimonio non era cosa che potesse stupirlo. Facile capire da chi avesse preso: suo nonno, il re Denis, non era certo stato da meno, al contrario! No, il problema era di altro genere, riguardava le possibili conseguenze politiche.

Gonçalves spazzò l'aria con un gesto della mano. Suvvia, si stava preoccupando per niente! Nondimeno, raccomandò al servo: «Continua a sorvegliarli. Tienimi al corrente di ogni loro gesto e movimento».

L'uomo annuì.

«Bene, mio signore».

Rimasto solo, Gonçalves rifletté per qualche istante.

Forse sarebbe stato più prudente informare gli altri due consiglieri del re. Coelho e Pacheco avrebbero senza dubbio giudicato interessante la novità.

Montemor, sala dei Portolani

«Divertente, no?» disse Alavaro Gonçalves rivolto a Pêro Coelho e a Diogo López Pacheco.

Quest'ultimo osservò: «Divertente, in effetti. Purché la faccenda non diventi preoccupante».

Coelho aggrottò la fronte.

«Preoccupante? Perché mai, *amigo*? Non sarà la prima volta che un membro della corte, re o principe che sia, si concede un'amante. Inoltre, detto tra noi, sono pochi quelli che sarebbero capaci di resistere alle grazie della *señora* de Castro. Una ragazza magnifica!»

Continuò con fare sognante: «Mi domando se una sera non potrei provarci anch'io. Ha l'aria di una che si lascia corteggiare... Tu, Alavaro, che ne pensi?»

«Io penso che per il momento non v'è ragione di allarmarsi» ribatté Gonçalves. «Ma penso anche che bisogna controllare la faccenda da vicino. Voi tutti conoscete l'opinione che ho di quei due mezzi delinquenti di Francisco e Juan: come avrete capito, sto parlando dei fratelli della *señora* de Castro. Voglio sperare che non venga loro in mente di approfittare della situazione per trasformarsi in cavalli di Troia: sappiamo benissimo che non hanno mai nascosto il desiderio di ricondurre il Portogallo nell'area d'influenza della Castiglia».

Il segretario particolare di Alfonso protestò.

«Assurdo! Da quando i nostri due regni hanno firmato il trattato di Alcacines, che garantisce a entrambi i propri confini, le tensioni si sono placate. Che io sappia, la moglie di dom Pedro è *doña* Costanza, non questa Inès. Insomma, riflettete! Lei non ha e non avrà alcun potere sull'infanta. D'altra parte, se la Castiglia avesse ancora delle mire su di noi, nulla le impedirebbe di utilizzare la sposa legittima piuttosto che l'amante. Dunque, non condivido le vostre preoccupazioni».

«Mio caro Coelho, le pagine della storia sono piene di episodi in cui i re preferiscono il loro bastardo al proprio erede legittimo. Devo forse ricordarti certi fatti non troppo estranei a noi?»

«Un bastardo? Come corri! Stando a quel che si dice, la *señora* de Castro non è affatto incinta».

«Ma potrebbe esserlo, prima o poi».

«Proprio come *doña* Costanza! Ci mancherebbe solo che entrambe partorissero un maschio. Non sarebbe semplice decidere quale dovrà essere l'erede!»

Varcato l'ingresso del chiostro, *doña* Costanza ordinò alle dame d'onore: «Aspettatemi nella cappella, vi raggiungerò subito».

Poi invitò Inès a seguirla.

«Vieni!»

Il luogo era deserto. Una brezza profumata correva tra gli ulivi, mormorando come le acque d'un ruscello.

La dama d'onore seguì senza dir nulla la sua padrona fino al limite del piccolo giardino. Il cuore le batteva all'impazzata. Immaginava quale potesse essere la ragione di quel colloquio: Pedro. Che altro, sennò? Costanza si sedette su una panca di pietra e fece segno a Inès di prendere posto accanto a lei.

Con un gesto secco l'infanta aprì il ventaglio dai bordi punteggiati di madreperla, ma invece di farsi aria rimase a fissarlo a occhi bassi, immobile, mentre nel cuore di Inès cresceva l'inquietudine.

Infine Costanza si decise a interrompere il suo mutismo.

«Tu eri mia amica...» furono le sue prime parole.

Inès annuì, lo stomaco contratto. Cosa poteva rispondere?

«Lo sei ancora? No, non dire niente. È una domanda assurda, non dire niente! Gli uomini sono malvagi, Inès. E le donne sono perfide».

A chi era rivolta quell'affermazione? A Inès? A Pedro? A entrambi?

«Da qualche tempo corrono delle voci, a Montemor. Probabilmente saranno giunte anche a te».

«Delle voci, *señora*?»

«Sì, voci brutte e odiose come le notti senza amore».

«Io non... non capisco».

«Perché tu sei pura, perché ignori cosa siano il male

e la maldicenza. Tuttavia... è proprio ciò che sta accadendo».

Costanza richiuse piano il ventaglio e se lo pose in grembo.

«Si dice... ma naturalmente si tratta di malelingue... insomma, dicono che tu e Pedro abbiate una relazione clandestina. Il che è falso, naturalmente!»

Strinse con forza le mani di Inès e con un tono carico di affettazione continuò: «Oh, perdonami! Lo so, ti sto ferendo. Chi diffonde queste accuse non ti conosce, non sa niente della tua nobiltà, della tua lealtà, di quanto tu sia incapace di scendere a simili bassezze. Ho ragione, vero?»

Mio Dio, ma a che gioco sta giocando? pensò Inès, del tutto disorientata. È possibile che sia così ingenua da credere davvero che... Scrutò la padrona per tentare di scindere il vero dal falso, ma il volto della giovane restava impenetrabile.

«Ti prego» riprese subito Costanza, «dimentichiamo queste maldicenze! Parliamo piuttosto di cose belle: ho una grande notizia da darti!»

L'infanta raddrizzò la schiena, mentre un lampo d'allegria le attraversava lo sguardo.

«Aspetto un bambino!»

Inès si sentì mancare il terreno sotto i piedi.

«È... meraviglioso...»

«Sì, vero? Quando nascerà sarà il giorno più bello della mia vita. E sarà un maschio, se Dio vuole».

«Dom Pedro...»

«Sì?»

«Dom Pedro ne è già al corrente?»

«Non ancora: tu sei la prima a cui l'abbia detto».

E di slancio aggiunse: «Ho anche un'altra novità, che riguarda te direttamente».

Inès si rimise in guardia.

«Vi ascolto».

«Sarai tu la madrina di mio figlio».

Palazzo di Montemor, settembre 1341

Le grida provenienti dalla camera di *doña* Costanza risuonavano in tutto il palazzo. Grida inframmezzate da gemiti. I gemiti di un fiore strappato.

Al piano superiore, la regina Beatrice e il re stavano finendo di cenare seduti l'uno di fronte all'altra alle due estremità dell'imponente tavolo che troneggiava nella sala da pranzo. A onor del vero, il re stava finendo il suo piatto preferito, *carne de porco à alentejana*, un misto di vongole e carne di maiale abbondantemente condito col coriandolo. Quanto a Beatrice, non aveva toccato cibo.

Si udì ancora un grido, più straziante dei precedenti.

«Ma insomma, quando finisce?» imprecò Alfonso.

«Sta soffrendo».

«E noi con lei».

Stava per portare l'ultimo boccone alle labbra, ma lo lasciò a mezz'aria.

«A proposito, dov'è dom Pedro?» chiese.

Pedro non era lontano. Cavalcava da due ore tra valloni e radure. Massala galoppava al suo fianco. I loro stalloni disegnavano grandi cerchi di polvere ocra attorno al palazzo.

«Per quanto tempo ancora dobbiamo girare in tondo?» gridò Massala esasperato.

L'infante non rispose. Aveva la testa ancora piena delle grida di Costanza. Piena anche di domande. E di angoscia.

Come districare quella misteriosa matassa nella quale s'intrecciavano felicità e dolore, la gioia di essere padre e la disperazione di non essere più amante?

Tuttavia la gioia durò assai poco: dom Pedro non ebbe nemmeno il tempo di stringere il figlio tra le braccia. Luis – questo il nome che avevano scelto per lui – venne preso dalle convulsioni la sera stessa, e alle prime luci dell'alba la sua vita si spense.

Montemor, Portogallo

Nudi, stretti l'uno all'altra, nessuno dei due aveva pensato di fare l'amore. Stare così li appagava.

«Ora che sei libera dalla tua promessa» mormorò Pedro, «tutto ridiventa possibile».

«Fino al prossimo bambino».

«Amore, ti prego, non rovinare questi momenti. Perché vuoi tormentarti sul domani? Pensiamo solo al presente: non siamo forse protetti dalla sorte?»

Con le labbra le sfiorò la fronte, gli occhi, il collo e l'incavo del seno con quel suono lieve, simile a un respiro, che fanno i bambini quando baciano.

«Dimmi che mi ami».

Lei rispose: «Dimmi che mi ami».

«Non mi lascerai mai?»

«Ti ho mai lasciato?»

«E se te ne andassi, serberesti per sempre il mio ricordo?»

Le lo fissò commossa.

«No, Pedro, no. Possono minacciarmi dei peggiori tormenti, piantarmi chiodi nella carne, destinarmi alle fiamme dell'inferno. Io non ti abbandonerò mai. Ho sofferto troppo, ho pianto troppo».

Montemor, Portogallo

Già quattro anni. Quattro volte quattro stagioni. L'autunno ha disseccato gli alberi, la primavera ha ridato loro la vita. Si sono succeduti estati miti e inverni benevoli. Un anno dopo la morte prematura del piccolo Luis, *doña* Costanza ha partorito di nuovo. Una femmina, questa volta, venuta al mondo esattamente il 24 aprile 1342. È stata battezzata col nome di Maria. Inès ha rifiutato categoricamente di esserne la madrina. Sostenuta da Pedro, non ha ceduto né alle suppliche né alle minacce.

E oggi...

Oggi, in questo inizio di primavera dell'anno 1345, il cielo è terso e attorno al palazzo la campagna rinverdisce. La natura esce dal torpore invernale e si ravviva in una luce trasparente. Un profumo straordinario avvolge i giardini del palazzo. E *doña* Costanza sta per dare alla luce un altro bambino.

«Splendida giornata» osservò Diogo López Pacheco sfiorando con le dita un fiore di ibisco.

«Per noi, forse, ma il bel tempo non porta nessun benessere a colei che si sta torcendo nei dolori del parto. Tutto si potrà rimproverare all'infanta, tranne che non sia fertile. Tre figli in quattro anni! Se penso che la mia dolce moglie è stata capace di darmene solo uno in quattordici anni di matrimonio...»

Pêro Coelho alzò le spalle.

«Tre in quattro anni. Non ci vedo niente di eccezionale, soprattutto se consideriamo l'impazienza che pervade la madre. Inoltre bisogna riconoscere che il risultato non è particolarmente soddisfacente: un bambino nato morto, e poi una femmina. *Qual tragédia!* Il re vive piuttosto male questa mancanza di discendenti. Quel che mi sorprende, invece, è l'infertilità della *señora* de Castro. Credi che sia sterile?»

«Nel suo caso, la sterilità sarebbe un vantaggio».

Pacheco lo guardò con gli occhi sgranati.

«Sì» continuò Coelho. «L'assenza di progenie permette di evitare che si abbatta su di lei lo sdegno di Sua Maestà. Finché non avrà figli, verrà tollerata. Ho l'impressione che il re si sia fatto una ragione della sua relazione con dom Pedro; penso addirittura che la cosa gli sia indifferente. Ma guai se un giorno dovesse partorire! Soprattutto se fosse un maschio».

«E soprattutto se nel frattempo l'infanta non l'avrà anticipata» rincarò Pacheco.

Coelho fece schioccare la lingua.

«Tutto è scritto, come dicono i mori».

Senza saperlo, evocando il fato il consigliere era il più vicino alla verità. Aveva appena finito di parlare che uno scudiero si precipitò verso di loro.

«*Senhores*, è appena successa una tragedia terribile» annunciò ansimando. «*Doña* Costanza...»

«Ha partorito?» lo interruppe Pacheco.

«Sì, sì, *senhores*. Ma...»

«Ma cosa? Insomma, vuoi parlare?»

«*Doña* Costanza è morta».

Se un fulmine si fosse schiantato ai piedi dei consiglieri, non avrebbe prodotto effetto maggiore.

«Morta?»

«Sì, *senhores*. Poco dopo il parto si è messa una mano sul petto e ha perso conoscenza».

«E il bambino?»

«Sembra che stia bene».

«È un maschio o una femmina?»

«Un maschio, Ferdinando. È il nome che aveva scelto la madre».

Pacheco emise un lungo sospiro.

«Dio sia lodato!»

Fu con queste parole che il consigliere commemorò l'infanta.

Montemor, agosto 1347

Con infinite precauzioni, Pedro sollevò dalla culla la piccola creatura appena nata e se la strinse al petto.

«Beatrice» sussurrò. «Beatrice, figlia di Inès de Castro e di dom Pedro. Hai gli occhi di smeraldo di tua madre e i capelli neri di tuo padre».

Guardò Inès con aria di rimprovero.

«Se Massala non mi avesse avvertito... Come potevi pensare di privarmi di una simile felicità? Quando penso che qualche mese fa stavi per...»

«Ti prego, eravamo d'accordo che non avremmo più parlato di quell'attimo di smarrimento».

«Hai ragione. Però rispondi a una domanda, una sola».

Pose la bambina nella culla e si avvicinò a Inès.

«Parlavi seriamente? Davvero eri determinata a sacrificare nostro figlio?»

Lei rispose senza esitazione.

«Sì».

«Per paura?»

«La paura di dare alla luce un maschio, la paura che tuo padre e la corte vedessero in lui una minaccia per Ferdinando».

Lui protestò.

«È assurdo! Il figlio di Costanza non è forse anche mio figlio? In nome di cosa avrei potuto privarlo dei suoi diritti in favore di un figlio nostro?»

Lei chinò il capo, quasi timorosa.

«In nome del nostro amore, Pedro. Per lo meno così avevo creduto. Questo amore non è forse smisurato? Non ci ha indotto a compiere le peggiori follie? Volevo solo proteggerti da te stesso. Perdonami».

Lui la osservò in silenzio, incapace di decidere se avesse torto o ragione.

«Sei bella» le disse con dolcezza. «Non sei mai stata così bella. Io...»

Non poté concludere la frase: qualcuno bussò alla porta.

«Avanti!» ordinò Pedro.

Uno scudiero aprì uno spiraglio e sporse il capo.

«Mio signore, Sua Maestà vi attende con la massima urgenza nella sala del Consiglio».

«Adesso?»

Lo scudiero annuì.

Quando entrò, Pedro si accorse subito che erano presenti anche Gonçalves, Pacheco e Coelho. Ammesso che la cosa lo sorprendesse, non lasciò trasparire nulla. Notò anche l'espressione cupa del re, e l'atmosfera tesa che regnava nella stanza.

«Avete chiesto di me, padre?»

Alfonso gli indicò una sedia.

«Accomodatevi».

Tamburellando con le dita sul tavolo, il sovrano esaminò suo figlio come se lo vedesse per la prima volta.

Dopo un breve silenzio, chiese laconicamente: «Vostra figlia sta bene?»

«Sì, padre, grazie a Dio».

«Avete ritenuto decoroso darle il nome della mia sposa, la regina vostra madre».

«Decoroso? Non è forse un... grande onore... attribuirle...»

«Smettetela con questo balbettio!»

Qualcuno ridacchiò. Pacheco? O uno degli altri due consiglieri? Pedro si sentì arrossire. Strinse i pugni.

Il re continuò: «Ho preso una decisione! La presenza della *señora* de Castro nel nostro palazzo non è più gradita».

Pedro vacillò.

«Cosa? Che dite?»

«Già da domani la *señora* dovrà lasciare la nostra terra per far ritorno in Castiglia. Non voglio più vederla!»

«NO! Non ne avete il diritto! Inès è mia, e io la seguirò, fosse anche all'inferno!»

«Seguire una sgualdrina...»

L'infante alzò la fronte e ribatté in tono di sfida: «La natura ci ha fatto dello stesso sangue! Di stirpe reale, discendente di un re: Inès è degna di un re!»

«Una sgualdrina!»

«UNA REGINA!»

Pedro fece un passo indietro.

«Credo di essere stato chiaro: se esiliate Inès, esiliate anche me».

«E questa cosa sarebbe, una minaccia? Andate dunque, dom Pedro, andate!»

«Non mi sfidate, padre! Io...»

Pacheco li interruppe con discrezione.

«Non potremmo pensare a una soluzione di compromesso?»

Il re si lasciò cadere pesantemente sulla sedia, attendendo il seguito. Ma il consigliere si rivolse al figlio.

«Accettereste che questa donna si ritirasse dalla Corte pur senza lasciare il Portogallo?»

Pedro fissò a lungo il padre.

«Se non mi rimane altra scelta, la risposta è sì».

«Purché se ne vada!» tuonò il sovrano. «Conducetela dove vi parrà meglio. Ma a una condizione!»

«Quale?»

«Che non vi siano meno di cinquanta leghe tra lei e voi! Mi avete sentito? Non meno di cinquanta leghe!»

Santa Clara, 2 agosto 1349

Pedro, mio diletto,

Beatrice ha oggi due anni. Trotterella nel giardino con Massala. Io li guardo dalla finestra. È splendida, e così sbarazzina, così piena di vita. Puoi esser fiero di lei. È incredibile quanto sia cambiata da quando l'hai vista, solo la settimana scorsa. I bambini cambiano così in fretta... Se penso che tra poco compirò trent'anni... Trent'anni! Dovrei sentirmi vecchia, e invece mi sembra di essere ancora quella che tu scorgesti quel giorno benedetto nella cattedrale di Lisbona. Ora ne sono certa: l'amore infonde in noi un po' di eternità. L'amore, ma anche la maternità. Nello specchio scorgo la curva del mio ventre. Sapere che sto nuovamente portando in me la vita mi ringiovanisce. Mi amerai ancora quando sarò vecchia, curva e malferma?

Conservo le tue lettere nel cassetto. Ne ho contate centoventi, due meno delle mie. Vedi? Sono io quella che ama di più!

Sarà un maschio, questa volta? Ne sarei felice, anche se le mie antiche paure si ripresentano. Sarà ciò che Dio vorrà. Ormai mancano poche settimane. Oso sperare che per allora tu sarai qui vicino a me.

Inès, che senza di te muore

Montemor, settembre 1349

Pêro Coelho tagliò un pezzo di capriolo e se lo portò alle labbra.

«Un maschio» disse con la bocca piena. «La *señora* Inès gli ha dato un maschio».

«Sì, ho sentito la notizia» commentò Gonçalves. «Come l'hanno chiamato?»

«João».

«Questo è un fatto grave. Ti rendi conto del pericolo rappresentato da questa nascita? Accecato dalla passione Pedro potrebbe anche decidere di privilegiare questo bastardo a scapito di Ferdinando, suo figlio legittimo. Peggio ancora: potrebbe essere capace di far uccidere Ferdinando».

«Uccidere il proprio figlio? Sei del tutto irragionevole!» protestò Coelho.

Gonçalves sorrise ironico.

«Ricordi cos'hai detto tu stesso qualche anno fa? Che ci mancherebbe solo che entrambe partorissero un maschio. Non sarebbe semplice decidere quale sarà l'erede! Ecco, ora siamo di fronte a questa scelta».

Coelho tentò di schermirsi, ma senza convinzione.

«Non è affatto detto che la cosa debba prendere una piega complicata o addirittura tragica».

«Lo vedremo. Intanto non puoi negare che le cose si stanno già mettendo male, soprattutto da quando a questa faccenda si è unito un elemento che nessuno aveva previsto: il malcontento del popolo. Suppongo che tu sia al corrente delle voci che corrono. *Olho gordo!* La *señora* porta sfortuna! E hanno le loro ragioni. Prima c'è stata l'epidemia di peste, e adesso, da ben due anni, il paese sta attraversando un periodo di siccità che non ha precedenti nella nostra storia. I contadini sono convinti che la responsabile sia Inès. Senza contare che un po' dappertutto si alzano voci che criticano apertamente la vita dissoluta di dom Pedro. Voci di persone appartenenti alla Chiesa, certo, ma anche di aristocratici. Tra questi ultimi si stanno creando due schieramenti: alcuni prendono partito per l'infante, altri per il re. Alcuni per il figlio di Costanza, altri per quello di Inès».

Gonçalves concluse in tono grave: «Questa faccenda sta guastando l'armonia del nostro regno».

«Che possiamo fare? Tocca al re prendere provvedimenti».

Il *merinho-mor*[2] scosse la testa.

«Naturalmente. Ma noi non siamo forse i suoi consiglieri? Il re subisce l'influenza della regina, che in questa faccenda ha una posizione attendista. Forse per noi è giunto il momento di prendere in mano le cose».

Donna di malaffare...

Inès.

Donna di malaffare...

L'associazione tra il nome e l'epiteto correva su tutte le labbra con la massima naturalezza. Quelle parole viaggiarono fino alle porte di Montemor, fino ai confini della *serra* Estrela, e un mattino la loro eco raggiunse Santa Clara.

Era il mese di maggio e, tranne qualche piovasco, il cielo si rifiutava ostinatamente di aprire le sue cateratte. Inès invece piangeva a calde lacrime.

2. Appellativo dei magistrati che rappresentavano il sovrano, anche nell'amministrazione della Giustizia (*N.d.T.*).

Pedro la strinse ancora di più tra le braccia. Cercava di tranquillizzarla, ma era evidente che anche lui soffriva.

«Che ne sarà di noi?» chiese la giovane, sconvolta. «Vuoi lasciarmi? È questo che farai?»

«Basta, Inès, ti prego».

«Ma non vedi? Il tuo popolo mi detesta. E odia i nostri figli! Mi paragonano a Leonor de Guzmán[3]! Non capisci quanto mi hanno insozzata nel disonore?»

«Non durerà ancora a lungo. Ho preso una decisione, ed è irrevocabile».

Inès lo fissò spaventata.

«Mi fai paura: quale decisione?»

L'infante trattenne un attimo il respiro, poi disse: «Voglio sposarti, Inès».

Lei rimase senza parole.

«Sì, ci sposeremo» continuò Pedro. «La cerimonia, per le ragioni che puoi ben immaginare, si svolgerà nel più assoluto segreto. Ma sta' sicura che al momento giusto annuncerò le nostre nozze a tutto il mondo».

Palazzo di Montemor, cinque anni dopo

Re Alfonso manteneva un atteggiamento ieratico e altezzoso, gli occhi privi di espressione, le unghie quasi conficcate nei braccioli della poltrona.

Fissò a turno i suoi tre consiglieri; infine fermò lo sguardo su Diogo López Pacheco.

«Cinque anni» disse con voce stranamente calma, «cinque lunghi anni. Tanto vi ci è voluto per rivelarmi questa infamia. Cinque anni».

«Maestà, il segreto era totale, assoluto» protestò Pacheco. «Eccetto chi era presente alla cerimonia nella cattedrale di

3. Amante di re Alfonso XI di Castiglia (*N.d.T.*).

Guarda, nessuno lo sapeva. Il sacrestano ci ha fatto avere l'informazione solo due settimane fa. Prima di avvertirvi abbiamo ritenuto saggio verificare le sue affermazioni».

Il sovrano batté il pugno sul bracciolo.

«E mio figlio ha avuto l'ardire di associare al suo delitto i fratelli di quella sgualdrina!»

«C'è anche di peggio, sire» gli fece osservare Gonçalves. «Abbiamo saputo che non passa mese senza che i fratelli della *señora* Inès e vostro figlio si ritrovino a Santa Clara. E sapete benissimo che quei due miscredenti ora sono più vicini al trono di quanto non siano mai stati».

«Che diavolo stanno tramando assieme a mio figlio? Che c'è dietro la loro complicità?»

Fu Pacheco a rispondere, e con una certa solennità.

«Un complotto, sire».

«Un complotto?»

«È ciò che noi pensiamo».

«Spiegatevi!»

Questa volta fu Gonçalves a continuare.

«Il loro piano è chiaro: attendere la vostra morte per innalzare poi la *señora* Inès al trono del Portogallo. Un modo indiretto, da parte della Castiglia, di fare man bassa del nostro paese. Senza contare che vostro figlio probabilmente accorderà la successione a João, suo figlio naturale».

Alfonso respirò a pieni polmoni.

«D'accordo» mormorò. «Voi cosa suggerite?»

Nella stanza scese un silenzio pesante.

I tre consiglieri si consultarono con lo sguardo, ma conoscevano già la risposta.

«Esiste una sola soluzione, Maestà» annunciò Pacheco.

«Vi ascolto».

«Eliminare Inès de Castro».

Il re represse un sussulto.

«Uccidere Inès...»

«Sì, sire. Non avete scelta: o lei o il Portogallo».

Nella testa del sovrano si era scatenata una tempesta. O

forse era un torrente impetuoso che gli travolgeva il cuore, o l'odore della morte che lo prendeva alla gola. Strinse le mani, e una contrazione gli deformò le labbra. Tutto il suo corpo sembrò irrigidirsi.

«E sia! Non voglio più sentir parlare di lei! Ma badate: uccidetela con le vostre mani. Avete capito? Con le vostre mani! Non voglio che cada sotto i colpi di un miserabile sicario. Che sia il sangue nobile a versare sangue nobile. Andate!»

Santa Clara, 7 gennaio 1355

Lei è lì, seduta sulla panca di pietra, vicino alla fontana. Legge. Massala è a pochi passi, gioca con la piccola Beatrice. João, l'ultimo nato, dorme nella sua culla.

Un galoppo risuona nel silenzio.

Inès alza la testa e si porta una mano al cuore.

«Pedro! È Pedro che ritorna!»

Il berbero ride con affetto.

«Ah, *señora*, questo non è possibile: nella sua ultima lettera vi annunciava il suo arrivo per domani».

«E allora? Non potrebbe aver cambiato idea?»

Massala alza le spalle.

«In effetti è possibile, lui...»

Sbalordito, gli occhi fuori dalle orbite, lo schiavo fissa la propria carne trafitta. Ma come... È reale ciò che vede, o è forse diventato pazzo? Quella lancia che gli ha trapassato il petto, da dove è arrivata? E questo fiore dai petali rossi che intride il tessuto della giubba, è davvero sangue?

Un grido. No, un'esortazione! È la voce di Inès.

Tre uomini vestiti di nero. Arrivati come un fulmine. Sono a un passo da lei. Le loro spade scintillano.

«No!» urla Massala.

Stringe le mani sull'asta, cerca di strappársela via. L'asta si spezza.

Si trascina verso Inès, disperato.

Non vede più il volto della donna. Lei parla. Cosa sta dicendo?

«Pietà per mia figlia... Abbiate pietà di lei...»

Un colpo secco. Poi un altro. E un altro. Come un suono di passi dentro una pozzanghera.

Adesso l'acqua della fontana. Rossa. La vasca. Rossa.

Il corpo di Inès viene trascinato via a braccia spalancate. Sembra crocifissa. Le lame affondano ancora.

Infine le tre ombre si dileguano, inghiottite dal tramonto.

Il cielo è giallo e la terra blu cobalto. Gli alberi, pietrificati, non respirano più. L'aria è ferma, nessuna brezza la muove.

Il Portogallo è arroventato.

Re Alfonso e suo figlio hanno aperto le porte della Geenna. Non è più il Tago, sono lo Stige e il Lete a scorrere lungo le valli desolate, sotto un cielo attraversato dalle Arpie.

Ansimante, sconvolta, la regina Beatrice tenta di frapporsi tra il marito e il figlio. Invano.

La lotta, accanita, va avanti. Proseguirà per un anno intero.

Assieme ai fratelli di Inès, accorsi dalla Castiglia, dom Pedro devasta le province del Nord, si accanisce sui possedimenti del re e dei suoi consiglieri. Rinnega, impreca, inveisce contro suo padre e il mondo intero.

«Basta, Pedro!» supplica la regina Beatrice, recatasi a incontrare il principe. «Pietà! Pietà per il Portogallo. Pietà per me».

Alla fine, Pedro cede alle suppliche della madre.

Il 15 agosto 1356, festa dell'Assunta, ha luogo la riconciliazione ufficiale tra il re e il principe. Viene pronunciata davanti all'altare. Grandi festeggiamenti sono indetti in tutto il regno.

Con sollievo, il popolo vede svanire la grande follia che ha minacciato le fondamenta stesse del paese.

Diogo López Pacheco, Alavaro Gonçalves e Pêro Coelho sono fuggiti dal Portogallo. Corre voce che si siano rifugiati in Castiglia.

Quando si spegne, il 28 maggio 1357, re Alfonso IV lascia il suo regno a un figlio che lo odia. Più che l'età – ha sessantasei anni – e più delle fatiche di un lungo regno, a condurlo alla tomba è proprio questo tormento.

Montemor, sala del trono, 15 novembre 1357

Alcaides, *alferes-mor*, *corregedores*, *rico-homens*: il meglio della nobiltà era riunito nell'immensa sala. Tutti avevano risposto alla convocazione del sovrano e ognuno, senza eccezione, indossava il proprio abito più fastoso e rappresentativo. Sebbene fosse ancora pieno giorno e un magnifico sole splendesse sul palazzo, tutti i candelieri erano accesi.

Sulle labbra di tutti correva il medesimo interrogativo: cosa stava succedendo? A che scopo il re li aveva riuniti? Una guerra col regno di Aragona, suggerì qualcuno. L'abdicazione, propose qualcun altro.

Un rullo di tamburi pose termine agli interrogativi e alle chiacchiere.

«Il re!» annunciò il Gran Maggiordomo.

Apparve Pedro, a testa alta.

Appena ebbe varcato la soglia, un movimento disordinato perturbò la massa dei presenti.

Il re non era solo.

Lo seguiva un letto funebre, sul quale stava disteso un corpo. Una forma scarnificata, un simulacro di essere umano.

Se il cadavere non fosse stato vestito con abiti regali, si sarebbe visto solo uno scheletro.

Un silenzio agghiacciante ovattò la sala del trono.

Stupore. Sgomento.

Era proprio lei? Com'era possibile? L'avevano disseppellita? Chi altri, sennò?

I portatori attraversarono la sala con passo solenne. Giunti di fronte alla pedana su cui stavano due troni coperti d'oro deposero il funebre fardello e rimasero immobili.

Pedro alzò una mano.

Risuonò lo squillo di cento trombe, seguito da un nuovo rullo di tamburi.

Tornato il silenzio, il re ordinò: «Ponete *doña* Inès sul trono».

Mormorii soffocati.

Lo scheletro fu adagiato tra i braccioli e lo schienale, poi Pedro si rivolse al Gran Ciambellano.

«La corona!»

Il Gran Ciambellano si mosse verso la pedana. Portava con aria solenne un cuscino di velluto rosso vermiglio, sul quale brillava un diadema.

Pedro sollevò il diadema e lo pose sul cranio della defunta. Poi sedette sul trono accanto e con voce stentorea disse: «*Senhores!* Vogliate rendere omaggio alla vostra regina! La regina crocifissa!»

Poiché nessuno osava reagire, ripeté l'ingiunzione.

«Inginocchiatevi! Mettetevi in ginocchio davanti a *doña* Inès!»

I nobili iniziarono allora a sfilare davanti al trono. Uno alla volta, uno dietro l'altro, posarono un ginocchio a terra e baciarono la mano scarnificata del cadavere.

Sul regno è scesa la notte, ma è come se fosse pieno giorno, o come se le stelle avessero abbandonato il cielo per scendere sulla terra.

Cinquemila ceri, tenuti da cinquemila forzati fatti venire da Lisbona, rischiarano le quindici leghe che separano Montemor dal monastero di Alcobaça.

Un soffio di morbosa follia, misto al profumo delle piante aromatiche, percorre la campagna.

Doña Inès è stesa su una lettiga, portata da cavalieri che si danno il cambio ogni ora. Sono scortati da numerosi aristocratici, ma ci sono anche molte donne del popolo, e vecchi, bambini, ragazzi.

Pedro avanza sul suo cavallo alla testa del corteo.

Alle prime luci dell'alba appare Alcobaça.

Il re entra nella chiesa per primo.

Attraversa la navata centrale.

I due sarcofagi sono lì, l'uno di fronte all'altro. Uno è senza coperchio.

I cavalieri vi depongono rispettosamente le spoglie di *doña* Inès.

Dom Gil, vescovo di Guarda, è presente. Recita il *De profundis*. Le campane suonano a morto.

Pedro s'inginocchia davanti alla sua regina. Tende una mano verso il sarcofago.

Lo scudo con le insegne dei Castro è accanto a quello col blasone del Portogallo. Sul fregio è incisa un'iscrizione.

ATE A FIM DO MUNDO
Fino alla fine del mondo

L'elefante e la colomba
Frida Kahlo e Diego Rivera

Messico, settembre 1922

La Escuela Nacional Preparatoria di San Ildefonso sta per dare inizio a un nuovo anno scolastico. Fondata nel 1868, è senza dubbio il migliore istituto del paese. Cinque anni di studio rigoroso, cinque anni di preparazione all'università. E vi si accede solo dopo un severo esame di ammissione.

Duemila ragazzi, tra i quali per la prima volta sono presenti anche trentacinque ragazze, scalpitano davanti all'ingresso dell'imponente edificio di pietra vulcanica rossastra. Una delle ragazze si chiama Magdalena Carmen Frida Kahlo, ha quindici anni e presto i suoi compagni di classe le affibbieranno con una certa crudeltà due soprannomi: *Frida la coja* e *Frida pata de palo*. Frida la zoppa, Frida gamba di legno.

Una grave poliomielite, che l'ha colpita all'età di sei anni, le ha lasciato atrofizzata la gamba destra. Un brutto handicap, ancor più duro da sopportare per una donna. Tuttavia Frida ha saputo reagire in fretta, con carattere, dedicandosi anima e corpo allo sport per migliorare l'andatura. Del resto per lei l'attività fisica si è rivelata stimolante anche sul piano sentimentale, dato che si era innamorata della professoressa di ginnastica, una certa signorina Zenil. A un'amica d'infanzia, la psicologa Olga Campos, confiderà un giorno:

Sì, ero innamorata di lei. Era tenera, mi faceva sedere sulle ginocchia. Durante l'ora di ginnastica facevo l'appello con lei e andavo nel suo ufficio per aiutarla a compilare le pagelle con i voti. Ricordo ancora la sua pelle e il suo profumo[1].

Nulla di sorprendente in quella attrazione. Lei stessa precisa «di amare tanto gli uomini quanto le donne», e non esita a parlare liberamente della propria sessualità.

Nel sesso, tutto ciò che procura piacere è bene, tutto ciò che ferisce è male. [...] Non mi disturba se qualcuno guarda il mio sesso. Amo le parti genitali maschili. Nelle donne il seno è estetico. Se è bello mi attrae molto, ma a condizione che i capezzoli non siano rosa. Quando faccio l'amore i miei seni giocano un ruolo importante. Sono molto sensibili al tatto, anche con certe donne. L'omosessualità è qualcosa di giusto, è una cosa molto bella.

Nelle vene di Frida scorrono sangue tedesco e messicano. Suo padre, Carl Wilhelm Kahlo, ebreo ungherese originario di Baden-Baden, è arrivato in Messico nel 1891 all'età di diciannove anni. Guillermo (ha ispanizzato così il suo nome) soffre di crisi epilettiche ricorrenti, che rendono impossibile la vita a lui e a chi lo circonda. Ha cambiato diversi lavori, facendo tra gli altri il cassiere, il libraio e il venditore di bigiotteria. Alla nascita di Frida, il 6 luglio 1907, è diventato fotografo; non uno qualunque, bensì il fotografo ufficiale del patrimonio messicano e coloniale del governo di Porfirio Diaz. Un nuovo mestiere che gli permette di acquistare una casa gradevole nella delegazione di Coyoacán, a un'ora dal centro di Città del Messico. Una casa a un solo piano, con terrazza e patio, che sembra risalire all'epoca coloniale.

Nel 1952, poco dopo la morte del padre, Frida scriverà sulla parte inferiore di un suo ritratto:

1. Frida Kahlo, *Confidences*, Salomon Grimberg, Paris, éditions du Chêne, 2008.

Ho dipinto mio padre Wilhelm Kahlo, di origine tedesco-ungherese, artista fotografo di mestiere, uomo generoso, intelligente, distinto, e anche coraggioso, perché ha sofferto di epilessia per settant'anni, cosa che non gli ha mai impedito di lavorare e di lottare senza sosta contro Hitler. Con adorazione, sua figlia, Frida Kahlo[2].

La madre di Frida, Matilde Calderón, di discendenza indiana, cattolica praticante e primogenita di una famiglia di dodici figli, è nata e cresciuta in Messico. È una donna molto bella – occhi chiari, labbra carnose – che compensa la scarsa cultura con una grande intelligenza. È la seconda moglie di Guillermo. La prima, Maria Cerdana, era morta poco tempo dopo il matrimonio.

Il Messico è uscito da una lunga rivoluzione (1910-1920) da appena due anni. Una rivoluzione che ha prodotto circa due milioni di morti, ma che in realtà non è stata altro che la scoperta del Messico da parte dei messicani, la rivelazione del paese ai suoi abitanti, e il recupero delle antiche tradizioni. Frida è cresciuta in questo contesto, in un Messico che ha ritrovato lo slancio nazionale, accanto a una madre fortemente zapatista. Scrive nel suo *Diario*:

Ricordo che all'epoca della *decena tragica*[3] avevo appena cinque anni. Sono stata testimone oculare della lotta contadina di Zapata contro le truppe di Carranza. La mia posizione fu molto chiara. Mia madre, aprendo i balconi che davano su via Allende, lasciava entrare in casa gli zapatisti feriti e affamati. Li curava e offriva loro gallette di mais, l'unico cibo che allora ci si potesse procurare a Coyoacán. [...] L'emozione, rimasta intatta, della "Rivoluzione messicana", è ciò che a tredici anni mi ha spinta a entrare nella Gioventù comunista[4].

2. Frida Kahlo, *Lettere appassionate*, Milano, Abscondita, 2002.

3. Dieci giorni di guerra civile con colpo di Stato tra il 9 e il 18 febbraio 1913 (*N.d.T.*).

4. *Il diario di Frida Khalo*, Milano, Mondadori Electa, 2014.

Alla Escuela Nacional Preparatoria, nonostante il carattere tenebroso Frida si fa rapidamente degli amici e si lega a un gruppo di intellettuali e artisti conosciuti come la brigata dei *Cachuchas*, ovvero dei berretti, perché i sette ragazzi che la compongono hanno scelto come segno distintivo un berretto di un tessuto marrone a scacchi.

A capo del gruppo c'è un giovane raffinato e di spiccata intelligenza, Alejandro Gómez Arias. Frida ne rimane subito colpita, e nel 1923 i due iniziano una relazione. Lei ha appena compiuto sedici anni ed è al colmo dell'eccitazione: il ragazzo più brillante del gruppo, il più elegante, ha scelto proprio lei! Stenta a crederci.

Alejandro, che lei chiama Alex, è il suo primo grande amore. Sente di potergli confidare i suoi pensieri più intimi e con lui via via prende le distanze dal mondo dell'infanzia. Resterà a lungo il suo rifugio affettivo, anche quando il loro amore sarà svanito.

Per tutta la vita Frida sarà attratta da uomini simili ad Alejandro. Li conquisterà, e cercherà di tenerli stretti con la sua passione totalizzante.

Alejandro la fa partecipe delle sue letture e delle sue idee, e con naturalezza le instilla la propria visione progressista del mondo; al suo fianco lei sviluppa un'affinità col comunismo, dottrina alla quale resterà vicina per tutta la vita, senza peraltro allontanarsi dall'amore appassionato per la tradizione messicana. Passano giornate intere nella Ibero American Library a divorare le opere di Tolstoij, Spengler, Hegel, Kant e di tanti altri pensatori e scrittori europei.

A stretto contatto con i *Cachuchas*, tutti brillanti e dalle menti fini e colte, Frida familiarizza con l'inglese e il tedesco, scopre la letteratura e le interminabili discussioni politico-filosofiche, sviluppa una propensione al socialismo con un tocco di anarchismo, e anche, con uguale peso e un posto di pari rilievo nella vita quotidiana, una certa irriverenza.

Nel novembre del 1922, ad appena quindici anni, viene

a sapere che il ministro dell'Educazione ha commissionato un affresco destinato a decorare l'anfiteatro Bolívar, la grande sala conferenze della Escuela Nacional Preparatoria. L'affresco ha già un titolo: *Creazione*. Il pittore si chiama Diego Rivera, ha trentasei anni ed è già conosciuto in tutto il mondo. Si è sposato due volte: la prima nel 1909 con una pittrice russa, Angelina Beloff; la seconda di recente, nel mese di giugno, con una delle sue modelle, Guadalupe Marin.

Su di lui girano le voci più folli. Si racconta che abbia preso più volte a colpi di pistola i fotografi, talvolta persino la gente comune, e viene descritto come uno che non disdegna cibarsi di carne umana. Ha alle spalle una densa esperienza artistica, coltivata durante i quattordici anni passati in Europa, soprattutto a Parigi, dove si è trasferito dopo aver frequentato l'accademia di Belle Arti di Città del Messico e dove, divenuto amico di Modigliani e di Apollinaire, ha scoperto l'arte moderna e soprattutto l'avanguardia cubista.

Nella capitale francese Rivera non aveva sprecato un solo minuto. Armato di colori e pennelli si era stabilito sulle rive della Senna presso altri pittori innamorati di Parigi: Pissarro, Monet, Daumier, Courbet... Ai suoi occhi pieni di meraviglia i muri delle gallerie e dei musei erano straripanti di colori, di "nuovi modi" di vedere. Il *Salon des Indépendants* aveva accolto sei tele della sua produzione, tra cui quattro paesaggi di Bruges, dove aveva passato qualche settimana. Era dotato di grande maestria, il che gli permetteva di dipingere "alla maniera di", imitando a piacimento questo o quell'artista.

Tuttavia è proprio nel Messico ancora scosso dalla rivoluzione che Diego Rivera trova le motivazioni profonde che lo spingono verso la ricerca di una pittura veramente originale e latino-americana. L'affresco commissionato dal ministro dell'Educazione deve coprire una superficie di centocinquanta metri quadrati. Aiutato dalla seconda moglie

Guadalupe, chiamata semplicemente Lupe, e da una squadra di artigiani, Rivera sistema i ponteggi. Lupe gli farà da modella per una delle figure rappresentate nell'affresco, *La Forza*. Lui prepara la cera colorata per poi scioglierla con un cannello e mescolarla con la resina. Il miscuglio ottenuto è ciò che ricoprirà la parete.

Quella realizzazione segnerà l'inizio di una serie di immense pitture murali scaglionate nell'arco di trentacinque anni, tra le quali vanno ricordate almeno la decorazione del segretariato dell'Educazione pubblica (1923-1928), quella della sala degli Atti della Scuola nazionale d'agricoltura di Chapingo (1926-1927), il Palazzo di Cortés a Cuernavaca (1930) e i mosaici dello stadio della Città universitaria (1952).

Informata della presenza di Diego, Frida coinvolge subito una delle sue compagne, Adelina Zendejas[5], per andare a vedere il lavoro dell'artista. Le scrive un biglietto: «Non fare la codarda, esci dall'aula e vieni con me all'anfiteatro; il Genio Panciuto sta concludendo il suo affresco e ha promesso di spiegarci che cosa rappresenta e a chi si è ispirato per i personaggi. La tua amica Frida Gamba di Legno di Coyoacán dei coyote».

Con discrezione, Frida s'introduce nell'anfiteatro. C'è un uomo. Ha un cappello in testa e porta scarpe da minatore. Ha anche una cartucciera di cuoio allacciata intorno alla vita, che sembra sul punto di non trattenere più la pancia. Del resto, e non certo per caso, gli studenti gli hanno affibbiato un soprannome tanto semplice quanto eloquente: *Panzón*. Sta giusto parlando con alcuni di loro, riuniti attorno a lui. Frida si avvicina, tende l'orecchio. Rivera sta raccontando le sue mattinate nei caffè all'aperto

5. Diventerà più tardi docente di Storia e Letteratura e giornalista.

di Madrid e Barcellona, i pomeriggi errabondi per Roma e Firenze, le lunghe notti alcoliche di Parigi. Nascosta dietro una colonna, impressionata e al contempo intenerita dal contrasto tra lo sguardo infantile e la figura da orco, Frida sorride.

Secondo alcune testimonianze, Frida avrebbe in seguito sostenuto che quel giorno, in cui si era trovata per la prima volta in sua presenza, le era venuto spontaneo pensare: «Vedrai, mio bel ciccione, oggi non ti accorgi di me, ma un giorno io avrò un figlio da te». Quanto a Diego, riporta nel suo libro di memorie[6] un episodio piuttosto bizzarro. Un giorno si trovava nell'anfiteatro in compagnia di Carmen Mondragón, sua ultima conquista; si stavano abbandonando a un «incontro particolarmente appassionato», quando a un tratto si era sentita una voce stridula: «Diego, attento! Arriva Lupe!» Il pittore si era guardato attorno e non aveva visto nessuno, ma in effetti un istante dopo era apparsa Lupe con il pranzo. E qualche tempo dopo, stavolta mentre era impegnato a soddisfare le esigenze carnali della moglie, si era levata la stessa vocina: «Diego, attento! Arriva Carmen!»

Solo un anno più tardi ho saputo che la voce misteriosa era quella di Frida Kahlo. Ma allora non avevo la minima idea che un giorno sarebbe diventata mia moglie.

A ogni modo, per il momento Frida ama alla follia il suo Alex. È una ragazza innamorata che studia e contemporaneamente lavora, prima come cassiera, poi in una farmacia e infine in una segheria. Studia anche stenografia e dattilografia all'Accademia Oliver, e apprende l'arte del disegno presso un incisore pubblicitario, Fernando Fernández.

6. Diego Rivera, *My art, my life, an autobiography*, New York, Citadel Press, 1960.

17 settembre 1925

Piove su tutto il Messico. Le nuvole sono basse ed è buio come se fosse notte. La giornata scolastica è finita; Frida e Alejandro sono seduti sull'autobus che li riporta verso casa, lei a Coyoacán, dai suoi genitori.

All'improvviso il dramma.

L'autobus viene colpito in pieno da un tram, che lo scaraventa contro un muro spaccandolo in due. Frida viene sbalzata fuori e si ritrova sul selciato; un corrimano metallico dell'autobus l'ha trapassata da parte a parte, «come una spada trapassa un toro». Un passante decide di estrarlo. Quando glielo sfila dalla carne lei lancia un urlo straziante, così forte da coprire le sirene delle ambulanze.

I soccorritori la trovano stesa a terra, nuda, con riflessi dorati su tutto il corpo. Un passeggero dell'autobus, forse un imbianchino, era salito con un pacco di polvere dorata. Con l'urto il pacco si era aperto e la polvere si era sparsa sul corpo insanguinato di Frida. Ciò spiegherebbe il motivo per cui i testimoni avrebbero esclamato: «*La bailarína! La bailarína!*» Con tutto quell'oro mischiato al rosso del sangue l'avevano scambiata per una ballerina...

Alejandro è rimasto miracolosamente illeso. Un mese più tardi, Frida gli scrive dal suo letto d'ospedale.

Mio adorato Alex,

tu conosci meglio di chiunque altro la tristezza che provo nel trovarmi in questo sudicio ospedale, puoi ben immaginarla, e del resto gli altri devono averti raccontato in quale stato d'animo mi trovo [...]. Ora ti spiego tutto quello che ho senza omettere alcun dettaglio, come mi hai chiesto nella tua lettera. [...] Ho il bacino spostato e fratturato dalla parte destra, più una lussazione e un'altra piccola frattura. Poi ci sono le due ferite di cui ti ho già parlato nella mia lettera precedente, la più grande mi attraversa dall'anca fino in mezzo alle gambe; una si è rimarginata, l'altra è due centimetri di larghezza per uno e mezzo di profondità, ma credo che si rimarginerà presto anche questa; il piede destro è pieno di abrasioni piuttosto profonde [...]. Il dottor Diaz Infante (che è un amore) non vuole continuare a curarmi: dice che abita troppo lontano da Coyoacán e non può abbandonare un paziente per venire al mio capezzale ogni volta che lo chiamo; così è stato rimpiazzato da Pedro Calderón, di Coyoacán. Ti ricordi di lui? Be', sai come funziona con i medici, ogni dottore ha un'opinione differente sulla mia malattia. Pedro sostiene che nel mio quadro clinico va tutto a meraviglia. Tranne il braccio: si domanda se lo potrò tendere di nuovo, perché l'articolazione è in buono stato ma il tendine è contratto, cosa che m'impedisce di allungarlo in avanti, e semmai un giorno dovessi riuscirci sarà grazie a molti massaggi e bagni d'acqua calda, e a tanta pazienza. Non immagini quanto dolore io debba sopportare; ogni volta che mi prendono, che mi tirano, che mi sollevano, verso litri di lacrime [...]. Voglio tornare a casa il più presto possibile, ma bisognerà attendere che l'infiammazione scompaia del tutto e che tutte le ferite si cicatrizzino, perché se s'infettano... be', rischio di passare un brutto quarto d'ora, come puoi immaginare [...]. Ti aspetto contando le ore, ovunque io sia, qui o a casa. Se potessi anche solo vederti, tutti questi mesi a letto passerebbero molto più in fretta.

A partire da questo momento, il dolore e la morte saranno i temi dominanti della sua vita e delle sue opere. Il busto che dovrà portare quattro ore al giorno diventerà anch'esso motivo di nuove sofferenze. Ma per fortuna a sua madre viene un'idea che cambierà il futuro di Frida: fa costruire sopra il letto a baldacchino una sorta di cavalletto, che permetterà alla convalescente di dipingere sdraiata e di guardarsi allo specchio posto giusto lì accanto, in modo da poter ritrarre se stessa a piacimento.

E lei lo farà, instancabilmente. La sua vita e la sua pittura saranno una cosa sola. Come dirà più tardi Diego Rivera, Frida Kahlo «dipingeva il lato interiore di se stessa e del mondo».

Maggio 1928

Striscioni e bandiere si agitano nel cielo del Messico. Le manifestazioni di sostegno a José Vasconcelos, candidato della sinistra alle elezioni presidenziali, sono al culmine. Vasconcelos è stato sconfitto, ma il forte sospetto di brogli elettorali ha spinto i suoi elettori a scendere in piazza.

È presente anche Frida, col braccio alzato a enfatizzare la protesta. Ha sostituito i suoi bei vestiti borghesi con una tenuta più rigorosa: gonna nera, camicia rossa, una spilla di smalto decorata con falce e martello. Manifesta a fianco della sua nuova amica, Tina Modotti, di origine italiana, più grande di lei di una decina d'anni. Tina è un personaggio, nel vero senso del termine: ha un fisico perfetto, scultoreo, sensuale, e lo si può contemplare nudo negli scatti artistici di un fotografo americano, Edward Weston[7], che è stato anche suo amante.

La sera stessa si fa festa a casa della focosa mediterranea. La tequila scorre a fiumi, si balla, si mangia, si discute. Giornalisti, pittori, artisti di ogni genere e rifugiati politici si uniscono e si mischiano tra loro. D'un tratto, un uomo fa il suo ingresso fragoroso.

«Viva la Rivoluzione!» urla.

Poi si accascia su un divano, si toglie il cappello, estrae la pistola e, sotto gli occhi sgomenti degli invitati, spara tre colpi sul grammofono lasciandolo muto e a pezzi. L'uomo è Diego Rivera. Ha appena compiuto quarant'anni. Ha lasciato Guadalupe, ritenuta troppo possessiva, e non si trova lì per caso: anche lui, fino a poco tempo prima, è stato l'amante della bella italiana.

Pur intimorita dagli spari, Frida si avvicina per vedere cosa sta succedendo, e Tina le presenta il pittore.

7. Considerato il maestro incontrastato della "fotografia pura" e della "previsualizzazione".

Tra l'elefante e la colomba[8] è un vero colpo di fulmine. Frida ama la sua vitalità, il suo lato giovanile. Lui è sedotto dalla sorprendente freschezza della ragazza, dal suo ardimento, dalla sensualità che emana. Si rivedono presto. Si rivedono spesso. Ogni domenica lui va da lei per dare un'occhiata alle sue nuove tele. Formula giudizi, obiezioni, si congratula, la incoraggia, le descrive tutto il potenziale che percepisce nel suo lavoro. Diventa una specie di rituale settimanale, che si unisce all'inevitabile rapporto amoroso. Diego è ammaliato. Scrive nelle sue memorie: «La sua camera e la sua sfavillante presenza mi riempiono di una gioia meravigliosa». Per i due pittori è un periodo di reciproca e feconda influenza.

Nonostante il suo stato di salute, Frida è spensierata, esuberante, e incarna uno sguardo sulla pittura indiscutibilmente nuovo. Dipinge per se stessa, per intima necessità; Diego al contrario dipinge per la massa, e in base alle commissioni. Attraverso l'arte lui pensa di combattere e di aiutare il popolo. Frida invece si pone davanti a una tela solo per aiutare se stessa. I suoi quadri sono ormai parte integrante del suo corpo dolente; la pittura è per lei una sorta di medicina parallela. In ogni caso, per Rivera questo è il periodo più produttivo. Lavora senza sosta, ricopre i muri degli edifici pubblici con i suoi affreschi più belli, quasi duecento in quattro anni.

Diego è anche politicamente schierato. Durante l'inverno 1928-29 s'impegna in maniera diretta nella battaglia politica. Una battaglia difficile, accanita. Partecipa all'organizzazione della campagna presidenziale del candidato comunista, per diventare poi segretario generale del Blocco degli operai e dei contadini.

Ma Diego è anche pazzamente innamorato, ed è la

8. Soprannome attribuito loro dalla storica dell'arte Hayden Herrera, autrice di una biografia di Frida.

prima volta che gli succede. Accetta d'incontrare i genitori di Frida e chiede loro la sua mano. Il padre acconsente, ma lo avverte che sua figlia è un «diavolo sotto mentite spoglie», e aggiunge:

Tenete presente che mia figlia è malata, e che lo sarà per tutta la vita. E che è intelligente, questo sì, ma non bella. Perciò, se lo ritenete opportuno, vi lascio riflettere attentamente, e se poi dovesse restarvi ancora voglia di sposarla, vi darò senz'altro il mio permesso[9].

La madre è più reticente. Quella relazione con un uomo più grande di vent'anni, già sposato due volte e padre di tre bambini, non le ispira nessuna fiducia. Oltretutto, da buona cattolica, non le piace l'idea di avere un comunista come genero. Ma alla fine, pensando al bene della loro figlia, il padre, pieno di debiti, intravede in quell'unione la possibilità di una certa sicurezza economica.

La cerimonia si svolge con la massima semplicità. Frida ha scelto un vestito preso in prestito da una domestica indiana, un abito tradizionale della tribù tehuana. Si potrebbe pensare che abbia deciso così per gusto della provocazione, ma sarebbe un'idea lontana dalla verità: quel lungo abito le permette di mascherare le innumerevoli cicatrici. E del resto diventerà per lei una sorta di seconda pelle. È il vestito delle donne dell'istmo di Tehuantepec, delle quali si dice che siano le più belle, le più intelligenti e le più sensuali di tutto il Messico.

Dopo la cerimonia, una piccola cerchia di amici intimi si sposta a casa di Roberto Montenegro, amico e sodale di Diego. Purtroppo, ben presto la festa degenera. Lupe Marin, l'ex moglie di Diego, spinta dai morsi della gelosia irrompe nel salotto e si scaglia contro Frida, le solleva la

9. Jean-Marie Le Clézio, *Diego e Frida*, Milano, Il Saggiatore, 2014.

gonna e urla: «Li vedete questi bastoni? Ecco le gambe che adesso Diego ha al posto delle mie!» È l'innesco di una grande confusione. Rivera, che ha esagerato con la tequila, si mette a sparare a tutto ciò che si muove e ferisce a un dito uno degli invitati. Frida, che non si sottrae a un violento litigio con il marito, scappa in lacrime e si rifugia a casa dei suoi genitori.

Dopo tre giorni di silenzio, Diego suona alla porta della casa di Coyoacán. Difende la propria causa, implora il perdono, e i due innamorati ripartono insieme, mano nella mano. Si trasferiscono a casa del pittore, sul Paseo de la Reforma.

Per i due novelli sposi comincia un breve periodo di felicità. L'appartamento è un luogo strano, in parte occupato da una collezione di reperti archeologici che lui non smette di arricchire giorno dopo giorno. Quanto al mobilio, l'inventario è presto fatto: un letto, un lungo tavolo nero, un tavolo da cucina giallo e una grande credenza. Abitano stabilmente con loro una domestica e quattro compagni comunisti. «Viviamo tutti qui, gli uni sugli altri, nelle camere, negli angoli, sotto il tavolo»[10] confida Frida.

Un breve periodo di felicità...

Diego, divenuto nel frattempo segretario generale del Partito comunista messicano, è stato subito preso di mira dagli stalinisti duri e puri, e ottusi. La sua libertà nel parlare, i suoi eccessi, la sua incompatibilità col settarismo di un partito totalitario vengono visti come altrettanti oltraggi. Il 3 ottobre 1929, comprendendo che è giunta l'ora della sua espulsione, Diego preferisce anticipare tutti e autoescludersi dal partito del quale era alla guida.

E lo fa in modo piuttosto "surrealista". Dopo aver posato sul tavolo un'enorme pistola, dichiara solennemente:

10. Frida Kahlo, *Confidences,* Salomon Grimberg, Paris, éditions du Chêne, 2008.

Io, Diego Rivera, segretario generale del Partito comunista messicano, accuso il pittore Diego Rivera di collaborare col governo piccolo-borghese del Messico e di avere accettato di dipingere la scalinata del Palazzo Nazionale. Essendo questi atti contrari alla politica del Komintern, il pittore Diego Rivera dev'essere escluso dal Partito comunista da Diego Rivera, segretario generale del Partito comunista.

Frida intanto ha smesso di dipingere. Si limita a seguire come può la mostruosa mole di lavoro a cui si sobbarca il marito pittore, preparandogli i pasti e prendendosi cura di lui in generale, cosa che di per sé si rivela un'occupazione a tempo pieno. Rivera ha accettato l'invito di Dwight W. Morrow, ambasciatore degli Stati Uniti in Messico, a decorare una loggia del Palazzo di Cortés à Cuernavaca, una cinquantina di chilometri dalla capitale. Il compenso sarà di dodicimila dollari. I comunisti sghignazzano. Hanno fatto bene a escludere dal partito un uomo in grado di scendere a patti col Satana americano! Ma Diego è soddisfatto: dodicimila dollari sono una gran bella somma, e lui e Frida hanno bisogno di soldi.

A Cuernavaca, mentre Diego dipinge, Frida passeggia nell'immensità dei campi e tra le *haciendas*. S'immerge nella vita rurale, oppure si confonde tra le donne del mercato e gli operai dalla pelle ramata. Sente il profumo della vita vera, cosa che la spinge a riprendere in mano i pennelli.

Rimane incinta, ma il feto è mal posizionato, al punto che dopo tre mesi di gravidanza deve abortire. E la brutta esperienza la fa precipitare in una malinconia che sembra non avere fine.

Per soprammercato, Diego ha iniziato a tradirla. Prima con la sua assistente, Ione Robinson, poi con la nuova modella, Dolores Olmedo. Tuttavia Frida non ne saprà nulla, perché quelle tresche hanno luogo durante i soggiorni del maestro a Città del Messico.

Novembre 1930

La coppia atterra a San Francisco sotto un cielo azzurro. Diego Rivera ha accettato l'offerta degli architetti del nuovo edificio della Pacific Stock Exchange, la Borsa del Pacifico. Un'offerta allettante, che consiste nel dipingere una serie di affreschi lungo la scalinata che conduce al Lunch Club, per la bella somma di duemilacinquecento dollari ciascuno. La proposta è generosa, dato che all'epoca i dipinti di Rivera si vendono intorno ai millecinquecento dollari l'uno.

Diego e Frida soggiorneranno in California dal novembre 1930 al maggio 1931.

Dopo la realizzazione degli affreschi della Borsa vengono ospitati da una ricchissima vedova, Rosalie Stern, che li accoglie nella sua villa di Atherton. Lì Diego dipinge un affresco di un metro e sessanta per due e sessantacinque su una base di acciaio zincato. La scena rappresenta i bambini della famiglia Stern che, insieme al figlio del giardiniere e agli operai, si prendono cura del frutteto di mandorli in fiore. Un trattore incarna l'idea dell'agricoltura moderna in opposizione ai simboli del passato. Una volta realizzato, l'affresco viene trasportato alla Stern Hall, nel campus dell'Università della California a Berkeley.

Ben presto, Frida inizia a detestare quel mondo. Gli americani non le piacciono granché, non parla correttamente la loro lingua e in generale, in quell'universo capitalista che ha soprannominato *Gringolandia*, si sente a disagio. Diego, al contrario, ci sta come un pesce nell'acqua. Del resto perché non dovrebbe? Tutti lo acclamano, partecipa a varie conferenze, fa vita mondana... Così Frida è ridotta al ruolo di "moglie del grand'uomo". Lei protesta.

La *high society* di questo posto mi suscita solo rabbia. Sono ricchi sfondati e non si accorgono che accanto a loro ci sono milioni di persone che vivono in condizioni di miseria nera, senza niente da mangiare, senza una casa... Ecco, è questo ciò che mi ha impressionata di più, qui. Trovo spaventoso il fatto di vedere i ricchi passare intere nottate ai *parties*, mentre migliaia e migliaia di persone muoiono di fame. [...] Vivono come dentro un enorme pollaio, sporco e sgradevole. Le loro case somigliano a forni per il pane, e il comfort del quale ci riempiono le orecchie è solo un mito irraggiungibile.

E alla sua amica Isabel Campos scrive:

La città e la baia sono carine. Ma loro, gli americani, mi piacciono davvero poco, mi sembrano così insulsi, e poi hanno facce che sembrano porcellana cruda, soprattutto le vecchie.

In realtà, quella che avrebbe dovuto essere una luna di miele si trasforma in un inferno. Frida e Diego iniziano ad allontanarsi. Lei finisce per scoprire i tradimenti del marito, e si vendica. Si lancia in una breve avventura con un'italiana, Cristina Casati, poi si lega a Nickolas Muray, un vivace fotografo ungherese naturalizzato americano che continuerà a frequentare, sia pur con saltuarietà, per una decina d'anni.

Nel corso dei sei mesi che trascorre a San Francisco, Frida dipinge una serie di ritratti di amici. Ma presto la sua salute peggiora. Il dolore al piede aumenta, l'atrofia della gamba destra si aggrava; ma soprattutto, le radiografie rivelano una malformazione congenita della colonna vertebrale, cosa che mette in secondo piano le conseguenze dell'incidente. Frida è seguita dal dottor Leo Eloesser, col quale stringerà un profondo legame di amicizia.

Alla fine del mese di aprile del 1931, una lettera proveniente dal governo messicano ingiunge a Rivera di terminare l'affresco della grande scalinata del palazzo nazionale, che lui aveva abbandonato di punto in bianco per il soggiorno in California. Di ritorno in Messico, e grazie al denaro guadagnato negli Stati Uniti, la coppia decide di farsi costruire una grande casa nel quartiere di San Ángel. In realtà le case sono due, affiancate, più grande quella per lui, più piccola quella per Frida, collegate da una passerella all'altezza del secondo piano. È probabile che Diego l'avesse concepita così per potersi abbandonare liberamente alle sue avventure extraconiugali. In attesa della fine dei lavori si trasferiscono nella casa di Coyoacán, che Diego ha acquistato affinché i genitori di Frida, che si trovavano in gravi difficoltà economiche, non fossero obbligati a separarsene.

Ma l'intervallo messicano è di breve durata. La famosa mercante di quadri newyorkese Frances Flynn Paine propone a Rivera di organizzare una retrospettiva sulle sue opere nel nuovissimo Museum of Modern Art, che ha appena ospitato un'esposizione dedicata a Matisse. Così Diego e Frida ripartono per gli Stati Uniti, e arrivano a New York il 13 novembre 1932.

A Frida New York non piace, come del resto non aveva amato San Francisco. Piove spesso, non conosce nessuno, parla un pessimo inglese e trascorre le giornate ad alimentare la noia per le strade di Manhattan.

Diego invece vive sull'onda del suo trionfo californiano. Lavora a ritmo sostenuto su una serie di opere che vuole vedere esposte nella sua retrospettiva al MOMA. Il vernissage si tiene il 22 dicembre. La critica è quantomeno perplessa, in parte persino maldisposta. Schernisce la sua «arte indigena», ironizza sulla sua «cultura dei cesti e delle coperte». Ma Diego se ne frega. In un mese, più di sessantamila visitatori entusiasti si accalcano per vedere le tele e gli affreschi del pittore messicano. È diventato una vera celebrità ed è inondato di commissioni.

Nell'aprile del 1932 Frida scrive a Clifford e Jean Wight una lettera nella quale si legge: «Il clima newyorkese è per me una vera calamità. Tuttavia... cosa posso farci? Speriamo che migliori presto, altrimenti mi suicido».

Frida si annoia e non lo nasconde ai suoi amici. Diego s'interessa solo al suo lavoro, ai suoi dipinti, e la trascura. Certo, anche lei partecipa di frequente a feste e ricevimenti, dove s'incontrano i newyorkesi più influenti nell'ambito della finanza e dell'arte... E con ciò?

Quando, alla fine dell'aprile 1932, Diego viene invitato a dipingere una serie di affreschi sull'industria moderna presso l'Institute of Arts di Detroit, lei lo accompagna, sollevata, «felice di lasciare quella metropoli spaventosa, dove ha vissuto come un'ombra». Per quel progetto, a Diego viene offerta l'esorbitante cifra di venticinquemila dollari. Si pensi soltanto che all'epoca un operaio veniva pagato dieci centesimi l'ora, ovvero prendeva un salario di quattro dollari per una settimana di quaranta ore.

Appena scesi dal treno, Diego e Frida si ritrovano subito immersi dentro uno scenario che Chaplin immortalerà quattro anni più tardi in *Tempi moderni*. Siamo ben lontani dalla mondanità e dallo snobismo di New York. La crisi del 1929 è ancora piuttosto vicina, la tensione sociale è palpabile. Stranamente Diego, l'ex comunista, non nasconde la propria ammirazione per l'industria moderna. Gli piace magnificare l'acciaio, il fumo delle fabbriche; arriva persino a celebrare la bellezza delle camere blindate delle banche.

Frida Kahlo ne ha invece una percezione ben diversa. Lei stessa la descrive al dottor Eloesser il 26 maggio 1932.

Questa città sembra un piccolo villaggio, è questo l'effetto che mi fa, un vecchio e misero paesino, e non mi piace affatto. Ma sono felice che Diego ci si trovi bene per lavorare; ha trovato parecchio materiale per gli affreschi che dipingerà nel museo. Le fabbriche, le macchine... lui adora tutto questo, è come un bambino con un nuovo giocattolo. La zona industriale di Detroit è tra l'altro la più interessante, mentre il resto è come tutto il resto degli Stati Uniti: brutto e stupido [...]. Avrei parecchie cose da raccontarvi su di me ma sono... be' diciamo non molto piacevoli.

Poi accenna alla propria salute.

Vorrei parlarvi di tutto fuorché di questo, perché penso ne abbiate abbastanza di sentire tutti che si lamentano e di ascoltare i pazienti raccontare ognuno la propria malattia; tuttavia ho la presunzione di credere che il mio caso sia un po' diverso perché siamo amici, e sia io che Diego vi vogliamo molto bene, questo lo sapete.

Se Frida menziona la sua salute, dicendo «che va male», è perché ha scoperto di essere incinta.

La cosa più importante che voglio dirvi, a voi prima che a chiunque altro, è che sono incinta di due mesi. Ecco perché sono tornata dal dottor Pratt, che mi aveva detto di conoscere il mio caso perché ne aveva parlato con voi a New Orleans e non era dunque necessario che gli riferissi tutta la storia dell'incidente, e nemmeno la questione della schiena malmessa e tutto il resto. Gli ho detto che pensavo che nel mio stato di salute sarebbe stato meglio abortire; lui mi ha dato una dose di chinino e una purga bella forte a base di olio di ricino. Il giorno dopo ho avuto una piccola emorragia, quasi niente. Per cinque o sei giorni ho perduto un po' di sangue, ma davvero molto poco. Ho comunque creduto di avere abortito e sono tornata dal dottor Pratt. [...] Dice che se restiamo a Detroit per i prossimi sette mesi della gravidanza lui si occuperà di me con la massima solerzia. Vorrei avere la vostra opinione. Confesso che in questa circostanza non so davvero cosa fare, ma ho piena fiducia in voi.

Disgraziatamente, qualche settimana più tardi, il 4 luglio, giorno della festa nazionale americana, accade il dramma. Frida lo descrive a Eloesser il 29.

Circa due settimane prima del 4 luglio ho iniziato a notare un filo di sangue denso che colava quasi tutti i giorni, così mi sono preoccupata e sono andata dal dottor Pratt, che mi ha detto che andava tutto bene e che avrei potuto avere il bambino col parto cesareo. Tutto ciò è continuato fino al 4 luglio, giorno in cui, senza che io sappia perché, all'improvviso, e rapidamente, ho avuto un aborto. Il feto non era formato; quando è uscito era una cosa amorfa, indistinta, sebbene fossi incinta di tre mesi e mezzo. Il dottor Pratt non ha indicato una causa precisa, mi ha solamente assicurato che un giorno potrò avere un altro figlio. Al momento, mentre vi sto scrivendo, non so ancora perché l'ho perso e per quale ragione il feto non fosse formato, e mi chiedo in quali condizioni sia il mio corpo all'interno, perché è tutto un po' strano, non credete? Ho pianto molto, perché ero così felice all'idea di avere un piccolo Dieguito; ora che è passata, non resta che rassegnarsi... Del resto esistono migliaia di cose sulle quali regna il più assoluto mistero, giusto? Comunque sia, io sono come i gatti, non lascerò la mia pelle tanto facilmente... È già qualcosa!

La perdita di quel bambino segnerà Frida per tutta la vita e ossessionerà la sua pittura. In particolare dipingerà un feto maschio, sovradimensionato, in posizione embrionale; è il bambino perduto, il piccolo Dieguito che ha tanto aspettato e che deve rassegnarsi a non conoscere mai. Ancora una volta è la pittura ciò che le permette di esistere, esorcizzando l'inerzia e la solitudine.

Uscita dall'ospedale, Frida crea due dei suoi quadri più personali, più intimi, in cui gli eventi della vita quotidiana acquistano un posto sia reale che simbolico. E ogni missiva, ogni disegno è come una lettera rubata alla disperazione, che Frida spedisce agli amici più cari, alle persone che ama. Per esempio la litografia *Frida e l'aborto* – il titolo non potrebbe essere più esplicito – nella quale si vede a sinistra, alla maniera di un antico atlante anatomico, un grande feto maschile legato tramite una vena al corpo di Frida, vena che si arrotola attorno alla sua "gamba buona".

In un altro disegno, di piccole dimensioni, l'artista, col viso inondato di lacrime, pone le mani sul basso ventre come a tenerlo, mentre delle gocce di sangue macchiano il pavimento. In un'altra opera, intitolata *Ospedale Henry Ford*, si vede, su uno sfondo di fabbriche lontane, un letto insanguinato sul quale Frida riposa, nuda, tenendo all'estremità del cordone ombelicale diversi oggetti come fossero palloncini. Questo quadro, datato luglio 1932, fa indubbiamente di Frida Kahlo uno dei pittori più originali del suo tempo.

Il 3 settembre 1932 Frida salta sul primo treno per il Messico e si precipita al capezzale della madre, che morirà il 15 dello stesso mese. A fine ottobre, quando torna a Detroit, trova Diego incredibilmente dimagrito (ha perso quasi cinquanta chili), i tratti del viso tirati, devastati dalla stanchezza. È anche forse profondamente ferito dall'articolo apparso sul *Detroit News*, dove si legge che gli affreschi sono «grossolani nella loro concezione, incredibilmente volgari e privi di qualunque senso agli occhi di un osservatore intelligente... sono una calunnia per i lavoratori di Detroit... e sono antiamericani».

Il 20 marzo 1933 la coppia è a New York, dove Diego è impegnato a decorare la hall del nuovo edificio della Radio Corporation of America, situato nel Rockefeller Center di Manhattan.

Il giudizio di Frida nel confronti della città è sempre molto critico: «In primo luogo» scrive l'11 aprile 1933 all'amico Clifford Wight, «ti devo dire che New York è ancora peggio dell'anno scorso, i suoi abitanti sono tristi e pessimisti».

E si strugge nella nostalgia del suo Messico adorato.

Quel nuovo viaggio, d'altra parte, non comincia sotto i migliori auspici. Il giorno dopo il loro arrivo, la stampa americana si scatena contro il muralista messicano. Diego Rivera è diventato una causa che spinge a schierarsi in maniera netta, a favore o contro.

Non importa. Diego comincia gli schizzi preliminari dell'affresco che dovrebbe ornare le pareti che inquadrano gli ascensori di fronte all'entrata principale del Rockefeller Center. Li sottopone ai Rockefeller, che li approvano.

Ma poi, per provocazione, o forse in maniera inconsapevole, Diego pone al centro dell'affresco un personaggio che ha i tratti di Lenin. I Rockefeller non apprezzano; al contrario, gli intimano subito di "sbarazzarsi di Lenin".

«Mai» replica il muralista. «Piuttosto che mutilare l'idea preferirei la distruzione dell'opera nel suo insieme; sarebbe comunque un modo per preservarne l'integrità».

La reazione dei committenti non tarda ad arrivare. Gli danno i quattordicimila dollari di acconto che gli spettano e gli ordinano di abbandonare immediatamente la postazione, senza nemmeno permettergli di recuperare i suoi utensili da lavoro...

Due mesi più tardi, il 10 e l'11 febbraio 1934, e nonostante una mobilitazione di artisti venuti dal mondo intero, gli affreschi del Rockefeller Center vengono polverizzati a colpi d'ascia, in piena notte, per non disturbare i lavoratori del Centro.

Dopo quell'affronto, Diego Rivera e Frida Kahlo resteranno altri sette mesi negli Stati Uniti. Ma invece di riavvicinarli, quella che alcuni hanno chiamato «la battaglia del Rockefeller Center» li allontana e fa vacillare seriamente le fondamenta del loro matrimonio. Diego attraversa un periodo di fortissima depressione; quanto a Frida, non sopporta il caldo soffocante di New York e il piede malato la fa soffrire moltissimo. A ciò si aggiunga la continua sequela di flirt del suo incorreggibile marito. L'ultima è una giovane pittrice che abita nello stesso palazzo della coppia, una certa Louise Nevelson, un'ebrea russa nata a Kiev.

Frida sta male, molto male. Dipinge il proprio senso d'imprigionamento, la propria solitudine, lo sconforto che la opprime. «Io qui, a *Gringolandia*, passo la vita a sognare di ritornare in Messico» scrive al suo caro Eloesser. Ciò che non ama degli americani è «la loro tracotanza, il loro orgoglio, la loro freddezza protestante», così lontana dalla vivacità messicana, dalla sua insopprimibile gioia di vivere. Ciò che Frida non ama, di *Gringolandia*, è quella forsennata volontà «di diventare qualcuno», di esibire la propria riuscita, l'affermazione personale. Quello che non sopporta è l'incommensurabile orgoglio: «Essere la *gran caca* non m'interessa affatto». E poi Diego non si occupa di lei. È anche per questo, forse, che lei inizia a farsi chiamare col suo secondo nome, Carmen, mai usato fino a quel momento.

Frida vuole tornare in Messico. Di quell'America, di quel paese tutto profitto e finanza, non ne può più. «Con tutte le cose che ho appreso qui, sono sempre più convinta che il solo modo per diventare un uomo, intendo un essere umano e non un animale, è essere comunista».

Diego invece manifesta una vera e propria avversione all'idea di tornare nel suo paese. Sa cosa lo attende, sa che i suoi detrattori non mancherebbero di ironizzare, di ricordargli che i Rockefeller l'hanno gettato via come un rifiuto. Durante questo periodo, Frida realizza un collage dal titolo misterioso: *Il mio vestito è appeso là*, o *New York*. In uno scenario di edifici in fiamme, con la statua della Libertà sullo sfondo e in primo piano un bidone pieno d'immondizia e persino un water in cima a una colonna, compare al centro, ben sistemato su una gruccia, un abito composto da un corsetto rosso e una gonna verde con balza bianca.

Il 20 dicembre 1933, terminati i due piccoli pannelli del quartier generale dei trotzkisti newyorkesi, Diego sale a bordo dell'*Oriente* insieme a Frida, destinazione Veracruz, passando per L'Avana. Non hanno più un soldo; i loro amici hanno fatto una colletta per pagar loro i biglietti.

Tornati in Messico, si stabiliscono nella "doppia casa" di San Ángel. Due villini: rosa per Frida, blu per Diego.

Col passare dei giorni, quest'ultimo piomba in una depressione nervosa che preoccupa la moglie. Nella lettera dell'11 luglio, Frida si confida con l'amica Ella Wolfe.

Non so se lo stato di Diego sia dovuto al suo dimagrimento troppo rapido a Detroit o a un mal funzionamento delle sue ghiandole; il punto è che il suo morale è a zero e che io soffro ancora più di lui – se ciò è possibile – vedendo che non c'è verso di fargli cambiare idea e che se anche fossi pronta a dare qualunque cosa, pure la mia stessa vita, per restituirgli la salute, non servirebbe a nulla [...]. Mi capita di perdere del tutto la speranza, senza contare che questo naturalmente incide sulla situazione finanziaria di Diego, visto che non lavora e però continua a spendere denaro in maniera considerevole; insomma, non so davvero dove tutto questo ci condurrà.

Frida entra in un periodo particolarmente cupo. Si chiude in se stessa, a lottare contro i suoi vecchi demoni: la solitudine, il dolore. E come se tutto ciò non bastasse, sopraggiunge una terza gravidanza, interrotta questa volta con un aborto volontario.

Nel corso di quello stesso anno Frida subisce anche un'appendicectomia e una prima operazione al piede destro: l'amputazione di cinque falangi, la cui cicatrizzazione si rivela interminabile. Ma forse il peggio arriva sul piano affettivo: Cristina, la giovane sorella di Frida, la sua confidente più intima, il suo doppio, la gemella, l'alleata di sempre, è diventata... l'amante di Diego!

Questa volta è troppo.

Frida decide di troncare. Il 18 ottobre 1934 si confida con i suoi amici Ella e Bertram Wolfe.

È una pena doppia, se posso esprimermi così. Voi sapete meglio di chiunque altro ciò che Diego significa per me; e dall'altro lato, Cristina era la sorella che amavo di più, quella che ho sempre cercato di aiutare, fin da quando era piccolissima. Perciò potete immaginare quanto la situazione sia orribilmente complicata e peggiori di giorno in giorno. Vorrei potervi dire tutto per farvi comprendere ciò che ho dovuto sopportare, ma rischierei di annoiarvi parlando solo di me. Credetemi, se vi raccontassi in modo dettagliato i particolari della storia, ve la dareste a gambe levate ben prima di aver finito di leggere questa lettera.

Nel gennaio del 1935, Frida lascia San Ángel e trova un'abitazione al 432 di Avenida de los Insurgentes, a Città del Messico. Giunta l'estate parte per New York, per quella metropoli che pure detesta, in compagnia di due amiche,

Mary Schapiro Sklar e la scrittrice Anita Brenner, e soggiorna a casa di Ella e Bertram. Le numerose esperienze omosessuali e i tanti flirt, tra cui quello con lo scultore nippo-americano Noguchi Isamu, ex assistente e collaboratore di Diego, e quello con Ignacio Aguirre, pittore e incisore muralista, non fanno ritrovare a Frida l'equilibrio.

Diego le manca. Ce l'ha dentro, lo sente sulla pelle. Altrimenti come spiegare la lettera che gli scrive il 23 luglio?

[...] Devo essere davvero testarda come un mulo per non capire che le lettere, le storie da donnaiolo, le insegnanti d'inglese, le gitane che giocano a fare le modelle, le assistenti di "buona volontà", le studentesse interessate "all'arte della pittura" e le "rappresentanti plenipotenziarie di lontane contrade" non sono altro che un passatempo, un divertimento, e che in fondo io e te ci amiamo tantissimo e intimamente, e che per quanto possiamo collezionare avventure, porte sbattute, insulti e lagnanze internazionali, ci ameremo sempre. In effetti credo di essere un po' stupida, perché tutte queste cose sono successe e si sono ripetute per tutti i sette anni in cui abbiamo vissuto insieme, e tutta la mia rabbia è servita solo a farmi capire meglio che ti amo più della mia stessa pelle. Lo so, tu non mi ami allo stesso modo, ma mi ami comunque un po', non è così? E se anche non fosse così, mi resta pur sempre la speranza che lo sia, e ciò mi è sufficiente. Amami almeno un pochino. Io ti adoro.

Frida

Di ritorno a Città del Messico, Frida prosegue i suoi incontri clandestini, soprattutto in una camera che le presta la sorella Luisa, vicino al cinema Metropolitan.

Il 9 gennaio 1937 arriva nella capitale un certo Lev Trotzkij con sua moglie Natalia. È stato Diego Rivera a chiedere al presidente Cárdenas di concedergli asilo politico. Tuttavia, a causa dei problemi renali di cui soffre, Diego non può andare ad accoglierli, così è Frida a farne le veci. Le due coppie hanno buone affinità e nasce in fretta un'amicizia. Trotzkij è un distinto signore di quasi sessant'anni, dotato d'innegabile carisma. Frida lo chiama *El viejo*, il vecchio, non senza un certo dileggio, oppure *Piochitas*, pizzetto; ma di fatto gli fa la corte. Per gioco? Per verificare la propria capacità di sedurre? In ogni caso, il rivoluzionario dallo sguardo d'acciaio non tarda a cedere. Distraendosi di tanto in tanto dalla stesura dei suoi discorsi e dalla biografia di Lenin, infila biglietti appassionati nei libri che regala a Frida, le dà appuntamenti segreti, le parla in inglese affinché la moglie Natalia non capisca, si arrampica sul muro della sua casa, scappa con lei in una *hacienda* a una cinquantina di chilometri da Città del Messico...

Ma la relazione è un fuoco di paglia. A luglio è già tutto finito. È Frida che ha deciso di troncare.

Nel settembre del 1938 un altro personaggio fa irruzione nella sua vita e in quella di Diego: André Breton. È arrivato con la moglie, Jacqueline Lamba. Ospite in un primo momento di Lupe Marin, l'ex moglie di Diego, la coppia viene poi accolta a casa dei Rivera, a San Ángel, dove rimarrà per tutto il resto del soggiorno in Messico. Breton appare stregato da Frida e dalle sue opere. Ed è anche affascinato dalla sua personalità. In compenso, Frida trova profondamente irritante la sua inclinazione a fare l'esperto, e soprattutto quel suo insistere a dire che lei, senza rendersene conto, sta facendo del surrealismo.

Accettando l'invito di Jacqueline Lamba, nel gennaio del 1939 Frida s'imbarca per la Francia. Ma il viaggio a Parigi si rivelerà solo una serie di delusioni. La più grossa riguarda i Breton, che non si curano granché della sua presenza, e non aggiusta le cose neppure la breve relazione che lei ha con Jacqueline. Il 25 marzo Frida lascia la Francia da Le Havre, destinazione New York. Quel ritorno nella metropoli americana è però una doccia fredda. Nickolas Muray, il fotografo ungherese col quale non aveva mai interrotto del tutto la relazione, e che era impaziente di rivedere, le annuncia che sta per sposarsi.

Tornata in Messico, l'aspetta un ulteriore brutto colpo.

Diego se la fa con una pittrice ungherese, una certa Irene Bohus. Il ritorno di Frida non lo interessa particolarmente, e glielo fa capire. I loro rapporti si deteriorano a tal punto che lei decide di trasferirsi a Coyoacán, mentre Diego sceglie di restare nella sua casa di San Ángel.

È finita. A metà ottobre la coppia deposita una domanda di divorzio consensuale. Due mesi dopo viene pronunciata la sentenza.

A partire dal 1940, l'esistenza di Frida sarà in sostanza un lungo calvario. Alle pene d'amore si aggiungono nuovi problemi di salute. La schiena, innanzitutto: dolori acuti, continui, tanto che un ortopedico, il dottor Farili, le ordina riposo assoluto a letto con un peso di venti chili che, facendo trazione, dovrebbe darle sollievo. Un rimedio vano. E come se ciò non bastasse, le dita della mano destra vengono aggredite da una potente micosi che le impedisce di lavorare. Frustrata, disperata, annichilita, Frida comincia a bere. A bere forte, come non aveva mai fatto prima.

Appoggiato da Diego, il dottor Eloesser, che ha mantenuto con Frida un sincero legame di amicizia, insiste perché vada a curarsi al Saint Luke's Hospital di San Francisco.

I medici americani la disintossicano dall'alcol, le prescrivono riposo assoluto e stabiliscono un programma di recupero fisico basato essenzialmente su tre punti: alimentazione buona e regolare, elettroterapia e sistematica assunzione di calcio. Il trattamento funziona: pian piano Frida si ristabilisce, fino a riprendere una vita quasi normale.

Allo stesso tempo, il dottor Eloesser convince Diego a sposarla, perché – gli spiega – la loro separazione ha un effetto drammatico sullo stato di salute della sua paziente. Il pittore accetta.

Accetta anche Frida, al culmine della felicità.

Così, l'8 dicembre del 1940, i "mostri sacri" si sposano per la seconda volta. Frida indossa di nuovo l'abito tradizionale da indiana tehuana della prima volta. È finalmente il ritrovamento di un po' di pace? Purtroppo no. La malattia non intende mollare. A partire dal 1945 Frida è costretta ad applicare una zeppa alla scarpa destra per compensare l'accorciamento della gamba. Vive con una pressione del sangue anomala all'interno del cranio, dovuta alle ripetute assunzioni di Lipiodol, un medicinale che serve a prevenire una serie di problemi generati dalla carenza di iodio. Ha dolori tremendi alla nuca e alla colonna vertebrale, che la costringono a indossare continuamente un corsetto. Nel 1953 la gamba malata va in cancrena e viene amputata. Le secrezioni della sua schiena ferita la fanno «puzzare come un cane morto». Per correggere e rinforzare la colonna vertebrale viene più volte appesa per i piedi, nuda, a testa in giù. Dolori fisici e dolori morali si uniscono quasi fino a confondersi. E mentre lei affronta questo lungo martirio, il buon Diego vive un idillio amoroso con l'attrice María Félix...

Frida è esausta, troppo sfinita per pensare di reagire. Scivola lentamente verso la fine. Il 9 luglio 1954, nonostante sia appena guarita da una polmonite decide, in nome dei suoi ideali politici, di partecipare alla manifestazione che riunisce gli oppositori di Castillo Armas, il generale che ha appena preso il potere in Guatemala con l'appoggio della CIA. In mezzo alla folla di manifestanti, Diego spinge la carrozzina sulla quale è seduta la moglie. Lei tende il pugno, e con l'altra mano tiene un cartello sul quale ha dipinto una colomba. Sarà la sua ultima apparizione pubblica.

Il giorno dopo la polmonite si riacutizza. Frida sta morendo.

L'11 luglio dà a Diego l'anello che aveva comprato per il venticinquesimo anniversario di matrimonio, che cadrà qualche giorno più tardi. Preferisce regalarglielo subito, perché «sente che sta per lasciarlo».

Il 12 luglio, verso le ventitré, Frida si addormenta. Un sonno profondo, tranquillo. Rassicurato, Diego passa il resto della notte nel suo atelier a San Ángel.

Alle sei di mattina del giorno seguente, 13 luglio 1954, l'infermiera entra nella stanza e la trova immobile, gli occhi aperti e fissi, le mani fredde. Frida Kahlo muore così, nella casa blu di Coyoacán, sola. Aveva appena compiuto quarantasette anni.

La divina Lady
Lady Hamilton e l'ammiraglio Nelson

Un casolare perso nel cuore della contea di Flintshire, a sud di Liverpool. Un casolare ancorato quasi per caso ai margini del piccolo villaggio di Hawarden, nel mezzo di una vasta pianura tra le montagne del Galles a ovest, e i monti Pennini a est.

Un misero angolo d'Inghilterra, tormentato da inverni che non finiscono mai.

Una ragazza traccia col dito un sole immaginario sui vetri appannati. Siamo nel 1779. Ha appena compiuto quattordici anni, è quasi una donna. È più che bella, è magnifica. Il seno già palpita sotto il vestito di lana. L'ovale del viso, incorniciato da una folta capigliatura castana con riflessi dorati, ha proporzioni perfette. Le labbra, d'un vermiglio naturale, disegnano un sorriso nel quale si uniscono con pari forza ingenuità e seduzione. Gli occhi sono blu, un blu profondo come l'oceano, e iridati di riflessi viola. Talora la bocca tradisce un leggero fremito, nel quale si coglie tutta la sensualità del mondo. Emily Lyon, questo il suo nome, ha nello sguardo l'azzurro terso del cielo, ma sulle labbra il fuoco.

Emily – il cui nome si trasformerà progressivamente in Emma – ha il cuore afflitto. L'idea di lasciare l'ambiente in cui ha trascorso l'infanzia la opprime fino a toglierle il respiro. Rimasta vedova, Mary Lyon, sua madre, ha deciso di partire, di abbandonare tutto – ovvero in sostanza quasi niente. Sente il bisogno di andarsene, di provare a sopravvivere altrove.

A Londra.

Appena arrivate nella capitale, madre e figlia vengono

prese come domestiche nella casa di un rinomato chirurgo, il dottor Budd, al 14 di Chatham Place, presso il Blackfriars Bridge. Nel luglio del 1780 le ritroviamo a servizio presso la famiglia Linley in Norfolk Street, nello Strand.

Nel 1781 Emily viene notata da una signora piuttosto eccentrica, Mrs Kelly, donna di mondo e d'alto bordo, nota come "la badessa di Arlington Street". Mrs Kelly assume la ragazza in qualità di *lady's maid*, ovvero cameriera. Il "convento" da lei diretto è celebre negli ambienti londinesi. La badessa riceve molte visite, ma unicamente di uomini. Uno di loro s'incapriccia di Emily. È un ufficiale di Marina sui trent'anni, si chiama John Willett Payne. A sedici anni, Emily perde la sua innocenza.

Qualche tempo dopo, non sappiamo bene se a passeggio per le strade di Londra o nell'appartamento della badessa, conosce il "dottor" James Graham e decide di lasciare Mrs Kelly per seguire questo stravagante personaggio. Ciarlatano, mitomane, truffatore, Graham è proprietario di una specie di teatro sulla Royal Terrace, a pochi passi dal Tamigi. Il posto è soprannominato Tempio di Esculapio, oppure Tempio della Salute.

All'interno c'è una sala splendente di luci, dove Graham dispensa i suoi "consigli terapeutici". Lì Emily compare di tanto in tanto coperta solo da una garza leggera e vaporosa, in un'incerta penombra. La sua bellezza e la perfezione del suo corpo rapiscono subito il pubblico: in poche settimane diventa l'attrazione principale del Tempio. La vediamo eseguire per la prima volta le pose plastiche ispirate a personaggi dell'antichità, divenute note in seguito col nome di *attitudes*, ovvero atteggiamenti, che ripeterà per tutta la vita con immutato successo.

È in questo periodo che entra in contatto con George Romney. Attirato dal locale di Graham, come del resto molti suoi amici, sia per l'originalità del luogo che nella speranza d'imbattersi nella modella ideale, una sera l'illustre pittore decide di farci una capatina. Quando vede

Emily, prova un'emozione violenta. Non è semplicemente una giovane donna molto attraente che si mostra discinta nella penombra della sala, è Afrodite in persona. Una visione onirica, un'apparizione. Emily diverrà la sua passione, platonica eppure ossessiva. Le riserverà anche un soprannome speciale: *my divine Lady*.

Tuttavia non è solo l'amore platonico di Romney a incrociare la strada di Emily. Altri personaggi cercano disperatamente di sedurla, con intenzioni che di "artistico" hanno ben poco... Uno ci riesce. È Sir Harry Fetherstonhaugh, ventisei anni, sportivo, brillante, valente cavallerizzo. Suo padre, Sir Matthew, da sette anni è il proprietario di una splendida tenuta, Up Park, non lontano da Portsmouth, nel Sussex. Sir Harry corteggia la giovane, che cede senza troppe difficoltà. E quando il giovanotto le propone di seguirla e di condividere la sua esistenza, lei accetta, pazza di gioia ed eccitazione.

A Up Park si fa una bella vita. La maggior parte delle giornate è dedicata alla caccia e tutte si concludono con sontuose cene a lume di candela. Emily si cala rapidamente nel ruolo di "padrona di casa". Grazie alla sua bellezza e all'istrionico brio, ma anche in virtù del suo talento come cantante e mimo, riesce a conquistare in fretta i numerosi ospiti che si presentano con regolarità. Allo stesso modo, l'accento "contadino" e la propensione a imprecare come un carrettiere, invece di nuocere alla sua reputazione, attirano le simpatie di quanti le stanno intorno. Tutti apprezzano e applaudono le sue stravaganze, comprese quelle più folli, come danzare nuda sul grande tavolo della sala da pranzo.

Si beve. Si gioca a carte. Emma – ormai tutti la chiamano così – ci prende gusto, si appassiona a quella nuova forma di svago. Giocherà molto, nel corso della sua esistenza. Le cene si succedono le une alle altre, i volti quasi si sovrappongono. Emma nemmeno li vede; ha occhi solo per il suo *dear* Harry, il suo caro Harry, che pure comincia a stancarsi di lei. La trascura. La ignora. Sembra essersi già stufato della sua presenza. Lei si oppone, alza il tono. I litigi diventano frequenti, e sempre più violenti.

Ai primi di settembre del 1781, nel pieno di quel clima di tensione, si presenta a Up Park un nuovo personaggio, che a tavola prende posto accanto alla giovane. Ha trentadue anni ed è indubbiamente distinto e di bell'aspetto. È inoltre un appassionato di oggetti d'arte, e collezionista di minerali. Si tratta di Sir Charles Greville, figlio di Lady Jane Hamilton, contessa di Warwick, e nipote di Lord Archibald Hamilton, governatore della Giamaica e dell'ospedale militare di Greenwich.

La famiglia conta un altro membro illustre, che presto, imprevedibilmente, assumerà un ruolo importante. Si tratta di Sir William Hamilton, ambasciatore di Gran Bretagna nel Regno di Napoli e di Sicilia, zio materno di Greville, fratello di latte e amico intimo del futuro re Giorgio III.

Greville non nasconde la sua ammirazione per la giovane ospite. È possibile che in questo periodo Emma, trascurata dal *dear* Harry, sia divenuta l'amante di Charles Greville? Tutto porta a crederlo.

Luglio 1781. È piena estate, ma non ha mai fatto così freddo. Emma entra nel salone, dove crepita un fuoco di legna. Sir Harry alza lo sguardo verso di lei.

Lei gli comunica di essere incinta.

Lui rimane in silenzio. I suoi occhi evitano quelli di Emma. Non c'è bisogno di parole: lei capisce di non essere più gradita.

Nei giorni successivi i loro rapporti, già tesi, s'irrigidiscono ancora di più. Una mattina – che spiacevole coincidenza – il baronetto le comunica di avere problemi di denaro. Peggio ancora, non ha più un soldo. Non può più tenere Emma con sé. Dobbiamo separarci, le dice. Un eufemismo per imporle di fare i bagagli.

«E il bambino che nascerà?»

Sir Harry non risponde, si limita a far scivolare furtivamente pochi scellini nella mano dell'amante.

La sera stessa, Emma scrive una lettera disperata a Charles Greville. E lui non solo le risponde, ma le dice di raggiungerlo, di andare a vivere con lui. Lei non esita nemmeno un istante.

Nel febbraio del 1782 Emma lascia Up Park e si trasferisce, con qualche batticuore, nella casa del suo nuovo amante nel quartiere di Edgware Row, a Paddington Green. Accanto a lui imparerà a esprimersi con distinzione, a eliminare il suo terribile accento gallese, a trattenersi dall'imprecare come un carrettiere, a comportarsi come si conviene a tavola e in società. Inoltre affinerà le sue doti canore, e scoprirà la pittura e l'arte in generale.

Ai primi di marzo partorisce una bambina, cui dà il proprio nomignolo, Emma. Su consiglio di Greville, la bambina viene immediatamente spedita a Hawarden presso i Kidd, i nonni di Emma, che si faranno carico di allevare la piccola nei primi anni di vita.

Agosto 1783

Greville cammina febbrilmente su e giù nella villa di Paddington Green; di tanto in tanto getta un'occhiata all'amante per assicurarsi che il suo abbigliamento sia irreprensibile.

Infila una mano in tasca e tira fuori la lettera che gli ha spedito lo zio, Sir William Hamilton, ambasciatore plenipotenziario di Sua Graziosa Maestà nel Regno di Napoli e di Sicilia, con la quale egli annuncia la propria visita. Il suo arrivo è un regalo inaspettato. Lo zio, che lo ama come un figlio, è l'unico che può aiutarlo a trovare una soluzione per le sue finanze. Non che Greville sia sull'orlo del fallimento, ma aspira a una sicurezza sempre maggiore, dunque a ulteriori proprietà e risorse.

Suonano alla porta.

Sulla soglia si presenta un uomo di bell'aspetto, sulla cinquantina, molto elegante.

Zio e nipote si salutano con calore, poi entrano nel salotto dove Emma li accoglie con una piccola riverenza. Greville si affretta a fare le presentazioni. Hamilton si sforza di mascherare l'emozione che lo coglie; mai, in tutta la sua vita, si è trovato di fronte a una creatura così perfetta. A diciotto anni, Emma è al massimo dello splendore. E rimane a sua volta sedotta dall'atteggiamento pieno di riguardi del vecchio *gentleman*, dalla sua esuberante allegria, che tanto contrasta col carattere malinconico di Charles. È lontanissima dall'immaginare il progetto germogliato nella testa del suo amante. Pian piano, l'ossessione per il denaro ha condotto Greville a elaborare un ragionamento preciso: per raggiungere una volta per tutte la tranquillità finanziaria deve sposare una donna ricca; ma per sposare una donna ricca deve prima tornare a essere libero sul piano sentimentale. Al tempo stesso, non potrebbe mai gettare Emma in mezzo a una strada come ha fatto Harry, non è certo quel genere di uomo. Altro stile. Deve trovare un modo per mettere la giovane al riparo dall'indigenza.

Già, ma come? Dove? Presso chi?

Adesso, in modo del tutto naturale, affiora tra i suoi pensieri un nome, quello di Lord Hamilton. Il diplomatico ha senza dubbio i requisiti per essere l'uomo giusto: dalla morte della moglie vive tutto solo nel suo grande palazzo di Napoli, e possiede beni considerevoli.

Così qualche tempo dopo gli scrive:

> Non so più come fare per separarmi da lei [Emma]. Ho assoluta necessità di recuperare la mia libertà di manovra per potermela cavare. Mi domando dove lei potrebbe essere felice. Renderla disponibile per voi è per me quasi una necessità.

Non si potrebbe essere più espliciti.

Nell'aprile del 1785 suggerisce a Lord Hamilton di invitare Emma a Napoli, per lasciargli il tempo di "sistemare" i suoi affari. E precisa che l'invito dev'essere in apparenza innocente: Emma deve pensare che si tratti di una separazione temporanea, sei mesi al massimo.

Passa quasi un intero anno prima che, il 13 marzo 1786, Emma e la madre, Mary, da lei stessa chiamata in aiuto per il soggiorno a Napoli, si mettano in viaggio per il Sud dell'Italia. Emma è affranta. Sente quella partenza come una lacerazione.

Si è mai resa conto che il suo destino è stato deciso a sua insaputa? Forse, ma più tardi.

Per il momento vive il suo profondo dolore, dentro il quale non può certo immaginare che laggiù dove è diretta, sulle rive soleggiate del Mediterraneo, l'attendono gloria e ricchezza.

Il 26 aprile madre e figlia arrivano a Napoli e raggiungono subito palazzo Sessa, dove risiede l'ambasciatore. Il caso vuole che quello stesso giorno Emma compia ventun anni.

Lord Hamilton attende la giovane ai piedi del grande scalone. L'aiuta a scendere dalla carrozza, inclina la fronte verso la sua mano, le dà il benvenuto. Scambiano poche parole, poi l'ambasciatore conduce le sue ospiti all'interno del palazzo. Alla madre di Emma brillano gli occhi: mai vista tanta magnificenza. Al primo piano, il diplomatico suggerisce una breve sosta sulla terrazza per mostrare loro il paesaggio; ne approfitta per fornire alle due donne alcune informazioni sulla vita a Napoli. Parla della coppia che vi regna da trent'anni, Ferdinando e Maria Carolina. Ferdinando, re da operetta, è rimarchevole soprattutto per l'enormità del suo naso. Maria Carolina è invece figlia dell'imperatrice d'Austria Maria Teresa, nonché sorella maggiore della regina di Francia, Maria Antonietta.

Sette mesi dopo il suo arrivo, più esattamente nel corso dell'autunno del 1786, dopo aver invano sperato che Charles Greville le dicesse di tornare, Emma sente che la relazione tra lei e l'ambasciatore sta prendendo una piega diversa. E presto cede alle avance di William. Lo fa in maniera del tutto consapevole, ormai convinta, e rassegnata, che tra lei e Greville niente sia più possibile. Lo fa anche, forse soprattutto, perché ne va della sua sopravvivenza. Da una parte c'è una persona fragile e indecisa che la respinge; dall'altra un uomo maturo, padrone del proprio destino, persona indubbiamente potente, che l'adora. Non può più esitare. Non se lo può permettere. Correrebbe il rischio di perdere anche se stessa.

Peccato non poter essere Lady Greville, ma non importa, sarà Lady Hamilton...

Napoli è ai suoi piedi. Se la regina, la buona società inglese e gli ambienti diplomatici rimangono ancora ermeticamente chiusi al suo potere di seduzione, altri invece vi soccombono. L'eco della sua bellezza giunge fino alle porte di Mosca, tanto che lo zar Alessandro chiede che gli venga inviato un suo ritratto.

Nel luglio del 1789 un tuono violento scuote l'Europa: la Francia è precipitata nella Rivoluzione. Maria Carolina teme per la sorella. Quale destino riserveranno i rivoluzionari a Maria Antonietta? I nobili fuggono all'estero l'uno dopo l'altro. Tra essi anche Madame Vigée-Lebrun, la grande ritrattista, la cui fama ha già raggiunto varie corti europee. Sbarca a Napoli, in cerca di rifugio presso Maria Carolina. Non fa in tempo a sistemarsi che Sir William le chiede di fare il ritratto di Emma.

Londra, 6 settembre 1791

Siamo nella piccola cappella di Marylebone, su Marylebone Road. Emma è emozionata. Si accorge appena della presenza dei due testimoni, il marchese di Abercorn e Louis Dutens, segretario dell'ambasciatore d'Inghilterra a Torino.

La cerimonia è breve e informale. Il reverendo Edward

Barry pronuncia il discorso di rito, al termine del quale Sir William Hamilton ed Emily Lyon vengono dichiarati marito e moglie. Il giorno dopo il *Gentleman's Magazine* pubblica un laconico trafiletto: «Sir William Hamilton, inviato straordinario e ministro plenipotenziario alla Corte di Napoli, ha sposato Miss Lyon, signora nota sia per la bellezza che per il talento nella musica e nel canto».

D'ora in avanti, la storia dovrà fare i conti con Lady Hamilton...

Gennaio 1793

Convinti di vivere momenti eccezionali, i francesi sono in preda a un'ebbrezza collettiva. Stanno inventando una società nuova, e tuttavia la stanno costruendo spinti dall'angoscia e dall'urgenza. Luigi XVI sale sul patibolo il 21 gennaio 1793. La notizia raggiunge Napoli il 7 febbraio, alla vigilia del Carnevale.

È un vero shock.

Attraversata da un moto univoco di riprovazione, l'intera Europa reagisce dichiarando la guerra. E lo fa con l'appoggio dell'Inghilterra, che fino a quel momento si era tenuta in disparte. Gli eserciti dei vari Stati avanzano su tutti i fronti. Magonza capitola il 23 luglio 1793; Dunkerque viene messa sotto assedio alla fine di agosto; gli spagnoli valicano i Pirenei e l'ammiraglio inglese Samuel Hood è a Tolone.

A questo punto della storia, il destino sembra aver deciso di sigillare le vite di Lord Hamilton e di Emma. Ci vorranno una rivoluzione e poi la guerra per demolire un rapporto che pareva destinato a durare tutta la vita.

L'ammiraglio Hood è a Tolone perché chiamato espressamente dai realisti francesi, che con l'aiuto di inglesi e spagnoli intendono tener testa ai colpi di maglio della Rivoluzione.

Una mattina di settembre del 1793, l'ammiraglio redige un ordine di missione da recapitare a un suo capitano che si sta approvvigionando di acqua dolce nella rada di Hyères. Lo firma con decisione e dà ordine di salpare alla fregata *Tartar* per la consegna immediata della missiva.

Un'ora dopo la fregata è in vista dell'*Agamemnon*, vascello da sessantaquattro cannoni. Un uomo sale a bordo e consegna al capitano il messaggio dell'ammiraglio Hood. «Salpate immediatamente per Napoli e consegnate all'ambasciatore Lord Hamilton la lettera qui allegata, della quale avrete preso conoscenza. E insistete anche verbalmente in merito a quanto espresso nel messaggio».

In sostanza, lo scopo è ottenere dal Regno di Napoli e di Sicilia l'invio di un corpo di spedizione destinato a rafforzare le truppe anglo-spagnole che combattono a Tolone.

Il capitano ripiega la lettera dell'ammiraglio Hood. Finalmente! Pur non essendo nulla di eccezionale, quella missione gli permetterà comunque di rendersi utile.

Per un istante incrocia con lo sguardo l'immagine riflessa nell'unico specchio che arreda la sua modesta cabina; quello che vede è un uomo di trentacinque anni, piuttosto basso e precocemente calvo, pelle e ossa, il viso lungo e cotto dal sole. Ma lo sguardo sembra illuminato, reso vivo da un qualche sogno interiore. Le sopracciglia dritte scendono come una sorta di tettoia sugli occhi azzurri, quasi a esprimere una volontà che nulla potrebbe piegare. A tratti un balenio gli attraversa lo sguardo, lo stesso che brilla nell'occhio fisso degli uccelli da preda.

Si chiama Nelson. Capitano Horatio Nelson.

Sei anni prima ha sposato una vedova di nome Fanny Nisbet, nata nelle Antille, madre di un bambino di nome Josiah. È una donna dedita al dovere, poco incline alla tenerezza e troppo gelosa per provare amore vero. Inoltre, e chiunque la conosca è d'accordo, è un'autentica *nagger*, come dicono gli inglesi, un'insopportabile brontolona.

Entrato in Marina a dodici anni, Nelson non ha ancora

avuto l'opportunità di farsi notare. Nel suo curriculum non è presente alcuna azione eclatante. Morde il freno, è impaziente. È dunque facile immaginare con quale fervore accolga il messaggio di Hood.

Chiama il suo secondo e dà ordine di spiegare le vele.

L'11 settembre l'*Agamemnon* entra nella baia di Napoli. Appena informato del suo arrivo, Lord Hamilton corre a incontrare il capitano. Anche lui, come il re e la regina, è impaziente di sentire le ultime notizie sulla battaglia in corso a Tolone. Tra i due uomini nasce subito, spontanea, una cordiale simpatia. Quella sera stessa, nel corso della cena organizzata a palazzo dai monarchi, Lady Hamilton viene presentata a Horatio Nelson.

Che impressione gli fece?

Cosa provò Emma?

Se il capitano non poteva non restare colpito dal fascino e dalla vivacità dell'ambasciatrice, è assai improbabile che la cosa sia stata reciproca. Nelson – ricordiamolo – non è certo un uomo attraente. In più ha una ruvidezza da marinaio, modi espliciti e sbrigativi, che di sicuro non aiutano a conquistare le donne. E del resto Emma è di una fedeltà esemplare. Sta vivendo un amore senza nubi, ancora meravigliata del fatto di trovarsi lì nelle vesti di ambasciatrice, oltreché moglie di un uomo così potente. Di conseguenza, il colpo di fulmine che certe biografie raccontano seguendo una certa visione romanzesca dei fatti va in realtà preso con le pinze, ovvero, né più né meno, come una storia romantica alla Delly.

Due mesi dopo lo sconforto: Tolone non è caduta, come a Napoli tutti speravano. Le forze inglesi e spagnole, alleate con i realisti, sono state messe in rotta dalle truppe agli ordini di un piccolo capitano d'artiglieria corso, «mal rasato e col bicorno in testa», secondo la definizione di Nelson. Un certo Napoleone Bonaparte.

Il 19 dicembre, piuttosto che lasciare a Tolone le truppe destinate alla morte o alla prigionia, l'ammiraglio Hood decide di evacuare il porto. A sud-est i francesi, superato il fiume Varo, si sono impadroniti di Nizza e Saorgio in una feroce battaglia contro i piemontesi e stanno marciando verso Savona. Mai il Regno di Napoli è stato così isolato. Nemmeno l'Austria, preoccupata di difendere se stessa, può prestargli soccorso. Resta solo l'Inghilterra.

L'Inghilterra, e Horatio Nelson. Che avanza verso la gloria...

Il 6 aprile 1794 è davanti a Bastia. Spinta dal generale Paoli, la Corsica si è posta sotto la protezione dell'Inghilterra. È Paoli che ha fatto appello alla flotta britannica perché lo sostenga nella lotta contro i francesi. L'assedio della città prosegue fino al 19 maggio, poi le forze della Convenzione, circa millecinquecento soldati, si arrendono e depongono le armi.

Il 17 giugno Nelson è a pochissima distanza da Calvi. Ancora un assedio, ancora una vittoria. Vittoria pagata a caro prezzo, peraltro, perché una scheggia raggiunge l'ambizioso capitano all'occhio destro, rendendolo guercio.

I successi del capitano diventano presto famosi, tanto da essere celebrati dalle ballate popolari e nei teatri pubblici. Le città di Londra, Bath, Bristol e Norwich lo nominano cittadino onorario.

Dopo un breve soggiorno nella capitale, Nelson riprende il mare.

Il 22 luglio 1797 ingaggia una nuova battaglia a Santa Cruz de Tenerife, nell'arcipelago delle Canarie. Sbarca sull'isola in piena notte, alla testa delle sue truppe. Quando raggiunge il molo, una pallottola gli frantuma il gomito destro. L'amputazione del braccio si rivelerà l'unico rimedio possibile.

Dopo una lunga convalescenza, all'inizio del 1798 entra di nuovo nel Mediterraneo.

Le spie inglesi hanno informato Londra che un corpo di

spedizione francese e la flotta incaricata di trasportarlo sono concentrati a Tolone. Dove hanno intenzione di andare? È il grande interrogativo che ossessiona e continuerà a ossessionare ancora per qualche tempo l'ammiragliato britannico. Comincia così un'incredibile partita a mosca cieca.

Nel febbraio del 1798 Nelson arriva in vista del Vesuvio. Per la seconda volta, il suo destino incrocia quello di Emma.

Il capitano Troubridge irrompe a palazzo Sessa quando l'alba non è ancora spuntata e chiede udienza all'ambasciatore inglese. Emma e il marito vengono tirati giù dal letto. La missione del capitano, data l'imminenza del pericolo, è ottenere il permesso di poter violare i termini della convenzione firmata nel 1796 tra Napoli e la Francia, secondo la quale i vascelli inglesi non possono essere ammessi nei porti napoletani in numero superiore a due. Per Nelson, il successo della campagna dipende dalla possibilità di rifornirsi nei porti del Regno di Napoli e di Sicilia. In caso contrario, per qualunque genere di approvvigionamento sarebbe costretto ad arretrare fino a Gibilterra, perdendo così la speranza di poter mai raggiungere la flotta francese.

Nonostante l'ora antelucana, Emma e il marito svegliano Acton, il Primo ministro di Ferdinando, e insieme si dirigono al palazzo reale. Un Consiglio ristretto si riunisce in tutta fretta, ma presto la discussione s'impantana; per paura di rappresaglie, il Consiglio rifiuta di violare l'accordo che lega il Regno di Napoli e di Sicilia alla Francia. Troubridge fatica a nascondere la delusione. Che fare? Ormai ha provato ogni argomento, non gli resta che tornare sull'*Agamemnon*. Si alza, va verso la porta. Ed ecco il *coup de théâtre*...

Emma irrompe bruscamente nella sala del Consiglio, dalla quale si era assentata con la scusa di un mal di testa. Brandisce un foglio scritto e firmato da Maria Carolina in persona, che autorizza «senza condizioni» il rifornimento della flotta inglese «in tutti i porti del Regno».

Il Consiglio è frastornato. Vedendo che Troubridge non riusciva a ottenere ciò che chiedeva, Emma si è precipitata dalla regina e le ha strappato l'autorizzazione tanto desiderata da Nelson.

Un'ora dopo la partenza del capitano, Hamilton fa avere a Nelson il seguente biglietto: «Riceverete dalla stessa Emma il documento che tanto vi serve e che vi procurerà tutto ciò di cui avete bisogno».

Emma aggiunge al biglietto queste poche righe:

Caro Sir,

vi scrivo di corsa. Dio vi conservi e vi guidi alla vittoria! Fate che io possa vedervi trionfare su Bonaparte [...]. La regina vuole che io vi trasmetta tutto il suo favore e m'incarica di dirvi che vi augura la vittoria con tutta l'anima e con tutto il cuore. Non vi dico quanto ci avrebbe fatto piacere ricevervi. Non trovo le parole per esprimere ciò che provo nel sapervi così vicino.

Vostra affezionata e riconoscente per sempre, per sempre.

Emma Hamilton

Gli invia anche una seconda nota, che accompagna una lettera personale della regina Maria Carolina.

Caro Sir,

vi affido la missiva che ho appena ricevuto dalla regina. Lasciatevi l'impronta delle vostre labbra e rimandatemela tramite Bowen, perché non posso assolutamente separarmene.

Eternamente vostra

Emma

La risposta di Nelson non si fa attendere.

Mia cara Lady Hamilton,

ho baciato la lettera della regina. Ditele, vi prego, che spero di avere l'onore di baciarle la mano, se tutto andrà a buon fine. Assicurate Sua Maestà che nessuno più di me ha a cuore la sua felicità e che le sofferenze che la sua famiglia sta patendo saranno per me fonte di energia il giorno in cui darò battaglia. Non temete il futuro, perché Dio è al nostro fianco. Dio benedica voi e Sir William.

Per sempre vostro devotissimo

«Non trovo le parole per esprimere ciò che provo nel sapervi così vicino».

«Vi affido la missiva che ho appena ricevuto dalla regina. Lasciatevi l'impronta delle vostre labbra».

«Mia cara Lady Hamilton, ho baciato la lettera della regina».

Non è curioso questo scambio tra due persone che si erano viste solo una volta cinque anni prima, e nel quale traspaiono in filigrana dei sentimenti inconfessati?

I detrattori di Emma diranno che lei non faceva altro che correre dietro alla gloria, e l'idea di sedurre un personaggio così fuori dal comune come Nelson non poteva che eccitare la sua immaginazione e lusingare la sua vanità. Ma ciò significa dimenticare che il futuro vincitore di Trafalgar è sposato, che lo è anche Emma e che il divorzio è assolutamente impensabile. Come si può allora pensare che lei fosse pronta a lanciarsi alla cieca, col rischio di ritrovarsi in crisi con Sir William e senza la minima certezza di poterlo sostituire con Nelson?

In verità, se si vuole davvero comprendere la passione che si è repentinamente impadronita dell'ambasciatrice, bisogna richiamare alla memoria il suo passato amoroso. Com'è stata fino a quel momento la sua vita sentimentale? Uomini da quattro soldi, falsi *gentlemen*, autentici furfanti. Come Sir Harry, che si sbarazza di lei appena ha saputo che aspetta un figlio… Fino a quel momento della sua esistenza Emma non ha mai potuto disporre liberamente del proprio cuore. La necessità le ha imposto Greville, e la paura del domani l'ha gettata tra le braccia di Sir William. Questa volta, ed è la prima volta, si offre di sua spontanea volontà, e lo fa per amore. A trentatré anni, è finalmente padrona del proprio destino. È lei e lei soltanto a decidere quale strada prenderà il suo cuore, quale respiro agiterà i suoi sensi.

Quanto a Nelson, la spiegazione è meno sottile. È un marinaio. Vive d'incontri furtivi e occasionali con donne dimenticabili, figure di passaggio. La cara Fanny non lo ispira più, se mai l'ha fatto. E dunque, viste le condizioni, come resistere a una donna come Emma, la cui bellezza ha turbato i sogni di così tanti uomini? E c'è di più: Nelson vede in lei la sua ninfa Egeria, una donna capace di condividere il suo accanito entusiasmo nel servire il proprio paese. L'eroe ha trovato la sua eroina.

Al momento di levare le ancore, dichiarerà ai suoi ufficiali: «Se adesso la strada della vittoria è aperta davanti a noi, lo dobbiamo esclusivamente a Emma». E più tardi, lasciando la Sicilia, confesserà: «Lei e la flotta francese: ecco tutto il mio orizzonte».

Il 1° agosto 1798, nella baia di Abukir, non lontano da Alessandria, s'imbatte nei francesi e, con la ferocia e l'euforia che possiamo immaginare, si avventa su di loro.

All'alba, delle navi francesi non restano che relitti galleggianti, o già inabissati nelle profondità della baia. L'*Orient*, la nave ammiraglia da centoventi cannoni, è letteralmente "implosa" con quasi tutto il suo equipaggio. Bonaparte e l'armata d'Oriente sono prigionieri della terra dei faraoni.

I dispacci che annunciano la vittoria di Nelson giungono a Londra solo il 2 ottobre. Appena l'informazione viene resa pubblica, nel cielo d'Inghilterra si alza un formidabile fragore di esultanza e compiacimento. Dai mendicanti ai principi, tutti acclamano all'unisono la grandezza di Horatio Nelson.

A Napoli, il 3 settembre, la notizia produce l'effetto di un tuono.

Il 22 ottobre Nelson entra nel golfo partenopeo.

L'accoglienza che attende il trionfatore è degna dei racconti delle *Mille e una notte*. L'ambasciatrice, con la madre

Mary a farle da chaperon, porta il suo idolo nella villa di Sir William a Castellammare e per una settimana lo tratta come un pascià, lo coccola, lo lusinga, anticipa ogni suo desiderio. Dobbiamo pensare che abbiano passato le notti a discutere delle cose della vita, dell'Inghilterra, dei giacobini? Figuriamoci. Quei due non chiedono che di cadere l'uno nelle braccia dell'altra.

E Lord Hamilton? Be', è tutt'altro che un imbecille. Non è e non sarà mai ciò che si è voluto lasciar credere, vale a dire un rassegnato e benevolo cornuto. E nemmeno vestirà mai i panni dello sventurato marito cieco e sordo. I suoi sentimenti sono molto più complessi di quanto si possa immaginare. L'ammirazione – potremmo dire la venerazione – che prova nei confronti di Nelson è immensa; ma immenso è anche il suo affetto nei confronti di Emma. Siamo nel 1798. La sua salute sta declinando. Ha sessantotto anni, e la moglie trentatré. Da circa dodici la sua esistenza è interamente ispirata da un solo desiderio: rendere felice Emma. Ma comincia a rendersi conto che non potrà svolgere questo compito ancora per molto. Capisce di avere due possibilità: o reagisce come un qualsiasi marito oltraggiato, quindi con un guanto gettato in faccia a Nelson, oppure decide in piena coscienza di continuare ad agire, contro tutto e tutti, pensando unicamente alla felicità di Emma. Sceglierà questa seconda via.

L'eroe del mare viene ospitato dagli Hamilton per tutti i ventitré giorni in cui rimane a Napoli.

Nelson è già profondamente ammaliato da Emma.

Dieci giorni prima, l'11 ottobre, il generale Championnet è entrato a Roma. Forte del suo successo, varca i confini del Regno di Napoli e di Sicilia. Nulla resiste alla sua marcia trionfale. Presto l'esercito francese sarà alle porte di Napoli; non c'è tempo da perdere, bisogna rassegnarsi a fare i bagagli.

Per portare via tutta quella gente, Nelson dispone solo

del *Vanguard* e dell'*Alcmene*. Perciò è costretto a noleggiare due navi napoletane: il *Sannita* e l'*Archimede*.

Il pomeriggio del 25 dicembre la piccola flotta entra nell'ampia rada di Palermo. Verso la fine del mese Nelson, Emma e Sir William si sistemano nelle stanze di Villa Palagonia, a Bagheria. Condividono il tempo e le spese del soggiorno, conversano amabilmente di questioni anche futili, cercando di alleggerire il peso della noia. Che fare a Palermo in quel clima gelido?

Passano i mesi. La famiglia reale vive ancora in esilio. Lord Hamilton invecchia. Emma e il suo eroe filano d'amore e d'accordo.

Fino a quel momento Nelson ha cercato di venire a patti con la sua passione. Ha tentato di salvare la sua famiglia, d'impedire che la moglie scoprisse la verità. Ha voluto credere che avrebbe servito meglio il suo paese rimettendo sul trono il re di Napoli spodestato, piuttosto che inseguendo per mare i francesi... La verità è che ormai contano solo gli occhi di Emma, la sua bocca, i suoi abbracci, nient'altro. Nelson ha varcato il confine che separa gli individui ritenuti ragionevoli dal mondo folle, impulsivo e fatale della passione. I due amanti sono definitivamente legati l'uno all'altra. Infrangono le regole, spezzano i tabù, sfidano i benpensanti, scandalizzano gli integerrimi. In altre parole: si amano e continueranno ad amarsi, persino troppo e forse male, ovvero in maniera non conforme al comune sentire, ma – a differenza di coloro che li giudicheranno – avranno almeno "vissuto" il loro amore.

A ogni modo, non possono restare a Bagheria per sempre. Dove andare? L'unica soluzione è tornare in Inghilterra.

Il 26 aprile 1800, a bordo del *Foudroyant* si festeggiano i trentacinque anni di Emma. Ma non c'è molta allegria. Non è difficile immaginare i pensieri che si agitano nella mente della giovane donna. Sta per lasciare il paese nel quale ha conosciuto l'ebbrezza del successo, la gloria, gli onori e un'esistenza spensierata. L'arrivo a Londra è imminente. Quale accoglienza le riserverà quella città che non ha affatto dimenticato il suo passato, e dove i ricordi delle sue avventure giovanili vagano ancora come fantasmi? Durante il viaggio ha fatto l'amore con Nelson, probabilmente la sera stessa del suo compleanno. La cosa in sé non meriterebbe di essere riferita, se non fosse che stavolta il loro trasporto non è stato senza conseguenze. Emma è incinta.

Il 18 giugno partono per Livorno. Appena sbarcati, un messaggero li informa della rovinosa sconfitta dell'esercito austriaco a Marengo. Bonaparte ne ha fatto un sol boccone; adesso nulla sembra più in grado di ostacolare la sua marcia.

Apprendendo la notizia, Maria Carolina quasi sviene.

«Bonaparte in Italia? Mi aspetta la ghigliottina».

«Cosa pensate di fare?» le chiede Emma.

«Fuggire! Tornare a Palermo!»

«Ma Lord Keith si opporrà sicuramente» obietta l'ex ambasciatore.

Sir Hamilton non sa quanto sia vero. Alcuni giorni prima, Keith ha confidato ai propri intimi: «È già fin troppo tempo che Lady Hamilton comanda la flotta del Mediterraneo!» La mattina del 20 luglio è lui in persona a sbarcare a Livorno e a dettare a Nelson le sue direttive. «Nessuna nave di Sua Maestà può essere sottratta al servizio. Il *Foudroyant* e l'*Alexander* devono raggiungere Minorca nel più breve tempo possibile. Sua Maestà Maria Carolina può scegliere se proseguire al più presto verso Vienna o tornare nei suoi Stati a bordo di una fregata napoletana, attualmente all'ancora nel porto di Livorno. Quanto a voi, a Sir William e a sua moglie, se lo desiderate potete rientrare in Inghilterra come passeggeri a bordo della fregata *Seahorse*, oppure di un trasporto di truppe in partenza per Malta».

Che fare? Quale decisione prendere? Dopo un lungo tergiversare, alla fine viene scelta una via diversa: l'intero gruppo si sposterà in carrozza fino a Firenze, e poi ancora fino al porto di Ancona, dove s'imbarcherà per Trieste, e da lì continuerà il cammino fino a Vienna. È un viaggio folle, sfibrante, e la vicinanza dell'esercito francese lo rende anche estremamente pericoloso. Ma non importa. Maria Carolina deve tornare nel suo paese, costi quel che costi. Emma vuole assolutamente accompagnarla. Nelson non si rassegna ad abbandonare Emma.

E Lord Hamilton? L'ex ambasciatore è distrutto. Per un uomo di settant'anni quello non è un viaggio, è una discesa agli inferi. Ma non ha scelta, può solo continuare.

Il 18 agosto 1800 entrano a Vienna. La regina e i suoi proseguono fino a Schönbrunn.

Il 27 settembre gli Hamilton e Nelson arrivano a Praga.

Il 1° ottobre sono a Dresda, "l'Atene del nord", all'hotel de Pologne.

Il 6 novembre sbarcano in Inghilterra, a Yarmouth.

La pioggerella che scende sulla città ricorda a Emma le ore più nere della sua adolescenza. Vaghe immagini le sfilano davanti agli occhi. Rivede la nonna, la brava Sarah Kidd, le brume del Galles, le strade sempre umide. Sant'Iddio, quanto è lontano dalla luce di Napoli quel paesaggio così immerso nell'autunno!

Il giorno dopo le carrozze si avviano verso Ipswich. Nelson, Emma e Lord Hamilton hanno preso posto sulla stessa. *Tria juncta in uno*. Sempre la solita, immutabile trinità. Lungo il percorso, donne e uomini provenienti dai quattro angoli della campagna inglese fanno loro ala festosamente. Qua e là si sentono salve di cannone e grida di gioia. È Giulio Cesare che entra a Roma.

A notte fonda, sotto un diluvio e il boato dei tuoni, attraversano le strade di Londra fino all'hotel Nerot.

Due giorni dopo Lord Hamilton ed Emma si trasferiscono in un appartamento al 22 di Grosvenor Square, messo a loro disposizione da amici.

Il 26 dicembre si spostano in un piccolo palazzo privato al 23 di Piccadilly, di fronte a Green Park.

Quanto a Nelson, non può che tornare a casa sua, dove vive la moglie. E dove lo attende un plico importante: l'ammiragliato l'ha ufficialmente nominato viceammiraglio della Blu[1]. La notizia lo lusinga, ma non riesce a cancellare il rancore che prova nei confronti dei suoi superiori. Dal suo rientro in Inghilterra ha continuato a negoziare la somma che avrebbe dovuto spettargli in base alle confische effettuate a danno dei francesi dopo la battaglia di Abukir. Alla fine, di fronte all'invalicabile spilorceria dell'ammiragliato, ha deciso di affidare la faccenda a due avvocati, ed è proprio grazie a uno di questi, William Haslewood, che abbiamo una testimonianza della scena della rottura avvenuta tra l'ammiraglio e la moglie, una settimana dopo il suo ritorno.

Invitato a colazione da Nelson, l'avvocato assiste involontariamente a una più che animata discussione tra i due coniugi. I toni si alzano, lo scambio diventa febbrile. Nelson spinge la provocazione fino a tessere le lodi della «sua cara Lady Hamilton». Indignata, Fanny si alza da tavola dichiarando di non essere più disposta a rivestire il ruolo umiliante della moglie tradita. Sempre secondo Haslewood, Lady Nelson abbandonò la sala da pranzo, lasciando capire che ormai aveva preso la sua decisione. In effetti dopo appena qualche giorno se ne andò. Lei e Nelson non vissero mai più insieme.

29 gennaio 1801. A Londra, al 23 di Piccadilly, mentre la notte avvolge la città, una donna è in preda ai dolori del parto.

Emma si è chiusa in camera ormai da tre giorni, con la scusa di un forte raffreddore. Impedisce a Lord Hamilton l'ingresso nei suoi appartamenti e tollera al suo fianco solo Mary, la madre.

È pazzesco, persino surreale, ma è così. Durante la notte

1. La Marina inglese dell'epoca era divisa in tre flotte: la Bianca, la Rossa e la Blu.

del 29 gennaio le contrazioni sono aumentate sensibilmente. Mary ha preparato una bacinella d'acqua bollente e degli asciugamani. Per quanto Emma stringa i denti e i pugni, non può impedire al suo corpo di gridare. Sono passati diciannove anni dal suo primo parto, la carne è messa a dura prova.

Ma dov'è Lord Hamilton? Possibile che non sospetti nulla? Il palazzo di Piccadilly non è palazzo Sessa, e il gentiluomo, pur svigorito dall'età, non è ancora diventato sordo. Del resto anche la vista è buona, e la testa gli funziona; come avrebbe potuto non rendersi conto della trasformazione fisica della moglie? Nondimeno, fedele a se stesso, continua a fingere. E quando, otto giorni dopo, Mary uscirà dall'appartamento di Emma col neonato in braccio, lui continuerà a non sentire nulla, e resisterà persino alla tentazione di chiedere se è un maschio o una femmina.

È una femmina, e per il momento non ha nome.

Sarà suo padre a sceglierlo, e la chiamerà Horatia.

Nell'ultima settimana di febbraio, Nelson strappa tre giorni di congedo a Lord Keith e si precipita a Londra in piena notte. Corre, vola. Verso Emma, e soprattutto verso Horatia. Arriva nella capitale intorno alle sette del mattino e si precipita a casa di Mrs Gibson per stringere la figlia tra le braccia. Non c'è dubbio che la bambina ha ereditato i meravigliosi occhi blu della madre, ma per il resto somiglia a lui. Di più, è il suo ritratto. O almeno lui ne è convinto. Padre per la prima volta – Fanny non gli aveva dato figli –, sente crescere dentro di sé emozioni del tutto nuove.

La passione che lo ispira ormai da tre anni è più viva che mai. Il 6 marzo, deciso a garantire una tranquillità economica a sua figlia e alla madre di lei, fa aggiungere un codicillo al suo testamento. E se tale decisione offre una misura precisa dell'interesse che Nelson nutre per entrambe, essa permette anche di farsi un'idea delle difficoltà finanziarie incontrate da Lord Hamilton dopo la fuga da Palermo. Lui e la moglie continuano a condurre una vita dispendiosa, ma senza più un reddito adeguato. Di certo Emma non fa nulla per moderare Sir William. Del resto una come lei, che non ha mai conosciuto la differenza tra uno scellino e mille sterline, cosa potrebbe mai fare? Senza rendersene conto, sta preparando la propria rovina, la sua discesa agli inferi.

All'inizio di aprile del 1801 risuona per le strade di Londra l'annuncio di una nuova vittoria riportata da Nelson nella battaglia di Copenaghen.

In luglio, esattamente il primo giorno del mese, l'ammiraglio fa ritorno in Inghilterra. La sera stessa si precipita da Horatia, poi si reca dagli Hamilton. L'incontro è caloroso, e la felicità di ritrovarsi tutt'e tre sembra ancora molto viva e sincera. Vedendo l'aspetto stanco del suo amante, Emma suggerisce una gita in campagna. «Ottima idea» commenta Nelson. «Dove si potrebbe andare?» Emma suggerisce Burford Bridge, presso Dorking, sulla collina di Box Hill.

Il soggiorno nel Surrey gli fa scoprire le gioie semplici dell'esistenza, la tranquillità, la vita serena lontano dai tumulti della capitale. Perché allora non comprare una proprietà nella quale ritirarsi una volta giunto il momento? Del resto non è il solo a pensarla in quel modo: Emma e Sir Hamilton appoggiano apertamente la sua idea. Così Nelson incarica l'amante di mettersi alla ricerca dell'oasi ideale.

I primi di settembre lei visita una fattoria nel Surrey, Merton Place, un angolo di paradiso a otto miglia da Londra. Decide che è il posto giusto. C'è un solo ostacolo: il prezzo supera di gran lunga la somma che Nelson aveva ipotizzato per l'acquisto, novemila sterline. Senza contare le inevitabili spese di ristrutturazione.

Nessun problema!

L'ammiraglio potrà saldare in due rate, la seconda a distanza di un paio d'anni. D'accordo con Nelson, e come quest'ultimo gli ha chiesto espressamente, Sir William non contribuisce in alcun modo alla spesa. L'ammiraglio dà carta bianca a Emma perché si occupi delle rifiniture e dell'arredamento. Si affida a lei completamente, anche per i minimi dettagli.

Il 23 ottobre Nelson varca finalmente la porta del suo Eden. Come all'epoca di Napoli e di Palermo, Emma ricomincia a curarlo, a vezzeggiarlo, a rimetterlo in forze, sotto lo sguardo assente di Sir William.

La legna crepita nel camino, il gallo canta, i cavalli nitriscono. Bevono dell'ottimo sherry. Passeggiano lungo il fiume, subito ribattezzato "Nilo", oppure vanno a trovare i vicini. La sera conversano amabilmente del più e del meno fino a tardi. Vivono di amore e aria pura. Una vita semplice. Nel frattempo, a Londra i pettegolezzi crescono rapidamente. Nelson li ignora.

Emma è ancora molto bella, nonostante qualche chilo in più e i quarant'anni ormai vicini. Cammina tuttora con magnifico portamento tra le felci rigogliose. Alla sua destra, appoggiato al suo braccio, il marito, l'anziano diplomatico. A sinistra il suo amante, Lord Nelson. Intorno, un paesaggio magnifico. E chissà, nel vederli così, serenamente in tre, le chiome degli alberi hanno forse avuto un fremito, e magari per un istante, giusto il tempo di un respiro, il "Nilo" ha trattenuto il suo fluire.

La mattina dell'8 marzo 1803, Nelson viene informato che nei porti francesi è in corso una ripresa delle attività. Alla fine del mese l'ammiragliato gli fa sapere che, in caso di nuove ostilità, sarà lui a comandare la flotta del Mediterraneo, a bordo di un nuovo vascello, il *Victory*.

«Horatio!»

La voce, o piuttosto il grido di Emma, strappa Nelson ai suoi pensieri.

Lei appare sulla soglia, il volto pallido.

«Presto, bisogna chiamare il dottor Moseley! Sir William ha perso conoscenza!»

Nelson balza subito in piedi.

No, il suo amico non è morto. Un filo sottile lo tiene ancora legato alla vita. Viene trasferito agonizzante a Londra, nel suo palazzo di Piccadilly Street. Forse è stato lui stesso a chiederlo. A Merton ha i suoi appartamenti, tuttavia è a Piccadilly che si sente davvero a casa. Il 6 aprile, mentre Nelson gli tiene la mano ed Emma lo stringe tra le braccia, l'ex ambasciatore rende l'anima. Senza una parola, il volto sereno.

Sono le dieci e dieci del mattino.

Ha vissuto come ha liberamente scelto di vivere...

Il 10 maggio 1803 l'ammiragliato comunica a Nelson che deve raggiungere Portsmouth con la massima urgenza per assumere il comando del *Victory*.

Dover partire proprio adesso che Emma sta vivendo un momento così difficile...

La coppia ha appena il tempo – il 13 maggio – di battezzare la piccola Horatia nella chiesa di St Marylebone. Poi, consapevole delle difficoltà finanziarie dell'amante, Nelson si impegna a versarle una rendita di cento sterline mensili. Inoltre, dimostrando grande generosità, fiducia e vero amore, le fa dono di Merton.

Tornano a Clarges Street per vivere le ultime ore prima della separazione.

Mai la notte è parsa loro così breve.

Infine, quando nell'alba grigia la diligenza porta il marinaio verso il suo destino, lei ha l'impressione di restare vedova per la seconda volta.

D'istinto posa la mano sul ventre. Un fremito le attraversa il corpo. È incinta. In attesa del terzo figlio, da un mese appena...

Nutre forse la speranza di un matrimonio con Nelson? È improbabile. È ingenua, ma non sciocca. Siamo in Inghilterra agli inizi del XIX secolo, e Nelson è ancora sposato.

In ogni caso, per il momento lei ha ben altri problemi,

molto più pressanti: ha molti debiti, e deve trovare il denaro per ripagarli. Subito dopo la partenza di Nelson riprende con tenacia, stavolta per suo diretto beneficio, le pratiche già avviate da Lord Hamilton per ottenere una pensione dal governo. In una lunga istanza al Primo ministro Addington, Emma espone le sue rivendicazioni, elenca i servizi resi al paese dall'ex ambasciatore e la propria personale partecipazione. Ma ottiene solo risposte evasive, nessun risultato concreto. Nemmeno Greville, il suo ex amante, divenuto segretario al Foreign Office, alza un dito per appoggiare le sue richieste.

Emma gira a vuoto. I due uomini della sua vita sono assenti. Uno è in mare, l'altro non tornerà più. Oltretutto non sta vivendo bene la nuova gravidanza: la nausea è permanente, e non passa giorno senza che si aggiunga un qualche altro malessere. Che fare?

Nelson naviga verso Gibilterra.

Emma partorisce alla fine di gennaio del 1804. Ma quella seconda *little Emma* rimarrà presto vittima di una crisi convulsiva, violenta e fatale.

Passano le settimane. Nelson è sempre per mare. Sono quindici mesi che è partito. A Emma sembrano quindici secoli.

Allo strappo fisico si aggiunge anche la frustrazione sentimentale. Le lettere di Nelson sono redatte in uno stile ai limiti della freddezza. Ciò non è dovuto a mancanza d'amore, ma al timore che la corrispondenza sia letta da occhi indiscreti, o venga intercettata – e sarebbe anche peggio – dalle spie francesi.

Anche se nelle lettere che spedisco da luoghi diversi mi limito a dire «sono qui o sono là», non v'è alcun dubbio che esse vengano lette. Per questo mi è impossibile dire altro che «eccomi, sto bene».

Il 25 dicembre 1804, un dispaccio dell'ammiragliato annuncia che gli è stato accordato un permesso di sei mesi.

Il 17 agosto sbarca a Spithead. Il 20 è a Merton.

Emma, Horatia e Nelson sono finalmente riuniti. Il paradiso perduto è ritrovato. Emma risplende di felicità: il suo uomo è lì, al suo fianco. Ma per quanto tempo ancora?

Il 2 settembre, alle cinque del mattino, un messo varca la soglia della fattoria. È il capitano Henry Blackwood.

Tirato giù dal letto, l'ammiraglio capisce immediatamente il senso di quella visita antelucana.

«Immagino che siate qui per darmi notizie della flotta francese e di quella spagnola...»

«Sì, Sir, è così infatti. I nostri nemici hanno stabilito un'alleanza. Si sono riuniti a Cadice».

«Benissimo! Così potrò dare una bella batosta a Monsieur de Villeneuve![2] Avvertite Londra che sto arrivando».

Un lampo gli illumina lo sguardo, lo stesso che accende l'occhio del rapace pronto a piombare sulla preda.

Emma ha sentito tutto.

Il crepuscolo avvolge la campagna. La diligenza attende davanti alla porta. Nelson è immerso in preghiera, ai piedi del letto della figlia addormentata. La separazione è una lenta agonia. Scende, abbraccia a lungo Emma, esce, torna indietro, si riavvia, torna ancora, e poi ancora. La quarta volta si mette in ginocchio davanti a lei, le bacia la mano. «*God bless you*» mormora. Che Dio vi benedica.

La diligenza si avvia, attraversa il piccolo ponte sopra il "Nilo", prende il viale che porta al cancello. Un istante dopo è già scomparsa, ingoiata dalle brume della sera.

Sulla strada che lo conduce a Portsmouth, Nelson forse ripensa a una zingara che gli aveva letto la mano molti anni prima: «Dopo il 1805 non vedo più niente...»

2. Comandante della flotta franco-spagnola a Trafalgar (*N.d.T.*).

Il 21 ottobre è al largo di Cadice. A ovest, invisibile, c'è un promontorio il cui nome entrerà presto e per sempre nella storia: Trafalgar.

La flotta nemica, composta da trentatré vascelli di cui quindici spagnoli e diciotto francesi, è a sole tre miglia di distanza.

Per affrontarla, Nelson dispone di sei vascelli di meno.

Il cielo è d'un azzurro splendente. Il mare è piatto.

Ogni nave ha una propria orchestra. Tutte insieme, verso le undici e mezzo, suonano il *Rule, Britannia!* E subito dopo l'inno nazionale.

Nelson si gira verso il luogotenente Paso, al suo fianco.

«Fate inviare questo messaggio a tutta la flotta: *England expects that everyman will do his duty*[3]».

Una frase destinata a diventare immortale.

Alle dodici e quaranta, il *Victory* lancia una bordata sull'avanguardia nemica.

Si scatena l'inferno. L'eco dei cannoni assorda il cielo.

Da entrambe le parti si combatte con coraggio esemplare.

Il *Victory* non ha più l'albero di mezzana, né il grande albero di parrocchetto. Il ponte è coperto di detriti.

Thomas Hardy, il *flag captain*[4] che da qualche minuto va e viene a fianco dell'ammiraglio, d'un tratto si accorge di essere solo.

Si gira.

Nelson è in ginocchio. Con le dita della mano sinistra – la sola che gli è rimasta – sfiora il ponte.

«Hardy, alla fine ce l'hanno fatta a farmi fuori...»

«Non dite questo, Sir».

«È così. Ho la colonna vertebrale spezzata».

In infermeria i feriti si ammassano. L'odore del sangue e

3. L'Inghilterra si aspetta che ogni uomo faccia il proprio dovere.

4. L'ufficiale comandante della nave ammiraglia di una squadra.

della polvere rende l'aria irrespirabile. «Il retrobottega di una macelleria» secondo le parole del reverendo Scott.

«*Remember!*» mormora Nelson. «Ricordate che Lady Hamilton e mia figlia sono il mio lascito al mio paese. Non dimenticate mai Horatia».

Alle quattro e mezzo del pomeriggio dice ancora alcune parole: «Grazie a Dio, ho fatto il mio dovere». Sono le ultime pronunciate dall'ammiraglio Horatio Nelson.

«Nelson è morto!» grida l'Inghilterra all'unisono. Ma l'Inghilterra è salva. Si piange la scomparsa dell'eroe, ma al tempo stesso si festeggia. Di città in città, di villaggio in villaggio, la notizia si è sparsa per tutto il paese. Dentro le più squallide catapecchie come sotto le volte dorate dei palazzi, ovunque due semplici parole sono sulla bocca di tutti: Nelson e Trafalgar. *Trafalgar*... Trionfo e gloria!

Ma per una donna che ha perduto l'unico uomo che abbia mai amato, cosa importano il trionfo e la gloria di una nazione? A Emma tutto appare insignificante. Cosa importa, alla donna che grida il proprio dolore, che un eroe si sia spento con la fronte cinta di gloria imperitura? Con la morte di Nelson, ha inizio l'agonia di Emma.

Ha quarantadue anni, ed è in sovrappeso per una precoce menopausa e per il forte abuso di birra scura. La figura perfetta dei suoi vent'anni è ormai un antico ricordo. Passano le settimane, i mesi. Passa un intero anno, e il silenzio delle autorità di Sua Maestà è più assordante che mai. Emma si barcamena, prende in prestito da una parte per pagare dall'altra. Ma la perversa spirale nella quale si è trascinata sembra non avere via d'uscita...

Nella primavera del 1809, reduce da un inverno rigidissimo, si arrende all'ineluttabile: bisogna vendere Merton. Non ha più alcuna scelta. I creditori, fino a quel momento fiduciosi che avrebbe finito per vincere la causa contro il governo, si fanno sempre più insistenti.

Non ci sono alternative, è necessario vendere.

Il 1810 non si presenta sotto i migliori auspici.

I problemi si accumulano. La tregua concessa dalla vendita di Merton e dal sostegno degli amici è già un ricordo del passato.

All'inizio di gennaio sua madre, Mary, si ammala gravemente. Va detto che la donna, *la signora madre dell'ambasciatrice*, in quegli ultimi anni così difficili non si è mai risparmiata nel sostenere la figlia. Le ha infuso coraggio e forza per andare avanti, le ha offerto uno straordinario supporto morale, peraltro senza mai esprimere una critica o un giudizio, cosa tanto rara quanto eccezionale, anche perché non le sarebbero certo mancate le occasioni.

Si spegne il 14 gennaio, con la stessa discrezione con cui aveva vissuto.

Per Emma è il colpo di grazia. Perdere la madre è già un dramma di per sé, ma perderla in un momento di grande fragilità diventa ancora più duro da sopportare.

Nel gennaio del 1813, in seguito a una denuncia presentata da uno dei suoi creditori, Emma viene arrestata e condotta alla prigione di King's Bench. Grazie a una somma "prestata" da un amico, James Perry, la denuncia viene temporaneamente ritirata. Il 6 marzo Emma viene autorizzata a rientrare nella sua casa di Bond Street... Ma la rovina è dietro l'angolo.

Nel mese di maggio mette in vendita un servizio di posate d'argento con il blasone di Nelson. Conserva solo alcune coppe dorate.

Nel luglio del 1813, ovvero quattro mesi dopo essere stata liberata da King's Bench, viene presentata una nuova denuncia contro di lei. Emma è di nuovo arrestata e condotta in prigione.

Dicembre 1813, gennaio 1814, febbraio... L'inverno è lungo, e cosparge di brina gelida i polmoni di Emma.

Quasi non scende più dal letto, inchiodata da un nuovo

"attacco di itterizia", espressione pudica per definire la cirrosi.

Verso la fine di giugno, dopo infinite suppliche, riesce a strappare al reverendo William Nelson, fratello del defunto ammiraglio, la somma di duecentoventicinque sterline come anticipo sulla sua rendita annua. Non è certo una fortuna, tuttavia le consente di saldare almeno in parte il creditore responsabile della sua incarcerazione, e di riottenere la libertà, peraltro assai precaria. Appena lasciato King's Bench, altri creditori si lanciano sulle sue tracce.

Fuggire? Certo, ma dove? Di morire neanche a pensarci: c'è Horatia da far crescere, la sua promessa a Nelson... Nascondersi nel posto più remoto dell'Inghilterra? Tornare a Hawarden? No, la ritroverebbero.

Resta l'esilio.

D'accordo, ma in quale paese?

La Francia.

Il 4 luglio 1814, tenendo per mano Horatia, sbarca a Calais.

Nonostante il caldo estivo, rabbrividisce. Il suo cuore batte solo per necessità, per istinto di sopravvivenza. Nondimeno, prende una camera all'hotel Dessein, il migliore della città.

Decisamente, la sfortunata Emma è rimasta uguale a se stessa, fedele alla sua visione del mondo. Nonostante gli occhi cerchiati e il viso gonfio, è ancora e sempre Lady Hamilton, ambasciatrice d'Inghilterra nel Regno di Napoli...

Quando all'inizio di agosto le presentano il conto prende consapevolezza, forse per la prima volta, di non poter continuare a lungo in quel modo. I primi di settembre affitta una camera in una fattoria gestita da due donne, ferventi monarchiche, a tre chilometri da Calais, nel comune di Saint-Pierre.

Una fattoria. Una fattoria nel 1814... È facile immaginare che la nostalgia degli appartamenti di palazzo Sessa turbi profondamente le sue notti. Quella è la Manica, non il golfo di Napoli. E quella collina verde non è certo il Vesuvio.

A metà ottobre, madre e figlia si trasferiscono al 27 di rue Française, in una camera buia e umida, ignorata dal sole. Prima di traslocare hanno fatto un salto al Monte di pietà per depositare i brandelli della loro vita: un vestito, una collana, una spilla dorata.

La malattia avanza. Le condizioni di Emma peggiorano in fretta, troppo in fretta. Il 15 gennaio è gravissima.

È l'una del pomeriggio.

Horatia ha chiamato un prete, quello di Notre-Dame, la chiesa più vicina. Il religioso s'inginocchia al capezzale della moribonda e recita la preghiera degli agonizzanti.

Lady Hamilton sente la sua voce? Gli risponde? In inglese? In francese?

Più avanti Horatia dirà di non ricordare quel particolare, e nemmeno le ultime parole pronunciate dalla madre. Dirà soltanto:

Nonostante gli errori che ha commesso, e sono stati numerosi, aveva grandi qualità; se fossero state gestite meglio, avrebbero fatto di lei un essere davvero superiore. Devo comunque essere giusta con mia madre, e riconoscere che nonostante le grandi difficoltà che ha attraversato ha sempre speso per la mia educazione e il mio mantenimento, senza mai distrarre un solo scellino, tutti gli interessi della somma che Lord Nelson mi aveva lasciato, somma che era interamente a sua disposizione.

Emma rende l'anima a Dio verso l'una e un quarto.

Sopra il suo letto, un ritratto che non si è mai rassegnata a vendere, quello di Nelson.

La puttana reale
Edoardo VIII e Wallis Simpson

Giugno 1934

Nella sala dei ricevimenti del Fort Belvedere si spande il brusio delle conversazioni degli invitati. In un angolo sta suonando un quartetto di strumenti a corda. Sono presenti uomini di Stato e uomini d'affari, diplomatici, militari d'alto rango, l'intero *milieu* dei maggiorenti di Londra.

È passato un anno da quando Edoardo, il principe ereditario, ha ricevuto da suo padre, re Giorgio V, il piccolo castello medievale nel cuore del parco di Windsor. È possibile che attraverso quel dono reale Sua Maestà puntasse ad allontanare dalla propria vista le diverse amanti che a suo figlio, donnaiolo incallito, piaceva collezionare. In ogni caso, al Fort Belvedere il principe di Galles ci sta bene. Si sente più leggero. In fondo non ha mai davvero apprezzato gli ori di Buckingham. Lì è libero di ricevere i suoi ospiti in kilt, è sempre pieno di attenzioni nei loro confronti, controlla personalmente che i bagagli vengano sistemati come si deve e li accompagna fino alla loro camera.

A quarantun anni, Edoardo (David per la famiglia reale) è lo scapolo più ambito del Regno Unito. Pur non essendo molto alto è comunque un uomo attraente, biondo, gli occhi chiari, elegante, insomma non è affatto privo di fascino. Quanto alle attitudini, non ha mai avuto il minimo interesse per il mondo intellettuale, preferendo di gran lunga l'equitazione (è un eccellente cavallerizzo) e il pugilato.

Quando scoppiò la Prima guerra mondiale aveva diciannove anni e chiese subito di essere inviato al fronte, ma ricevette da Lord Kitchener quella risposta che la diceva lunga circa l'opinione che il ministro della Guerra aveva all'epoca del giovanotto: «Se sapessi per certo che verreste ucciso, non sono certo che v'impedirei di andarci».

Una donna sulla quarantina tenta di aprirsi un varco tra gli invitati. Indossa un bell'abito nero, lungo; gli occhi azzurri, penetranti, illuminano un viso di per sé non molto grazioso, incorniciato da due ciocche di capelli bruni dalla simmetria impeccabile. Raggiunge Edoardo e gli posa delicatamente una mano sulla spalla.

«Buongiorno, principe».

Lui s'illumina all'istante.

«Wallis!»

Sta per abbracciarla e baciarla, ma si trattiene *in extremis*, limitandosi a un baciamano.

«Wallis, amica mia carissima. Che gioia rivedervi».

Wallis. Mrs Wallis Simpson

Chi è dunque precisamente questa signora? E attraverso quale svolta del destino si trova quella sera proprio lì al Fort Belvedere, così vicina all'erede al trono d'Inghilterra?

Mrs Simpson è nata il 19 giugno 1896 nei dintorni di Baltimora, nello Stato del Maryland. Quando muore il padre lei ha appena un anno, ed è sua madre, Alice, che la farà crescere nel modo migliore possibile, soprattutto grazie alla generosità di un parente, lo zio Sol, ricco uomo d'affari. Il giorno dei suoi sedici anni, Sol la iscrive in un istituto per ragazze della buona società, la Oldfields School. Per tutto il periodo degli studi la giovane Wallis si mostrerà un'allieva mediocre e ribelle, arrivando persino a svignarsela di tanto in tanto per incontrare dei ragazzi. Evidentemente aveva già un certo comportamento da seduttrice.

A diciannove anni, dopo avere ereditato quattromila dollari dalla nonna, Wallis si affretta a raggiungere un'amica, Corinne Mustin, che vive a Pensacola, in Florida. Il marito di Corinne, capitano di corvetta, era appena stato trasferito laggiù per partecipare alla realizzazione di una base aeronavale di formazione e addestramento. Lì Wallis incontra quello che diventerà il suo primo marito, Earl Winfield Spencer, detto Win, affascinante pilota dell'aeronautica navale, più vecchio di lei di otto anni. Win le chiede di sposarlo. Lei, innamorata pazza, accetta immediatamente.

Si sposano l'8 novembre 1916, a Baltimora. Ma la loro felicità è di breve durata. Ben presto Wallis si rende conto che, oltre a essere un bevitore incallito, suo marito nutre anche pulsioni omosessuali, e il loro matrimonio comincia ad andare alla deriva.

Wallis festeggia il suo ventiduesimo compleanno nella base di San Diego, dove Winfield è stato trasferito. Accanto a un marito diviso tra impeti di collera e bronci di settimane intere, quale poteva essere quel 19 giugno lo stato d'animo della giovane donna, se non un senso di pura tristezza?

Qualche mese più tardi, un evento eccezionale porta un po' di animazione in quella vita monotona e cupa: il principe di Galles, diretto in Australia a bordo dell'incrociatore *Renown*, fa scalo a San Diego in compagnia di suo cugino, Louis Mountbatten. Il giorno stesso viene organizzata una cena in suo onore sulla corazzata *New Mexico* e tutti gli ufficiali e le rispettive mogli sono invitati a partecipare; tutti, tranne gli Spencer. Possiamo immaginare la frustrazione di Wallis, che deve accontentarsi d'intravedere da lontano il principe mentre, nell'uniforme bianca della Marina del regno, stringe la mano ai presenti. È probabile che la spiegazione dell'affronto risieda nell'alcolismo di Win, nella sua cattiva condotta e nei frequenti contrasti con i superiori. Qualunque fosse il motivo, come avrebbe potuto immaginare Wallis che quel principe che aveva intravisto appena, e da lontano, sarebbe stato un giorno ai suoi piedi?

Una mattina, Win annuncia seccamente che ha intenzione di tornare in Florida e sistemarsi a casa di una ragazza della quale, dice, si è innamorato. Wallis lo supplica di restare, ma non c'è niente da fare.

Passano quattro mesi senza una parola da parte sua, poi, nella primavera del 1921, Win informa Wallis di essere stato chiamato a Washington, al ministero della Marina, e le chiede di raggiungerlo.

Lei accetta. Poteva fare altrimenti?

A Washington, i rapporti tra la giovane donna e il marito non fanno che peggiorare. Winfield ha un'amante e beve più che mai. Nel mese di febbraio del 1923, con grande sollievo della moglie, viene sanzionato e trasferito in mare, al comando di una vecchia cannoniera acquistata dalla Spagna, il *Pampanga*, destinata a pattugliare il Mar della Cina.

Appena il marito fu lontano, Wallis approfittò del suo "nubilato" per rivedere molte vecchie amiche e, grazie a due di esse, Marina Sands ed Ethel Noyes, venne introdotta negli ambienti diplomatici. Benché in seguito lei lo abbia negato, parlava abbastanza bene il tedesco, che aveva studiato alla Oldfields, e possedeva anche una discreta base di francese. Durante un ricevimento all'ambasciata d'Italia mise gli occhi sull'ambasciatore in persona, l'affascinante principe Gelasio Caetani. L'uomo aveva quarantacinque anni, era un nazionalista convinto e un appassionato sostenitore del fascismo. È più che probabile che sia stato lui a suscitare l'interesse di Wallis per quella ideologia. Tuttavia la loro relazione non durò a lungo: Wallis scelse di limitare i loro rapporti all'amicizia, e dopo qualche tempo il suo interesse si concentrò su Felipe Espil, primo segretario all'ambasciata d'Argentina.

Trentacinque anni, ricco, Espil è un perfetto esemplare di seduttore latino: capelli neri fissati alla testa con la brillantina, occhi sfavillanti, carnagione olivastra e labbra carnose. Senza dubbio il miglior partito della capitale. Wallis non perde tempo. Sposata o no, vuole quell'uomo e nessuno, nemmeno la più bella donna di Washington, le impedirà di raggiungere il suo scopo. E la maestria nell'arte della lusinga, ovvero la sua capacità di convincere qualunque uomo di essere unico ed eccezionale, produce ottimi risultati.

La loro relazione si conclude il giorno in cui, stanco, l'affascinante argentino le fa capire che lei è senz'altro una compagna straordinaria, ma non la donna che lui desidera sposare. Vuole diventare l'ambasciatore argentino negli Stati Uniti e, per essere il miglior candidato per quel posto, ha bisogno di soldi. Lui non ne ha, e Wallis nemmeno. Inoltre, se sposasse una protestante con il marito ancora in vita, danneggerebbe gravemente la sua carriera. Perciò, fine della storia.

Wallis ne esce distrutta. Che fare? Dove andare? Si sente sradicata, abbandonata, e sul piano finanziario ha toccato il fondo. Ma d'un tratto, ecco che suo marito dalla Cina le fa sapere di essere infelice, che l'ama ancora e muore dalla voglia di rivederla. Non potrebbero riprovarci ancora una volta? Per il viaggio nessun problema: la Marina stessa s'incaricherà del trasferimento di Wallis in Cina.

Lei esita.

Valeva davvero la pena fare un nuovo tentativo? Lei e Win si erano comunque amati, e il tempo sembrava avere rimarginato le ferite...

Dichiarò a un'amica: «La mia fede è l'unico mezzo che conosco per scoprire l'Oriente; perciò, tanto vale partire»[1].

Nel novembre del 1924, Win la accoglie a Hong Kong annunciandole che, dal giorno in cui ha saputo che sarebbe arrivata, ha smesso di bere. Ma dopo una breve bonaccia, la tempesta ricomincia a soffiare. E a questo punto sembra essere successo qualcosa di strano.

1. Gloria Vanderbilt e Thelma Lady Furness, *Double exposure*, London, Frederic Muller, 1959.

Secondo un preciso rapporto, richiesto dal Primo ministro Stanley Baldwin ai servizi segreti (MI6) e destinato al re Giorgio V e alla regina Mary nel 1935 (quando bisognava assolutamente impedire a Wallis di diventare la regina d'Inghilterra), Win avrebbe iniziato la moglie alle cosiddette "case di canto" della colonia inglese. Si trattava in realtà di bordelli di lusso le cui ragazze, reclutate lungo il litorale cinese, venivano addestrate fin dalla più giovane età all'arte dell'amore.

I clienti venivano ricevuti al suono di strumenti a corda, con canti erotici e danze di rara bellezza. Queste case erano gestite da un'americana, Gracie Hale. Secondo alcune testimonianze che compaiono nell'informativa dell'MI6 proveniente dalla Cina, Wallis in quelle case di tolleranza avrebbe appreso diverse «pratiche perverse». Cosa si nascondeva dietro quelle due parole? Un addestramento all'arte del *fang chung*, ovvero un antico metodo di massaggio sapientemente progressivo che punta a far raggiungere al partner maschile la completa serenità nell'esercizio amoroso. Tali massaggi interessano il petto, il ventre, le cosce e, dopo un deliberato rinvio, gli organi genitali. Le allieve imparano a localizzare i centri nervosi del corpo maschile in modo che persino il semplice sfioramento delle dita produca un effetto "decisivo" su chiunque, anche sul meno attivo degli uomini. Inoltre, il *fang chung* risulta particolarmente efficace nel trattamento dell'eiaculazione precoce.

Quel rapporto dell'MI6 è mai esistito? Non abbiamo nessuna prova certa al riguardo.

Si è anche lasciato intendere che Wallis avrebbe svolto dello spionaggio «per conto di una potenza nemica». La Russia, evidentemente. Ma anche qui, si tratta di maldicenze? Puro pettegolezzo?

In ogni caso, Wallis non ebbe occasione di far beneficiare Win delle sue nuove capacità. Lui l'aveva lasciata per una giovane pittrice che, per il talento ma anche per la notevole bellezza, aveva richiamato l'attenzione dell'intera colonia. La loro separazione fu più triste che amara. Win accettò di continuare a versarle una certa somma per vivere, e lei fece fagotto per Shanghai, dove le avevano detto che avrebbe potuto ottenere senza difficoltà il divorzio presso un tribunale americano.

All'epoca Shanghai era una delle città più cosmopolite e anche, probabilmente, più corrotte del mondo. Wallis scese al Palace Hotel, dove risiedevano altre mogli di ufficiali della Marina. Una delle attrattive di Shanghai era l'atmosfera di spontaneità che vi regnava. Al punto che Wallis non trovò sconveniente accettare l'invito da parte della moglie di un altro ufficiale americano a fare shopping a Pechino, circa seicento chilometri più a nord. Ma all'ultimo momento, dopo aver sentito che i treni venivano spesso assaltati dai banditi cinesi, proprio colei che aveva lanciato l'idea rinunciò al progetto.

In compenso, la curiosità di Wallis era stata ormai sollecitata, tanto da non voler rinunciare al viaggio. S'imbarcò su una nave cabotiera in pessime condizioni, quindi trovò posto su un treno malconcio. «Ed effettivamente i banditi hanno assaltato il treno» ebbe a raccontare più tardi[2]. «Ma erano banditi molto educati e ci hanno lasciato proseguire il viaggio. Che incredibile avventura!» Pechino era un mondo che andava al di là di tutto quello che Wallis aveva immaginato. «Quello fu uno dei periodi più belli e appassionanti della mia esistenza» dirà cinquant'anni più tardi. «Pensate, una città dove il rapporto tra uomini e donne è dieci a uno... Dieci uomini per una donna![3]»

Scese al Grand Hotel di Pechino, ma non ci rimase a lungo. Ritrovò Katherine Moore Bigelow, che aveva cono-

2. Confidenze della duchessa a Ralph G. Martin, autore di *Il mio regno per una donna*, Milano, Sperling & Kupfer, 1977.

3. *Ibidem.*

sciuto a Coronado, in California, al tempo in cui la donna era una giovane vedova. Di sua iniziativa Katherine le propose di andare a vivere con lei e suo marito, Herman Rogers, un uomo ricco, dotato di fascino, atletico e intelligente. I Rogers fecero in modo che lei si sentisse del tutto a casa sua e le procurarono persino un'*amah*, ovvero una domestica personale, e un giovane inserviente a suo esclusivo servizio.

Sebbene potesse godere di vitto e alloggio presso la coppia di amici, il denaro che le inviava suo marito non le bastava. Così Wallis andò in cerca di risorse supplementari e trovò presto un modo per guadagnare in fretta un bel po' di soldi: il poker.

Sembra però che, a un dato momento, i rapporti con i Rogers si siano guastati, il che spiegherebbe la sua partenza per Hong Kong nel marzo del 1925. Quando arrivò nella colonia inglese, Win aveva appena lasciato il *Pampanga* ed era in attesa di prendere il comando del *Whipple*, che era in rada nel porto di Shanghai.

I due provarono ancora una volta a riconciliarsi, senza successo.

Probabilmente è stato dopo la partenza del marito che Wallis ha iniziato una relazione col fiero conte Galeazzo Ciano, un bel ventenne dal piglio tenebroso, fervido sostenitore di Mussolini. Affascinato dalla Cina, si trovava lì per un viaggio di formazione. Wallis rimase incinta di Ciano, ma poiché era ancora sposata con Win decise di abortire, scelta che comportò una serie di gravi complicanze ginecologiche che l'avrebbero accompagnata per tutta la vita, togliendole, per soprammercato, qualunque speranza di avere un figlio.

Il 29 agosto, sotto una pioggia torrenziale, in pessime condizioni di salute, s'imbarca sul *President McKinley* e raggiunge Seattle. Poi corre a rifugiarsi a casa di sua madre, a Washington. Un anno più tardi, nel 1926, la ritroviamo sola a New York. Sola? Be', non per molto. Qualche mese più tardi, a casa di amici – Mary e Jacques Raffray – conosce un anglo-americano, Ernest Simpson. Ernest è un facoltoso broker marittimo, e ha in programma – felice combinazione – di stabilirsi a Londra per lavorare negli uffici di suo padre. È evidente che l'uomo soccombe alle lusinghe e allo charme quasi rapace di Wallis. Soccombe a tal punto che le chiede di sposarlo. Ma dovranno attendere: né lei né lui sono ancora divorziati.

Un anno più tardi, il 21 luglio 1928, eccoli diventare marito e moglie nel municipio di Chelsea. Si trasferiscono al numero 12 di Upper Berkeley Street, non lontano da Hyde Park e da Green Park, e Wallis può finalmente respirare per la prima volta nella sua vita. La fortuna patrimoniale del marito le concede ciò che le è sempre mancato e che non ha mai smesso di cercare: la sicurezza.

Ma la crisi del 1929 è dietro l'angolo, e quando scoppia i dollari di Mr Simpson iniziano a sciogliersi come neve al sole. Il tenore di vita di Wallis viene minacciato gravemente. Come finirà quella situazione? E se Ernest perdesse tutto?

In quel contesto d'incertezza, nel novembre del 1930 la coppia ospita a cena il nuovo primo segretario dell'ambasciata degli Stati Uniti, Benjamin Thaw, accompagnato dalla moglie Consuelo, nata Morgan. Consuelo ha due sorelle più piccole, le gemelle Gloria e Thelma. Quest'ultima ha sposato un aristocratico inglese, il visconte Marmaduke Furness, ricchissimo magnate della navigazione; ma l'intera Londra è al corrente che da qualche tempo Thelma è l'amante del principe di Galles.

Lady Furness ricordò in seguito che una sera, verso la fine del 1930, si trovava a casa sua, al 21 di Grosvenor Square, quando le telefonò sua sorella Consuelo per chiederle se poteva portare un'amica ai suoi cocktail. «Mrs Simpson è molto carina e amabile» le disse. «Sono certa che ti piacerà[4]». Così fu. «Wallis Simpson si è rivelata una donna di spirito e mi è piaciuta» commentò più tardi Lady Furness.

Secondo quest'ultima, al suo arrivo il principe di Galles si era aspettato di passare una serata tranquilla in sua sola compagnia, e davanti alla prospettiva di una riunione mondana era rimasto piuttosto deluso. «No, caro, solo qualche amico» lo aveva rassicurato Lady Furness. «Del resto voi li conoscete quasi tutti». Fu allora che gli parlò di Wallis Simpson. «Mi sembra una donna piacevole». Poi fece le presentazioni.

Wallis menzionerà quel primo incontro, avvenuto il 10 gennaio 1931, un sabato, in una lettera indirizzata a sua zia Bessie.

Eravamo appena in sette. Perciò potete immaginare quanto sia stato bello incontrare il principe in circostanze così intime e informali. Tuttavia non avrei mai immaginato che tutto si sarebbe svolto in modo tanto naturale.

Il secondo incontro avviene quattro mesi dopo nel corso di un tè organizzato ancora da Lady Furness, nella sua residenza di Grosvenor Square. Purtroppo per Wallis, il principe sembra avere solo un vago ricordo di lei, e la padrona di casa è costretta a ricordargli il nome dell'americana.

Non importa. Nel giro di qualche giorno, sempre grazie all'amica viscontessa, si presenta una nuova occasione, un ricevimento nientemeno che nel *sancta sanctorum* di Buckingham Palace!

Il 10 giugno 1931, alla solenne sfilata di presentazione fa seguito un ricevimento nei grandi appartamenti dove i membri della famiglia reale si mescolano con la folla degli invitati. Lì Wallis sente molto distintamente il principe

4. Gloria Vanderbilt e Thelma Lady Furness, *op. cit.*

lamentarsi dell'illuminazione «crudele per le donne, perché le rende tutte mostruose». Qualche ora dopo, al ricevimento ben più rilassato che ha luogo in casa di Lady Furness, di fronte a un Edoardo che le fa i complimenti per il vestito che indossa, Wallis risponde con l'abituale faccia tosta: «Mi era invece parso di capire che ci trovaste tutte piuttosto mostruose».

Il principe rimane colpito, diciamo pure ammaliato. Nessuno si permette mai simili impertinenze nei suoi confronti! È così contento che si attarda fino alle tre del mattino, e infine si offre persino di riaccompagnare a casa i Simpson. Wallis gli suggerisce di salire per un ultimo bicchiere. Un invito assolutamente fuori luogo, che infatti lui declina con cortesia; ma le assicura che sarà felice di farlo in futuro, e che non mancheranno le occasioni.

In realtà, Wallis non ha alcuna idea degli usi in vigore alla corte d'Inghilterra, ma è proprio grazie alla sua incredibile sfacciataggine che riuscirà pian piano a convogliare su di sé l'attenzione di Edoardo. E non possiamo escludere che avesse già intuito che al principe una certa irriverenza non dispiacesse affatto.

Come il duca di Windsor avrebbe poi ricordato nelle sue *Memorie*, la loro relazione cominciò in modo curioso. In cerca di un qualunque argomento di conversazione, lui le aveva chiesto se, in quanto americana, non patisse la mancanza di riscaldamento centralizzato durante il suo soggiorno in Gran Bretagna. La risposta lo aveva sorpreso.

«Mi spiace, signore» aveva ribattuto lei con piglio beffardo, «ma così mi deludete».

«Come sarebbe?» aveva risposto il principe.

«Tutte le donne americane che visitano il vostro paese si sentono porre la stessa domanda. E da parte del principe di Galles mi aspettavo qualcosa di più originale[5]».

5. Gloria Vanderbilt e Thelma Lady Furness, *op. cit.*

Nel gennaio del 1932, precisamente il 24, dopo alcuni mesi senza notizie, e nel momento in cui la situazione finanziaria di Ernest è ormai a un punto critico, Edoardo accetta di essere ospite dei Simpson a cena. Passa una serata così deliziosa che quando infine si congeda dai suoi ospiti sono quasi le quattro del mattino.

Piano piano, i Simpson entrano a far parte della cerchia intima di Edoardo e della sua amante, Thelma Furness. Non si tratta più soltanto dei fine settimana al Fort Belvedere, ma anche di serate nei night-club londinesi, che piacciono così tanto a Edoardo.

Nel gennaio del 1934 Thelma, che deve compiere un viaggio negli Stati Uniti, chiede alla sua nuova amica di «badare al giovanotto» durante la sua assenza. Wallis accetta, felicissima.

Una sera, nel corso di una cena al Dorchester, mentre il principe di Galles parla delle sue attività, in particolare di una visita che ha appena fatto nello Yorkshire presso i servizi sociali che lottano contro la disoccupazione che attanaglia il paese, Wallis, non senza uno scaltro interesse, si mostra molto attenta e colpita e interroga a lungo Edoardo in merito al suo lavoro, alle sue aspirazioni, alle sue frustrazioni. In seguito, sia l'uno che l'altra diranno che quella conversazione fu determinante nell'evolversi dei loro rapporti. A partire da quel momento gli inviti al Fort Belvedere si moltiplicano, e il fatto che il principe ami ballare a lungo con l'americana non passa inosservato.

Di ritorno dagli Stati Uniti, alla sventurata Lady Furness non resta che prendere atto della complicità nata nel frattempo tra Edoardo e la *dear* Wallis. «Mi resi conto che Wallis se n'era occupata "eccessivamente bene"» scriverà in seguito. «Lo sguardo gelido e provocatorio che mi lanciò un giorno mi fece comprendere l'intera faccenda».

Thelma si fa da parte. Mrs Simpson è diventata la nuova favorita del principe. Ed ecco dunque che Wallis, in quel giugno del 1934, al Fort Belvedere, può permettersi di sussurrare all'orecchio del futuro re d'Inghilterra: «Ho voglia di te».

L'ascendente che Wallis esercitò sul principe era di natura puramente sessuale, come hanno ritenuto diversi osservatori? Un intimo amico d'infanzia del principe affermava: «Di sicuro a letto lei gli dava qualcosa che nessun'altra donna gli aveva mai dato. Forse ha saputo convincerlo di essere un uomo traboccante di energia e molto virile, tanto da saper offrire pieno soddisfacimento a una donna».

Quando si trovava a commentare la mancanza di avvenenza fisica di Wallis, una delle sue amiche dell'Oldfields aggiungeva subito: «Però aveva un sex-appeal straordinario». Tra gli altri, anche Bernarr Macfadden[6] cercò di determinare la ragione segreta dell'attaccamento del principe. «La tecnica raffinata che permette di sedurre e di tenersi un uomo difficilmente s'impara senza il concorso dell'esperienza» ebbe occasione di scrivere. «Non è solo negli istituti di bellezza che una donna acquisisce tali "sortilegi". E quando si tratta di un principe, quale donna esiterebbe a umiliarsi pur di conquistarlo?» Wallis si era sposata due volte, e aveva conosciuto svariati uomini. Inoltre, tutto porta a credere che durante il periodo trascorso in Cina abbia avuto modo di fare proprie le idee locali circa il sesso e l'amore.

Quanto a Edoardo, forse sul piano sessuale non era mai stato felice. Dopo la loro separazione, Thelma Furness confidò a diverse amiche che il principe di Galles, dato il suo problema, era lungi dall'essere il partner sessuale ideale: eiaculava troppo in fretta. E qualcuno che lo aveva conosciuto bene e aveva fatto spesso sport con lui dichiarò:

6. Americano, promotore dell'esercizio fisico, in particolare di una combinazione di esercizi di culturismo e regimi nutrizionali.

Aveva il pene più piccolo che avessi mai visto. Vi rendete conto di cosa poteva suscitargli una cosa simile? Pensate a tutte quelle belle donne sparse per il mondo, tutte desiderose di finire a letto col principe azzurro immaginando la più formidabile notte d'amore della loro esistenza. E immaginate la delusione di quelle che hanno condiviso il suo letto! Ma immaginate anche ciò che poteva provare lui![7]

Questo potrebbe spiegare perché l'idea del matrimonio gli faceva fare un passo indietro, per quale motivo ebbe relazioni solo con donne sposate e piuttosto esperte, e perché fosse piuttosto timido, a volte scontroso, mai sicuro di sé. E anche perché si diffusero delle voci – del tutto infondate – sulla sua presunta omosessualità, a causa della sua aria giovanile e dei lavori di cucito. Se davvero soffriva di un complesso d'inferiorità, Mrs Simpson ha saputo guarirlo "costruendo l'uomo". Un giorno, lei gli avrebbe detto: «Amico mio, sbagliate a prendervi per un imbecille: voi siete un uomo eccezionale!» Secondo Lord Castlerosse, lusingato in quel modo, il principe «si gonfiò come un pavone»[8].

A ogni modo, né lui né Wallis erano persone disposte a confidare a qualcuno i risvolti della loro vita sessuale. E poiché loro tacevano sull'argomento, chi mai avrebbe potuto svilupparlo in modo attendibile? Per di più, per il principe di Galles esistevano altre cose importanti quasi quanto il sesso. Per esempio gli piaceva ridere. E lei era una delle rare persone che lo facevano ridere di gusto. Aveva condotto un'esistenza inamidata nel protocollo e nel rigore della buona creanza, secondo la quale ridere di gusto risultava sconveniente quanto ubriacarsi. Ebbene, con Wallis si rilassava, e lo trovava meraviglioso.

7. *Il cuore ha le sue ragioni. Le memorie della Duchessa di Windsor*, Milano, Cino Del Duca Editore, 1956.

8. *The Duchess of Windsor, the Uncommon Life of Wallis Simpson*, Greg King, New York, Citadel Press Book, 1999.

Altra cosa: lei lo circondava di attenzioni e cure quasi materne. Edoardo non aveva mai conosciuto davvero sua madre nel corso dell'infanzia. La vedeva di pomeriggio ma giusto per un saluto, e la sera per un bacio prima di andare a dormire. E poi, Wallis aveva un modo delizioso d'imporsi. «Non mangiate questo, Sir» gli diceva sorridendo e levandogli dalle mani un canapè di caviale, per sostituirlo con un toast al formaggio. Si assicurava che lui fosse abbastanza coperto quando faceva freddo; lo convinceva a ridurre il consumo di sigari e arrivava persino a impedirgli di bere di più, se riteneva che avesse esagerato. Edoardo adorava tutto questo. Nessuno si era mai occupato così tanto di lui, prima. E si mostrava devotissimo. Un giornalista descrisse una scena che gli era capitato di osservare, ovvero il principe – un uomo indubbiamente pieno d'impegni – disposto ad aspettare con pazienza per ben due ore che Wallis finisse la seduta dal parrucchiere.

Durante una serata organizzata da un'amica, Emerald Cunard, Wallis e il principe si ritrovarono seduti accanto a Joachim von Ribbentrop, inviato speciale di Adolf Hitler. Poi lo rividero a distanza di pochi giorni nel corso di una cena a casa del dottor Leopold von Hoesch, ambasciatore tedesco in Gran Bretagna. A Edoardo piacevano molto quelle riunioni, perché gli fornivano l'occasione di ricordare che sua madre e suo nonno erano tedeschi, cosa che faceva di lui un tedesco, almeno in parte. Wallis Simpson produsse una viva impressione su Ribbentrop, che inviò a Hitler una nota nella quale segnalava che il principe di Galles e Mrs Wallis Simpson sembravano «molto bendisposti verso la causa tedesca». Il principe non avrebbe tardato a darne prova.

Nel giugno del 1935, rivolgendosi a un'assemblea della British Legion, esortò gli ex combattenti ad andare in Germania per stringere la mano agli uomini che erano stati loro nemici. Quel discorso ebbe una certa risonanza a livello internazionale. In un memorandum inviato al dipartimento di Stato americano, l'ambasciatore William E. Dodd scrisse: «Volendo sostenere l'attuale politica tedesca, difficilmente si potrebbe concepire una dichiarazione più calcolata di quella del principe di Galles!» E appena l'informazione venne pubblicata a Berlino, Goering, Hess e Ribbentrop si affrettarono a darle eco con grande approvazione.

Come si può immaginare, la furiosa reazione di Giorgio V non si fece attendere. Il re ripeté al figlio che non doveva in assoluto parlare di argomenti politicamente delicati prima di avere avvertito il governo. L'irritazione del sovrano – ed è un eufemismo – era poi alimentata dai rapporti dettagliati che gli giungevano regolarmente in merito all'ultima relazione di suo figlio. Mise a parte delle sue preoccupazioni l'arcivescovo di Canterbury, Cosmo Lang, il quale cercò di tranquillizzarlo dicendo che il principe non era certo alla sua prima "amicizia femminile". Ma per quanto fosse rigido e flemmatico, re Giorgio aveva un certo fiuto, soprattutto riguardo al più ostinato dei suoi figli. Dichiarò all'arcivescovo che quell'avventura era più seria delle altre, e dunque più grave.

Al gran ballo ufficiale per i venticinque anni di regno del re e della regina, a Buckingham Palace fu invitata anche Wallis. La cosa, naturalmente, non sfuggì a nessuno. E quando lei e il principe ballarono a poca distanza da Giorgio V, «lei ebbe l'impressione di sentirsi esaminata dallo sguardo gelido e minaccioso del re». È probabile che non avesse torto.

Qualche mese più tardi, Giorgio V dichiarava a Blanche Lennox, moglie di Lord Algernon Gordon-Lennox: «Domando a Dio che mio figlio non si sposi mai e non abbia mai figli, affinché nulla si ponga tra Bertie e Lilibet e il trono». Il senso di quelle parole era evidente. Come padre aveva avuto pochi rapporti con Edoardo, ma in quanto re lo conosceva bene. Dopo tutto quello che aveva letto e sentito, dopo ciò che aveva visto coi suoi stessi occhi al ballo ufficiale, era pressoché certo che quell'amore sarebbe stato più forte di suo figlio; sapeva che il popolo inglese non avrebbe mai accettato una divorziata come regina, e che quell'ostacolo avrebbe spaccato il paese. Aveva dedicato tutta la sua vita alla monarchia britannica, e odiava chiunque o qualunque cosa fosse in grado di danneggiarla. Sicuramente quella sera Giorgio V detestò Mrs Simpson, ma non è affatto escluso che avesse anche provato un certo rancore, se non addirittura odio, verso suo figlio.

Per quanto si vedessero spesso, e si scambiassero anche lunghe telefonate, Wallis non era meno tenuta a condurre la propria vita, né il principe a osservare un vasto programma di doveri reali. Questi ultimi consistevano soprattutto in cerimonie di rappresentanza, riunioni e rapidi spostamenti attraverso il paese. Quanto a Wallis, doveva prendersi cura della casa e del marito, anche se tra i due coniugi la tensione si era evidentemente aggravata, e i silenzi duravano sempre più a lungo. Alcuni pettegolezzi su Ernest Simpson si trasformarono presto in spiritosaggini, tanto crudeli quanto di cattivo gusto. Per esempio si sussurrava che lui stesse scrivendo una commedia teatrale intitolata *L'insignificanza di chiamarsi Ernest*, durante la quale il protagonista avrebbe esclamato: «Il mio unico rimpianto è di non avere nient'altro che una donna da sacrificare per il mio re!»

Del resto lo si vedeva solo molto di rado al Fort Belvedere; quanto a coloro che invece potevano dirsi assidui, ormai consideravano Wallis come la padrona di casa.

All'inizio del 1936, le condizioni di salute del re, malato da tempo, si aggravarono. Benché molto indebolito, il sovrano convocò il Primo ministro Stanley Baldwin, conservatore integro e autentico. Alla domanda del sovrano: «Come va l'Impero?» il capo del governo rispose in modo laconico: «Sire, per quel che riguarda l'Impero, non ci sono difficoltà». Un modo per dire che il problema della monarchia era di carattere molto più personale.

Intorno alla mezzanotte del 20 gennaio, Wallis ricevette dal principe una telefonata con la quale lui le annunciò che suo padre, Sua Maestà re Giorgio V, aveva appena reso l'anima al Signore. E quasi a voler rassicurare la sua amante, Edoardo si affrettò a precisare: «Ma niente potrà mai cambiare i miei sentimenti nei vostri confronti».

Giorgio V era morto detestando la donna che suo figlio voleva imporgli.

Quando fu necessario vestirsi in modo conforme al lutto della corte, Wallis, col suo accento americano che non l'aiutava affatto, osò proferire una delle sue frasi volgari e fuori luogo: «L'ultima volta che ho indossato le calze nere è stato per ballare il cancan!»

Pertanto noi, signori spirituali e temporali di questo regno, pubblichiamo e proclamiamo adesso attraverso i presenti, con voce unica, e con uguale consenso della lingua e del cuore, che l'alto e potente principe Edward Albert Christian George Andrew Patrick David è diventato oggi, in seguito al decesso del fu nostro sovrano di lieta memoria, il nostro monarca legittimo Edoardo VIII, signore attraverso la grazia di Dio di Gran Bretagna, d'Irlanda e dei possedimenti britannici d'oltremare, difensore della fede, imperatore delle Indie, re.

Dopo il funerale, Stanley Baldwin si rivolse al Parlamento per evocare la personalità del nuovo re. «Possiede il segreto della giovinezza nel fiore degli anni». E il *Times*, in un editoriale, fece osservare che «gli uomini, e non i libri, costituiscono la sua biblioteca». E con un certo riguardo il giornalista aggiunse che gli mancavano soltanto «l'appoggio e i consigli di una moglie».

Nel suo primo discorso radiofonico, Edoardo dichiarò agli abitanti dell'Impero:

Mi conoscete meglio come principe di Galles, come un uomo che, durante la guerra e anche dopo, ha avuto modo di entrare in contatto con i popoli di quasi tutti i paesi del mondo, quali che fossero le condizioni e le circostanze. E benché adesso io mi rivolga a voi in quanto re, sono sempre lo stesso uomo che ha vissuto quell'esperienza, e il mio sforzo costante sarà quello di continuare a promuovere il benessere dei miei compatrioti.

L'incoronazione venne fissata per il mese di maggio del 1937, e svariate cerimonie celebrarono il suo avvento al trono. Nel corso della prima, il nuovo sovrano si affacciò accanto a Wallis da una finestra che dava sul cortile di palazzo St James, e i fotografi... be', se la godettero un mondo. Quello stesso giorno, una domanda fiorì sulle labbra di tutti: *Who is this woman?* Chi è questa donna?

Siamo nel 1936. Le voci di una guerra imminente crescono e il mondo trattiene il fiato. Nondimeno, Edoardo si mostra più preoccupato del suo personale futuro che dello spettro di un possibile conflitto. Aveva previsto che la sua prima cena ufficiale avrebbe avuto luogo a York House, e informa Wallis che desidera la sua presenza perché «prima o poi, il mio Primo ministro dovrà incontrare la mia futura moglie». Quella fu la sua prima allusione a un possibile matrimonio. Da mesi ormai, nella sua testa, quell'unione era un fatto assodato, deciso, definitivo. Voleva avere Wallis accanto per sempre e non poteva più pensare di condividerla, come un tempo aveva condiviso Frieda Ward o Thelma Furness. Voleva che lei abitasse con lui e non a casa di Ernest Simpson, ed era assolutamente convinto che a quel punto la sua presenza gli sarebbe stata più che mai necessaria. Wallis splendeva di felicità. Davvero Edoardo pensava che il matrimonio fosse possibile? Gli ostacoli erano fin troppo numerosi. Il re apparteneva al suo mondo, alla sua eredità. Eppure aveva usato proprio quelle parole, «futura moglie», e lei le aveva prese immediatamente sul serio.

Nell'estate del 1936, ignorando le crisi politiche e i conflitti armati in Europa, il re e la sua favorita confermano la crociera nel Mediterraneo sul famoso yacht *Nahlill*, seguita da un viaggio in Austria e in Bulgaria. Dettaglio curioso: la stampa britannica non dedica alla faccenda nemmeno un trafiletto, neppure una sola riga. In compenso, i giornali europei e americani se ne deliziano per decine di pagine. Il silenzio della stampa inglese non è così sorprendente: tutto ciò che riguarda la famiglia reale è sacro, ed è probabile che tra i giornalisti del regno si fosse radicata una sorta di autocensura. Che tuttavia presto verrà infranta.

In settembre, durante il tradizionale soggiorno della famiglia reale nel castello di Balmoral, in Scozia, scoppia un primo scandalo. Quando i Simpson vengono invitati, Edoardo VIII commette un errore imperdonabile: va di persona a prendere Wallis alla stazione. Il fatto in sé non sarebbe poi così grave; il punto è che una settimana prima aveva declinato l'invito a una cerimonia in programma ad Aberdeen, nel corso della quale doveva essere posta la prima pietra di un nuovo ospedale del regno; Edoardo si era scusato, adducendo di essere ancora in lutto per la morte di suo padre, e aveva pregato di rappresentarlo il duca e la duchessa di York. Salvo che il giorno della cerimonia è lo stesso in cui il re sale allegramente sulla sua macchina per andare a prendere Wallis alla stazione di Aberdeen.

La reazione degli scozzesi fu estremamente severa. «Abbasso la puttana americana!» proclamò una scritta su un muro. Il drammaturgo Sir James Barrie avvisò il caporedattore del *Times* che c'era da aspettarsi che un qualche sacerdote scozzese denunciasse dal pulpito le turpitudini della corte. Poi fu il turno di Wallis di fare un passo falso, ancora più grave sul piano del protocollo: fu lei a decidere di accogliere alcuni membri della famiglia reale al castello, quando la regola prevede che solo il padrone di casa può ricevere i suoi ospiti. Al suo arrivo, la duchessa di York, Elisabetta, ignorò l'americana e si diresse platealmente verso il re (che era prima di tutto suo cognato). Passando davanti a Wallis, disse in tono altero: «Sono qui per cenare con il re».

Nondimeno, a quel punto l'importanza di Wallis sul piano mondano è tale che le basterebbe alzare un mignolo perché chiunque, nell'alta società britannica, vada a farle visita.

Un articolo, che si presume citasse una fonte di ambiente reale, conteneva questa frase:

> Mr Simpson ritiene puramente platonica l'amicizia che si è stabilita tra sua moglie e il re. Le relazioni tra queste tre persone sono state a tal punto deformate da voci infondate che tutt'e tre si sono ritrovate in una situazione difficile e imbarazzante.

Trascorrono le settimane finché, una sera in cui Wallis è assente, il re piomba a casa di Ernest a Bryanston Court. Si allenta la cravatta e si mette a camminare in lungo e in largo per la stanza, senza nascondere l'emozione. D'un tratto si volta verso Simpson e dice: «La voglio!» «Sono rimasto così sbalordito» confidò in seguito Simpson a un amico, «che mi sono lasciato cadere su una sedia. E un attimo dopo mi sono reso conto che mi ero seduto davanti al re![9]»

Poco dopo, Simpson e il re pranzarono insieme al Guards Club. Il loro comune amico Bernard Rickatson-Hatt, caporedattore dell'agenzia Reuter, era presente allo stesso tavolo e poté dunque riferire in seguito altri dettagli sul loro colloquio. Simpson disse al sovrano che Wallis doveva scegliere tra loro due, e gli chiese cosa intendesse fare: aveva intenzione di sposarla? Il re si alzò dalla sedia. «Credete davvero che io voglia essere incoronato senza avere Wallis accanto a me?»

Bernard Rickatson-Hatt aggiunse che a suo avviso «lei

9. Confidenze fatte da Ernest Simpson a Ralph G. Martin, *Il mio regno per una donna*, Milano, Sperling & Kupfer, 1977.

aveva intenzione di ottenere la sua parte di torta e di mangiarla. Le avance del principe di Galles la lusingavano, e provava un immenso piacere nel ricevere i suoi generosi regali. Pensava che potesse approfittarne e allo stesso tempo conservare il ruolo di moglie di Simpson». La descrisse come una donna «gaudente e profondamente egoista... capace persino di mostrarsi dura». Ebbe anche l'impressione che, se il re non fosse stato caparbio e geloso, la relazione avrebbe seguito il suo corso senza alcun danno per i coniugi Simpson.

È possibile. Tuttavia, il re aveva introdotto un elemento nuovo nella complessa personalità di Wallis: l'ambizione. Edoardo era re e imperatore. Aveva sempre ottenuto ciò che desiderava, e la voleva non perché lei fosse padrona di casa a Buckingham Palace, ma per farne una regina e un'imperatrice. Le promise che ci sarebbe riuscito, che sapeva quel che faceva, che avrebbe potuto "sistemare le cose". Si mostrò così ostinato, così convincente, che lei finì per credergli davvero. E se gli credette, fu anche perché non sapeva nulla delle leggi e delle tradizioni inglesi, perché ignorava quale fosse il reale potere del sovrano. E anche perché desiderava con ardore che la ragazza di Baltimora realizzasse la sua favola diventando regina di Gran Bretagna e imperatrice delle Indie.

Edoardo aveva a disposizione i migliori consulenti dell'intera l'Inghilterra. Uno di questi era Winston Churchill, ma il re non si era ancora aperto con lui. Preferì inviare un suo amico, Lord Walter Monckton, in missione esplorativa. Invitato da quest'ultimo a esprimere un'opinione circa l'annunciato divorzio di Wallis, Churchill si mise a camminare tra una sala e l'altra di Morpeth Mansions, riflettendo sul problema. «Posso ancora sentirlo» dirà poi Monckton. «Mi ha raccontato che si era rifiutato di sedersi a un tavolo con delle persone che criticavano il re. Ma era contrario al procedimento del divorzio, perché non ne vedeva nessun vantaggio. Inoltre, ci teneva nel modo più assoluto che io facessi comprendere al re tutta l'importanza che avrebbe avuto il fatto di non ostentare in pubblico la sua amicizia con Mrs Simpson».

Era esattamente il genere di parere che Edoardo non voleva ed era di sicuro una delle principali ragioni per le quali non sollecitò più alcun genere di consiglio a Churchill. Quando Monckton gli trasmise il parere di quest'ultimo, il re si limitò a rispondere che trovava assurdo che Mrs Simpson restasse incatenata a un matrimonio infelice semplicemente perché era sua amica, e scartò con decisione il suggerimento di tenere segreta quell'amicizia. Non provandone vergogna, non vedeva alcuna ragione per nasconderla o per ingannare i suoi sudditi.

Tuttavia, nonostante le sue certezze, restava piuttosto preoccupato per Wallis. Lord Beaverbrook, proprietario del *Daily Express* e dell'*Evening Standard*, aveva già avvertito l'avvocato di Wallis, Theodore Goddard, del suo progetto di pubblicare un lungo articolo. L'avvocato cercò di dissuaderlo, ma Beaverbrook rifiutò. Allora, il 13 ottobre, fu invitato a un incontro col re.

Durante il colloquio, Edoardo gli chiese d'intervenire affinché l'intera stampa inglese rivolgesse un interesse minimo al divorzio di Wallis. Disse a Beaverbrook che considerava suo dovere proteggere Mrs Simpson, perché era malata e molto spaventata dalle voci insistenti che associavano il suo nome a quello del re. Nel corso di quella conversazione, non fece la minima allusione a un progetto di matrimonio. Del resto Goddard aveva garantito a Beaverbrook che Sua Maestà non aveva nessuna intenzione di quel genere. «E io ci ho creduto» dichiarò Beaverbrook. Non solo ci credette, ne diede la garanzia anche agli altri proprietari della stampa britannica.

Il re aveva calcolato con attenzione la data del divorzio. Dopo aver ottenuto una sentenza provvisoria, la legge inglese stabiliva un rinvio di sei mesi perché il divorzio fosse sancito a titolo definitivo. Quel rinvio era stato previsto considerando l'ipotesi che la moglie divorziata mettesse al mondo un figlio. Ciò significava che Wallis sarebbe stata libera non prima del 27 aprile 1937. La cerimonia d'incoronazione era prevista giusto un paio di settimane dopo, il 12 maggio. Edoardo avrebbe dunque potuto sposare Wallis *prima* dell'incoronazione, e aveva persino deciso di replicare così al Primo ministro, qualora ve ne fosse stata l'occorrenza: «Niente matrimonio, niente incoronazione».

Quanto a Wallis, non aveva ancora la più pallida idea di ciò che l'attendeva. Confidava sempre che il suo re avrebbe trovato il modo di venire a capo di tutto; in ogni caso, era troppo tardi per fare un passo indietro.

La Costituzione inglese non impediva al re di sposare chi gli pareva, a condizione che la prescelta non fosse cattolica. Se avesse voluto sposare una cattolica, il sovrano avrebbe dovuto rinunciare al trono in favore dell'erede protestante a lui più prossimo. Edoardo VIII poteva dunque sposare qualunque donna non cattolica, quali che fossero la nazionalità, la razza o la condizione sociale. Nulla poteva impedirgli di sposare una divorziata. E un membro del clero chiamato a officiare una cerimonia di quel genere non sarebbe stato colpevole di alcunché d'illegale.

Tuttavia, quattro anni prima l'arcivescovo di Canterbury aveva espresso il "desiderio" che la Chiesa anglicana non celebrasse matrimoni con divorziati il cui ex coniuge fosse ancora vivo. Poiché il re era anche il difensore della fede, ciò sollevava una questione. Ma esisteva anche un altro fattore, senza dubbio più incisivo: riguardava il nuovo Statuto di Westminster approvato nel 1931, in base al quale il Parlamento imperiale cessava di esercitare la sua sovranità sui *dominions*[10]. Il problema era che questi ultimi, ormai più

10. Stati membri dell'Impero britannico come l'Australia, il Canada o la Nuova Zelanda.

autonomi sul piano governativo, non nascondevano di non vedere affatto di buon occhio quella faccenda del matrimonio.

Il Primo ministro canadese, Mackenzie King, dichiarò che il Canada si riteneva formalmente contrario, e un quotidiano di quello stesso paese uscì con un titolo provocatorio: «Se gli Stati Uniti vogliono una regina, allora perché non incoronare Mrs Simpson a Washington?» Peraltro, alcuni giornali dei *dominions*, riferendosi al modo in cui la stampa dava conto dell'*affaire* Simpson, parlarono di «fango rimestato da mascalzoni».

16 settembre 1936, Buckingham Palace

Il re fissò il suo Primo ministro, Stanley Baldwin, e andò dritto al sodo.

«È mia intenzione sposare Mrs Simpson non appena lei sarà libera di risposarsi; tuttavia, qualora il governo dovesse opporsi al matrimonio, sappiate che io me ne andrò».

Stanley Baldwin si limitò a rispondere duramente: «Si tratta di una notizia molto grave, Sir, e al momento mi è impossibile fare qualunque genere di commento».

Il successivo incontro del re, due ore più tardi, fu molto più carico di emozione, e anche più difficile. Con un completo bianco, e bianca pure la cravatta, si recò a Marlborough House dove sua madre e sua sorella Mary lo aspettavano per cena. Dopo avere discusso di cose senza molta importanza, il re riferì parola per parola la conversazione che si era appena svolta col Primo ministro. All'inizio le due donne si mostrarono comprensive; ma poi, quando lui precisò di essere disposto a rinunciare al trono, mostrarono incredulità e sgomento. La regina madre, vedova di Giorgio V, considerava la monarchia una cosa sacra, e la parola chiave di tutta la sua vita era stata – e ancora restava – «il dovere». Perciò, quando Edoardo le chiese di ricevere Wallis, la risposta non poté che essere la seguente: «Non se ne parla nemmeno!»

27 ottobre, Ipswich

La stampa internazionale era riunita al gran completo davanti al modesto palazzo di giustizia della città. Una dozzina di giornalisti aveva preso posizione sui tetti adiacenti per cogliere meglio l'arrivo di Wallis. Lei non tardò ad apparire, accompagnata da Theodore Goddard e dal suo socio, Walter Frampton.

Quel giorno, la prima causa iscritta a ruolo dalla corte era: «Simpson W. contro Simpson E.A.».

L'udienza si chiuse nel giro di venti minuti.

Quando Wallis uscì dal tribunale e s'infilò in fretta nella Buick nera di Goddard, era divorziata, libera di sposare chi le pareva.

Il re apprese della sentenza di divorzio poco dopo pranzo. Telefonò a Wallis appena lei rientrò a Cumberland Terrace e la sera stessa si ritrovarono da lei, dove cenarono da soli. Una volta Winston Churchill dichiarò:

L'ho visto durante due settimane in cui lei era assente. Era infelice, abbattuto, non sapeva cosa fare. E poi l'ho rivisto più o meno quarantott'ore dopo il suo ritorno; era un uomo del tutto diverso, allegro, gioviale, sicuro di sé. Una cosa è certa: non sarebbe stato capace di vivere senza di lei.

Sir,

con umile rispetto.

In qualità di segretario privato di Vostra Maestà, ritengo mio dovere esporvi i seguenti fatti che sono giunti a mia conoscenza e dei quali garantisco l'esattezza:

1) Il silenzio della stampa inglese riguardo all'amicizia di Vostra Maestà per Mrs Simpson non durerà a lungo. Questione di giorni, prima che la bomba esploda. A giudicare dalle lettere

provenienti da cittadini inglesi che vivono all'estero, dove la stampa affronta l'argomento apertamente, l'effetto sarà disastroso.

2) Il Primo ministro e i principali membri del governo si riuniscono oggi stesso per deliberare l'azione da intraprendere per rimediare alla situazione seria che si è venuta a creare. Come Vostra Maestà sicuramente non ignora, le dimissioni del governo – eventualità che non è affatto da escludere – metterebbero Vostra Maestà nella condizione di dover trovare qualcun altro in grado di costituire un governo capace di raccogliere il sostegno dell'attuale Camera dei comuni. Ho tutte le ragioni di credere, dato il sentimento che predomina tra i membri dei partiti rappresentati alla Camera dei comuni, che difficilmente questa soluzione potrebbe trovarsi nel campo delle possibilità. C'è una sola via alternativa: lo scioglimento della Camera e nuove elezioni, la cui principale posta in gioco sarebbero però gli affari personali di Vostra Maestà, e viene da pensare che persino i privati cittadini che simpatizzano per Vostra Maestà avvertirebbero in maniera profonda i torti che verrebbero ineluttabilmente causati alla Corona, pietra angolare dell'Impero.

Se Vostra Maestà mi permette di esprimermi così, esiste solo un provvedimento che può contribuire a evitare questa situazione incresciosa, ovvero che Mrs Simpson parta senza indugio per un luogo fuori dai confini dell'Impero, e supplico Vostra Maestà di concedere a questa ipotesi la massima attenzione prima che l'avversità diventi irreparabile. Mi permetto inoltre di aggiungere, in ragione del voltafaccia della stampa, che la questione ha assunto un carattere di estrema urgenza.

Ho l'onore, ecc., ecc.

Alexander Hardinge

P.S.: Ho intenzione di spostarmi a High Wycombe stasera dopo cena per una giornata di caccia, ma resterò contattabile chiamando il numero della locale sezione di polizia e naturalmente sono a completa disposizione di Vostra Maestà nel caso in cui desideraste qualunque cosa[11].

11. *The Times* di Londra, 29 novembre 1955.

Alexander Henry Louis Hardinge, barone Hardinge di Penshurst, è il segretario privato di Edoardo, come lo fu anche di Giorgio V. Leggendo la sua lettera, Edoardo si sente tradito. È convinto che quelle parole gli siano state suggerite dal Primo ministro Baldwin. La minaccia che emerge tra le righe è chiara: se lui non rinuncia a Wallis, il governo si dimetterà. «Mi avevano punto nel vivo del mio orgoglio» spiegò il re più tardi. «Solo un pusillanime sarebbe rimasto insensibile di fronte a una sfida simile»[12]. Quella lettera non lo punse soltanto nell'orgoglio, ma nel vivo di tutto il suo essere. Non poteva. *Non voleva.*

Qualche giorno più tardi, anche Wallis ricevette una lettera particolare. La sua era molto più diretta e crudele: «Essendo un patriota, sono costretto a uccidervi». Anche dal Canada e dall'Australia, la rabbia contro l'americana funesta cresceva di giorno in giorno.

Intorno al 15 novembre 1936, durante un pranzo al Claridge, Alfred Harmsworth, redattore dell'*Evening News* nonché amico della coppia, suggerisce a Wallis un escamotage.

«Perché non un matrimonio morganatico?»

«Che intendete dire?» si stupisce l'americana, che non ha idea di cosa significhi l'espressione.

«Si tratta di una forma di matrimonio storicamente adottata in Europa tra il membro maschio di una casa reale e una donna borghese. La moglie non acquisisce il rango del marito, e ai loro figli non spettano in eredità i titoli del padre. Tuttavia» precisa Harmsworth, «dato che la Costituzione inglese non riconosce questo genere di matrimonio, sarebbe necessaria una legislazione speciale».

Wallis promette di parlarne a Edoardo.

Lo fa la sera stessa, ottenendo questa risposta: «Tenterei qualunque cosa, nel pasticcio in cui mi trovo in questo momento».

12. *Abdication*, Brian Inglis, New York, Macmillan, 1966.

Edoardo autorizzò Lord Monckton a esaminare i precedenti e le possibilità giuridiche, e pregò Harmsworth di sottoporre l'idea a Baldwin. Harmsworth riferì al re che il Primo ministro accettava di valutare l'ipotesi, ma senza entusiasmo. Per di più, come aveva precisato il capo del governo, nel caso improbabile che il Consiglio dei ministri avesse approvato un matrimonio morganatico, gli undici *dominions* avrebbero comunque dovuto dare il loro consenso.

Venerdì 27 novembre il governo si riunì in seduta speciale per ascoltare Baldwin, che in quell'occasione presentò per la prima volta la sua versione dell'intera faccenda. Dichiarò ai ministri che a suo avviso il matrimonio morganatico era tanto sgradito quanto impraticabile, e che il governo doveva scegliere tra due vie: accettare come regina la moglie del re, o accettare l'abdicazione di quest'ultimo.

Fu senza dubbio nel corso di quelle giornate che Wallis prese pienamente coscienza della gravità della situazione. Fino ad allora aveva creduto che il sovrano avesse qualunque diritto. Si era sbagliata. Che fare davanti al crescere del malcontento, rilanciato da una stampa finalmente libera di commentare? Come agire di fronte al torrente di minacce e ingiurie?

Prende una decisione difficile: poiché lui non intende rinunciare a lei, sarà lei a rinunciare a lui.

«Lascio l'Inghilterra» dichiara a Edoardo.

«Non se ne parla nemmeno» è la risposta.

Wallis allora cerca di convincerlo che la situazione in cui si trovano è ormai disperata; gli ribadisce che deve lasciare l'Inghilterra, perché restare ancora significherebbe per lui una tragedia e per lei una catastrofe. Ma il re, testardo, ribatte che ha intenzione di convocare il Primo ministro e di affrontarlo. «Se il paese non vuole approvare il nostro matrimonio, sono disposto ad andarmene». Wallis scoppia in lacrime. «David, è una follia pensare a una cosa simile, e ancor di più parlarne!» Ma lui, come la stessa Wallis raccontò molto più tardi, «una volta che aveva deciso qualcosa, era come un mulo. Forse perché era abituato a ottenere tutto quel che desiderava».

Nondimeno, Wallis insiste: «Dovete restare sul trono a ogni costo, quale che sia il sacrificio che ciò comporta». E conclude: «Vado via. È necessario. Avrei dovuto farlo da tempo».

Di fronte a tanta determinazione, il re cede. È quasi sollevato che Wallis abbia preso quella decisione. Se non altro, pensa, in tal modo lei sarà al riparo dagli attacchi che non mancheranno certo di scatenarsi.

Il giorno dopo, scortata da tre poliziotti e con le auto dei giornalisti appiccicate alla sua, Wallis fugge in Francia, dove trova rifugio a casa degli amici Herman e Katherine Rogers, nei pressi di Cannes. Pare abbia attraversato l'intero territorio francese da Calais al Mediterraneo sotto falso nome, accompagnata dal suo autista privato, George Ladbrooke, e da un detective di Scotland Yard.

Il 4 dicembre Stanley Baldwin prese la parola alla Camera dei comuni. Ricordò ai deputati che la legge inglese non riconosceva il matrimonio morganatico e che il governo di Sua Maestà non era in alcun modo disposto a presentare una nuova legge in materia per modificare la tradizione. Concluse il suo discorso affermando che i *dominions* approvavano la decisione del governo. La Camera applaudì con fragore.

Edoardo stesso aveva messo la testa sul ceppo, e la mannaia era ormai appesa a un filo.

8 dicembre 1936

La legge sulla lista civile stabiliva l'ammontare finanziario destinato alla famiglia reale – ammontare da cui sarebbero derivate le regolari entrate sulle quali il re avrebbe potuto contare dopo la sua abdicazione. Quella sera, Monckton aveva lavorato a Downing Street col ministro degli Interni, Sir John Simon, e con Hardinge. Appartenendo ancora allo stato maggiore del re, il giorno prima Hardinge si era recato dall'arcivescovo di Canterbury per riferirgli la notizia che il re stava per abdicare. Monckton portò al Fort una copia del messaggio di abdicazione.

Sir Edward Peacock, che lo aveva preceduto, comunicò al re che il governo pretendeva che non facesse ritorno in Inghilterra per almeno due anni. Poi, dato che per quella sera non avrebbero più potuto fare nulla, Peacock propose che se ne andassero tutti a dormire. Il re lo accompagnò alla sua camera senza smettere di parlare. «L'ho supplicato di andare a letto» disse in seguito Peacock. «E quando si è allontanato l'ho sentito rivolgersi al povero Walter Monckton, che era completamente stremato. "Vorrei dirvi una parola"».

I tre fratelli del re arrivarono al Fort la mattina dell'indomani per fare da testimoni alla firma dell'atto di abdicazione. Edoardo firmò sette copie dell'atto e otto del messaggio del re al Parlamento dell'Impero. Poi, mentre i suoi fratelli firmavano a loro volta, uscì in giardino.

L'11 dicembre 1936 Edoardo, tornato principe, si siede davanti al microfono installato dai tecnici della BBC.

A Cannes, Wallis, tesa come le corde di un violino, tiene stretta la mano della sua amica Katherine.

Un tecnico fa cenno al principe che può cominciare.

La voce è leggermente vacillante, carica di emozione.

Finalmente mi è concesso esprimere qualche parola di carattere personale. Non ho mai voluto nascondere niente ma, fino a questo momento, non mi è stato costituzionalmente possibile parlare. Qualche ora fa ho compiuto il mio ultimo compito come re e imperatore, e adesso che mi succede mio fratello, il duca di York, le mie prime parole non possono che proclamare la mia fedeltà nei suoi confronti. Lo faccio con tutto il cuore. Voi conoscete le ragioni che mi hanno spinto a rinunciare al trono, ma vorrei che comprendeste che nel prendere questa decisione non ho dimenticato la patria e l'Impero che mi sono sforzato di servire in questi ultimi venticinque anni, a lungo come principe di Galles e più di recente come re.

E dovete credermi se vi dico che ho constatato l'impossibilità di reggere il pesante fardello delle responsabilità, di adempiere ai miei doveri di re come avrei voluto, senza il concorso e il sostegno della donna che amo. Desidero che sappiate che la mia decisione è stata presa da me soltanto, in totale autonomia. Si trattava di una cosa della quale io ero unico giudice. L'altra persona, quella più direttamente interessata, si è sforzata fino all'ultimo istante di convincermi ad adottare decisioni differenti. Ho fatto questa scelta, la più grave della mia vita, pensando unicamente a ciò che infine sarebbe stato preferibile per tutti.

La decisione mi è stata resa meno difficile dall'assoluta certezza che mio fratello, con la sua lunga esperienza negli affari pubblici del paese e grazie alle sue qualità eccezionali, sarà in grado di sostituirmi seduta stante senza che siano in alcun modo interrotti o pregiudicati l'esistenza e il progredire dell'Impero. Egli ha inoltre l'incomparabile fortuna, che molti di voi condividono ma che a me non è stata concessa, di avere una famiglia felice insieme alla moglie e alle sue bambine.

Durante queste giornate angosciose, ho trovato conforto presso mia madre e la mia famiglia.

I ministri della Corona, e in particolare Mr Baldwin, il Primo ministro, mi hanno sempre garantito pieno rispetto e osservanza delle regole. Tra loro e me non si è mai verificata la minima controversia istituzionale, e neppure tra me e il Parlamento. Educato da mio padre nella tradizione costituzionale, non avrei mai permesso che sorgessero problemi di tale natura. Da quando sono diventato principe di Galles, e anche in seguito, quando sono salito al trono, sono sempre stato trattato con la massima benevolenza da parte di tutte le classi sociali, ovunque abbia viaggiato o vissuto entro i confini dell'Impero. Di questo sono molto riconoscente.

Da questo momento mi ritiro in maniera completa dagli affari pubblici, rinunciando a ogni incarico. È probabile che trascorrerà del tempo prima che io ritorni nel mio paese natale, ma seguirò sempre con interesse profondo le sorti della nazione inglese e dell'Impero; e se in futuro, in qualsiasi momento io potrò rendermi utile da privato cittadino al servizio di Sua Maestà, non mi tirerò indietro.

Oggi abbiamo tutti un nuovo re.

A lui, e a voi che siete il suo popolo, io auguro di cuore felicità e prosperità. Dio vi benedica tutti.

Viva il re!

Il giorno dopo, il principe Albert di York salì al trono col nome di Giorgio VI, e la maggiore delle sue figlie, la principessa Elisabetta, divenne automaticamente prima nell'ordine di successione. Durante la prima riunione del consiglio privato, il nuovo re dichiarò che suo fratello Edoardo avrebbe portato da quel momento il titolo di duca di Windsor. Fu il primo atto ufficiale del suo regno.

Crois-tu qu'on s'aime[1]
Édith Piaf e Marcel Cerdan

Nella notte tra il 27 e il 28 ottobre del 1949, sull'isola di Santa Maria, nell'arcipelago delle Azzorre, si spande il suono di una sirena.

Parte una folle corsa contro il tempo. Otto aerei decollano. Due corvette della marina portoghese prendono il largo. Poi torna il silenzio, un silenzio pesante.

Infine, Air France dirama un primo comunicato: il volo Parigi-New York FBA-ZL non risponde. All'incredulità iniziale si unisce presto lo sgomento. A Orly si discute con inquietudine, ciascun pilota avanza la propria ipotesi.

«Sbrigati, Loulou. Arriveremo in ritardo».

«Un minuto!»

Sono le nove del mattino. Il cielo sopra New York è grigio e fa freddo. Louis Barrier, l'impresario di Édith Piaf, s'infila in un drugstore proprio mentre Marc Bonel, il fisarmonicista, sta fermando un taxi.

Loulou paga il suo acquisto, alcune bobine di pellicola cinematografica. Gli servono per filmare l'arrivo di Marcel Cerdan.

Accanto a lui un paio di persone stanno parlando. Pur senza intenzione, coglie alcune parole del dialogo: *Parigi... Air France... Cerdan... New York...*

«È successo qualcosa?» chiede al commesso.

L'uomo sgrana gli occhi.

«Non avete ancora sentito la notizia?»

1. È una strofa della canzone *L'hymne à l'amour*, di Édith Piaf (*N.d.T.*).

Loulou fa cenno di no.

«L'aereo Parigi-New York. Sembra scomparso. La radio non fa che parlarne. C'erano quarantotto passeggeri a bordo!»

«E tra i passeggeri anche il pugile francese» rincara un cliente. «Marcel Cerdan».

«Già. Il 2 dicembre avrebbe dovuto prendersi la rivincita su Jake La Motta al Madison Square Garden!»

Quasi stordito dalla notizia, Louis raggiunge Marc che è già a bordo del taxi e lo mette subito al corrente.

«Ma sei sicuro?»

«Così dice la radio...»

«Scomparso» biascica Marc. «Questo non significa che sia perduto definitivamente. Andiamo lo stesso all'aeroporto La Guardia. Vedremo sul posto».

Intanto, a Orly, il personale a terra rilegge incredulo per l'ennesima volta il telegramma inviato da São Miguel. «Il relitto incendiato del *Constellation* è stato ritrovato tra il monte Rodonta e il Pico da Vara sull'isola di São Miguel».

Mentre il taxi attraversa il Queensboro Bridge, Loulou e Marc fissano la strada con un groppo in gola, come pietrificati. In testa, la voce di Édith: «Mi raccomando, ragazzi, siate puntuali. Ho già detto a Marcel che vi troverà all'aeroporto. Conto su di voi».

Nel suo appartamento al 136 di East Lexington Avenue, all'angolo della Sessantasettesima Strada, non lontano da Central Park, Édith sta ancora dormendo. Ha sempre avuto difficoltà a svegliarsi di buon'ora. Ma va anche detto che il recital che da quattro mesi presenta ogni sera al Versailles – un cabaret di gran classe di Manhattan – le ha ormai esaurito le forze. Non potendo andare lei stessa all'aeroporto, aveva dato ai suoi amici disposizioni precise. «Svegliatemi solo all'arrivo di Marcel».

A Orly, il responsabile delle operazioni esamina la carta delle Azzorre. Punta il dito su São Miguel, più precisamente sul picco del Rodonta, che raggiunge i tremilacinquecento piedi di altezza. L'aereo deve essersi schiantato lassù a una velocità di almeno duecentosessanta miglia all'ora. Ovvero quattro miglia al minuto. A una simile velocità, e considerato il peso del velivolo, quarantasei tonnellate, con ogni probabilità i passeggeri sono tutti morti sul colpo.

Alle dieci, Édith sta ancora dormendo nell'appartamento di Lexington Avenue. La sua amica Geneviève Lévitan, moglie di Felix, il caporedattore del *Parisien libéré*, dà un'occhiata all'orologio. L'aereo dovrebbe essere atterrato già da mezz'ora. Per sincerarsene, prende il telefono e chiama l'ufficio dell'Air France all'aeroporto La Guardia. Le risponde una voce turbata e tremante: l'impiegato è in preda a un tale stato di agitazione che riferisce la terribile notizia senza alcuna cautela. «L'aereo s'è schiantato».

E chiude subito la comunicazione.

Geneviève fissa inebetita la cornetta per un lungo minuto, poi va nella sua camera da letto e accende la radio, giusto in tempo per sentire la fine di un commento: «È poco probabile che ci siano dei sopravvissuti».

Loulou Barrier e Marc Bonel hanno passato quasi quattro ore al La Guardia sperando in un miracolo. Ma il miracolo non c'è stato. Secondo le ultime informazioni, il pilota deve aver confuso due isole delle Azzorre, e il *Constellation*, che sarebbe dovuto atterrare sulla principale, Santa Maria, si è schiantato sulla cima del Rodonta. Quarantotto morti, tra cui undici membri dell'equipaggio.

Marcel Cerdan, il grande amore della Môme, non potrà più stringerla tra le braccia.

Quattro mesi prima, esattamente sabato 11 giugno, lei gli scriveva:

Vedrai, amore mio, quanto sarà magnifico ciò che ci aspetta. Sai che santa Teresina è con noi, ce l'ha dimostrato. [...] Mio adorato, sono felice di pensare che sei protetto, e che le mie preghiere sono sempre esaudite!

Ancora quattro giorni e potrò respirare liberamente.

[...] Sappi, amore mio, che io sono dentro il tuo cuore, che non penso che a te, che la mia vita ti appartiene, che ti amo infinitamente. Se penso che domenica a quest'ora sarai qui... Mio Dio, al solo pensarci mi batte forte il cuore, e tremo tutta, te lo immagini, vero? Che immenso amore è il nostro, tesoro mio! Vieni presto da me, ho voglia di spogliarti, di accarezzarti, di amarti. Ti scriverò ancora domani e poi basta, le mie lettere non saranno più necessarie, perché tu arriverai prima di loro[2].

Intorno alle tredici, Robert Chauvigny, il pianista di Édith, arriva al 136 di East Lexington Avenue. Ha gli occhi velati di lacrime. Si lascia cadere sul divano accanto a Geneviève. Anche lui ha sentito le notizie sul volo Parigi-New York.

Una mezz'ora più tardi arrivano Loulou e Marc, e di lì a poco anche l'uomo che organizza gli incontri di pugilato negli Stati Uniti per i boxeur francesi, Lew Burston. Si mettono in salotto, ognuno chiuso nel proprio muto dolore. Édith non tarderà ad apparire. Chi di loro avrà il coraggio di metterla al corrente della tragedia?

«Geneviève» sussurra timidamente Loulou, «vuoi essere tu a...»

Ma dall'espressione della donna capisce che la sua risposta è no. Non lei. È fuori discussione.

«E allora chi...» riprende Loulou.

Dal corridoio giunge una voce.

«Perché non mi avete svegliata?»

È lei, Édith.

Entra nel salotto in vestaglia, ancora mezza insonnolita, i capelli arruffati.

2. Édith Piaf, Marcel Cerdan, *Moi pour toi - Lettres d'amour*, Paris, Le Cherche-Midi, 2002.

Dato che nessuno le ha risposto, chiede:

«Dov'è Marcel?»

Silenzio.

Lei si guarda intorno. Le stanno facendo uno scherzo?

«Marcel, basta per favore. Perché ti nascondi? Dai, esci fuori!»

Geneviève abbassa la testa. Chauvigny e Bonel fanno altrettanto. Loulou nasconde il viso tra le mani.

«Insomma, che diavolo succede? Dov'è Marcel? Ha perso l'aereo? Si tratta di questo? È ancora a Parigi? Insomma, dite qualcosa, sant'Iddio!»

Allora Loulou si alza, avanza verso di lei, le mette le mani sulle spalle.

«Dovete essere forte. È successo un fatto grave. L'aereo è precipitato e… non ci sono sopravvissuti. Marcel era…»

Édith fa un passo indietro, un'espressione di terrore sul volto.

«Cosa…? Loulou, cosa stai dicendo…»

La frase s'interrompe in un grido. L'urlo di un animale ferito. Édith si lascia cadere su una poltrona, lo sguardo vuoto, senza dire una parola.

Non dirà più una sola parola per tutta la giornata.

Ma nella sua testa continuerà a girare senza sosta una frase.

«Marcel è morto…»

È la sera del 7 luglio 1946, e il Club des Cinq, in rue de Faubourg-Montmartre, è al gran completo. Il locale notturno è stato aperto dopo la Liberazione da cinque reduci della 2ª Divisione Blindata. Lì Yves Montand aveva fatto il suo debutto a Parigi. Ma stasera sul palco c'è Édith Piaf.

Édith canta come ha sempre cantato: col cuore in mano.

Infine saluta inchinandosi sotto i riflettori, e si ha l'impressione che sia lei stessa la luce.

Michel Emer, il direttore d'orchestra, le fa un piccolo cenno affettuoso; un istante dopo, Édith esce di scena.

Ha colto tra gli spettatori quel volto dal naso camuso e dalle sopracciglia cespugliose? Ha provato un'emozione particolare quando sono stati presentati l'uno all'altra, poco prima dello spettacolo? No, nessuna. Si sono scambiati giusto due parole di circostanza, banali cortesie.

L'uomo dal naso camuso si chiama Marcel Cerdan. Festeggia la sua ultima vittoria sul ring del Roland-Garros, dove ha battuto Holman Williams, un pugile americano che Mike Jacobs, l'onnipotente promoter del Madison Square Garden, gli ha mandato per metterlo alla prova. «Se Cerdan sconfigge Williams» aveva dichiarato Jacobs, «allora gli offro la bella opportunità di confrontarsi col vincitore dell'incontro tra Tony Zale e Graziano». Cerdan aveva messo al tappeto Williams alla decima ripresa, vincendo, oltre al match, anche il passaporto per gli Stati Uniti.

Centotredici vittorie, di cui sessantuno per K.O. Un mostro di potenza e precisione. Due sfere di cuoio più rapide e più intelligenti delle altre. Fare a pugni con Cerdan significava rischiare di finire presto al tappeto. E pare che in seguito alle ferite riportate in un incontro col "Bombardiere marocchino" – come era stato soprannominato, pur essendo nato in Algeria –, alcuni avversari fossero addirittura morti.

Cerdan nasce nel 1916 a Sidi Bel Abbes, in una famiglia con cinque figli. Nel 1921 suo padre, salumiere, decide di trasferirsi a Casablanca, la città bianca, con tutta la famiglia. Grande appassionato di boxe, impone a Marcel la pratica di quello sport, anche se il ragazzo sogna piuttosto di diventare... calciatore. A diciotto anni fa il suo primo incontro da professionista, e lo vince per K.O. Presto in Marocco non si trovano più avversari alla sua altezza, così nel gennaio del 1938 il ventiduenne Marcel, accompagnato da Lucien Roupp, il manager che il padre ha scelto per lui, arriva a Parigi. Tre incontri. Tre K.O.

Nel 1939 diventa campione europeo dei pesi welter.

All'indomani della guerra, un certo Jo Longman avvicina Cerdan e Roupp. Oltre a essere uno dei fondatori del Club des Cinq, Longman, è anche un impresario sportivo. Gli piacerebbe molto acquistare in esclusiva i diritti degli incontri del campione. Roupp e Marcel accettano, e "l'Uomo dagli occhiali scuri" apre loro le porte di un mondo che neppure immaginavano.

Il Club des Cinq

Così, il 7 luglio del 1946, la Môme si è ritrovata davanti Cerdan per la prima volta. Come abbiamo detto, si è trattato di un incontro fugace, un evento mondano come tanti.

Il 15 agosto lei lo incrocia di nuovo a Cannes, durante la «Notte delle Stelle» organizzata da Johnny Stark, il futuro impresario di Mireille Mathieu. Lo incrocia, ma non si accorge di lui.

Passa un anno.

Édith decide di andare alla conquista dell'America. Giunge a New York il 16 ottobre del 1947.

Lei e i suoi amici, i *Compagnons de la Chanson*, prendono alcune camere all'hotel Ambassador, su Park Avenue. È da un po' che la Môme subisce il fascino dei *Compagnons*, o più precisamente di uno di loro. È un giovane alsaziano dagli occhi azzurri e con uno spiccato senso dell'umorismo, Jean-Louis Jaubert, ed è il suo amante ormai da quasi un anno. C'è anche Irène de Trébert, cantante, ballerina, ma anche attrice, una delle figure più in vista dello *swing* francese e della tendenza detta *zazou*[3].

3. Corrente di moda nella Francia degli anni Quaranta, seguita prevalentemente da giovani riconoscibili dal loro vestiario inglese o americano, cui piaceva ostentare l'amore per il jazz.

Morta di paura per l'imminente esordio al Playhouse Theater di Broadway, Édith rimane per la maggior parte del tempo confinata nella sua suite. Il 24 ottobre scrive a Jacques Bourgeat, suo amico, guida esistenziale e confidente:

Questo è un paese meraviglioso, e i suoi abitanti sono dolci e gentili. Devi assolutamente venire a conoscerlo. Qui la gente afferra la vita da ogni suo lato, è straordinario. Conto di restarci un bel po', sempre che le cose vadano per il verso giusto; ma siccome la mia vita sei tu, verrai a trascorrere qui almeno un mese. Gli amici mi mancano terribilmente. Debutto il 30, tra sei giorni, e ho una tale fifa... Canto tre canzoni in inglese e cinque in francese, e vorrei davvero arrivare ai loro cuori.

Il 19 ottobre (cinque giorni prima di questa lettera), Édith e Irène si concedono una puntata in un ristorante francese della periferia nord-ovest di New York, *Chez Jean*. Sono accompagnate da Jacques Pills[4] (che Édith sposerà cinque anni più tardi) e da sua moglie Lucienne Boyer, famosissima interprete di un successo d'anteguerra, *Parlez-moi d'amour*.

Quel giorno, coincidenza o capriccio del destino, è presente anche un altro francese: Marcel Cerdan. È a New York e si sta allenando in vista del match contro l'estone Anton Raadik, che avrà luogo dodici giorni più tardi. L'ultimo passo verso il campionato del mondo.

I francesi fanno tavola comune. Parlano, scherzano, ridono. Questa volta l'incontro non somiglia affatto ai precedenti: Édith è chiaramente affascinata dal "Bombardiere". È proprio durante quel pranzo che scatta il colpo di fulmine tra i due, e i loro cuori si mettono a battere all'unisono. Di Cerdan, Édith ama lo strano amalgama di forza e dolcezza; ama la sua modestia, ama l'idea che provengano entrambi da un ambiente umile.

4. Cantante, aveva costituito con Georges Tabet il duo Pills et Tabet, riscuotendo successo in tutta Europa.

La sera dopo il pugile avrebbe portato Édith, che indossava il suo vestito più bello, in uno snack-bar qualsiasi per un *pastrami* buttato giù in fretta con una birra e un gelato. Ma poi, punto sul vivo dall'ironia di Édith circa la "modestia" del pasto, l'avrebbe invitata di slancio in uno dei migliori ristoranti di Manhattan.

Una leggenda? Forse.

Appartiene invece sicuramente alla realtà il fatto che Irène de Trébert, che divideva la suite con Édith, tornando in albergo dopo una serata trascorsa con Jacques Pills in un music-hall di Broadway trovò i due a letto insieme.

Sarebbe tutto perfetto se l'uomo nel quale Édith vede ancora una volta «l'uomo della sua vita» non fosse sposato – con Marinette – e padre di tre bambini: Marcel, quattro anni, René, due anni, e Paul, nato appena tre settimane prima. Nondimeno, per Édith il fatto che l'uomo amato sia già impegnato non è mai stato un vero ostacolo alla passione. Dalla relazione con l'autore di *Padam, Padam*, Henri Contet, ha imparato ad adattarsi a questa realtà dolorosa e comoda allo stesso tempo. Lei che non apprezza granché la compagnia delle donne, e che vede in loro (soprattutto se attraenti) delle insopportabili rivali, si sente inconsciamente soddisfatta di aver strappato il marito a una moglie ufficiale. E magari è anche convinta che la posizione di amante le conferisca una superiorità: quella di essere più amata dell'altra.

Chicago Stadium, 31 ottobre 1947

I giornalisti sono colpiti dalla brutta cera di Cerdan, che non fa presagire nulla di buono. Dà l'impressione di aver smarrito l'abituale sicurezza.

Per quella faccia così tirata, esistono due spiegazioni: solo qualche ora prima ha appreso la notizia della morte di un cognato, Louis Lopez, di ventidue anni appena, per il quale nutriva un affetto profondo. E poi, contro il parere di Lucien Roupp, il suo manager, ha pranzato in un ristorante francese, *L'Aiglon*, in compagnia di tre giornalisti, ingurgitando una bistecca enorme cosparsa di varie salse e bagnando il tutto con un cocktail a base di porto.

Cerdan sale sul ring. Di fronte a lui, una montagna di forza e muscoli, il temibile Anton Raadik. Che non solo resiste di fronte alla potenza del "Bombardiere marocchino", ma restituisce colpo su colpo. L'ultimo round è di una violenza inaudita. Cerdan finisce tre volte al tappeto, ma riesce comunque a vincere ai punti. Per un pelo.

Nel frattempo, al Playhouse Theater di New York, anche Édith sta per passare un brutto momento.

La sala è gremita. In platea ci sono Marlene Dietrich (con la quale ha stretto rapporti più che ambigui) e un centinaio di giornalisti. La Piaf è fiduciosa. La prima serata, solo per un pubblico d'invitati, è andata piuttosto bene; allora perché la seconda non dovrebbe essere lo stesso?

I *Compagnons de la Chanson* aprono lo spettacolo e riscuotono un grande successo. Pur non avendo capito nulla dei testi, gli americani hanno adorato l'energia del gruppo, la loro carica di giovinezza.

Ora è la Piaf che deve salire sul palcoscenico.

Il pubblico fischia. Il cuore le batte forte di gioia. Le hanno spiegato che nel paese dello Zio Sam i fischi non hanno lo stesso significato che a Parigi. Lì sono espressione di entusiasmo. Che purtroppo dura poco. Il pubblico si aspettava una vera *parisienne*, un'autentica incarnazione del glamour francese; ecco invece apparire una donna piuttosto bassa ed esile, priva di forme. Nel paese del *country* e dei *crooners*, la *chanson réaliste* non ottiene consenso. Édith arriverà alla fine del recital solo grazie alla sua grande professionalità.

L'articolo di Brook Atkinson sul *New York Times* del 31 ottobre è lapidario: «È incredibilmente minuta, e vestita in modo semplice, quasi con naturalezza. Ha un viso largo e occhi grandi; i capelli bruno-rossicci le cadono ricci sulle spalle. Appare triste, e come stremata. La voce è forte, con una potenza metallica che potrebbe spandersi lungo una strada intera. Ma stona con frequenza imbarazzante...»

Bene o male, come un soldato ligio e valoroso, Piaf resisterà per sei settimane, fino al termine del contratto. Solo un critico newyorkese si mostrerà incapricciato della "francese genuina". E scriverà: «Gli americani non la meritano!»

Un impresario, Clifford Fischer, forte di quest'ultimo commento, riesce a ottenere un nuovo contratto per la cantante, questa volta al Versailles, famoso cabaret di Broadway gestito da due ebrei newyorkesi appassionati di musica francese. Tre musicisti americani in gran voga vengono subito chiamati in soccorso, col compito di tradurre in inglese i brani di maggior successo di Édith. E siccome la cantante è bassa e minuta, si decide di alzare il palcoscenico del Versailles, in modo che lei domini sul pubblico. Il primo recital è annunciato per il 14 gennaio 1948.

Tornando a New York per ritrovare Édith, Marcel Cerdan, consapevole di aver strappato una vittoria in modo quasi miracoloso, è pronto ad appendere i guantoni. La cantante farà tutto il possibile per risollevargli il morale, pur sentendosi lei stessa quasi al tappeto.

Il 7 novembre 1947, prima che il suo innamorato riprenda l'aereo per Parigi, lei gli affida una "lettera di raccomandazione" per Jacques Bourgeat.

Ti mando Marcel Cerdan. Vorrei che tu gli volessi bene quanto gliene voglio io. È un ragazzo a posto e mi ama con sincerità, senza secondi fini, col suo cuore pulito. Vorrei che tu gli mostrassi la strada dell'evoluzione [*sic*] perché ha molta voglia di migliorarsi. Del resto, quando lo incontrerai, e gli avrai parlato, ti colpirà come ha colpito me. Quando sale sul ring si fa il segno della croce. È un ragazzo eccezionale.

Allo stesso tempo, quasi con un certo gusto per il contrasto, rigetta brutalmente l'amante "uscente", il raffinato ed elegante Jaubert.

Jean-Louis mi ha molto delusa, non ti ho detto tante cose per non darti pena ma non ne posso più, Jacquot mio. Pensa che neppure con la minaccia di lasciarlo si decide a sposarmi. Ne ho abbastanza, io valgo più di lui. Non l'ho mai tradito, ma adesso è finita. L'ho avvertito in modo leale di ciò che sarebbe successo. Peggio per lui. Se tu sapessi quanto mi ama Marcel, quanto è sensibile e simile a noi. È un ragazzo del popolo, capisci, un ragazzo che si è fatto da solo e che ha l'onestà di riconoscere che gli mancano un sacco di cose. Invitalo a mangiare, parla con lui, fa' in modo di metterlo sulla via di quel che cerca.

E aggiunge:

Sono felice, Jacquot, felice che un uomo mi rispetti, un uomo che non ha bisogno di me, ma io di lui. Un signore che mi protegge con tutta la sua forza. Amalo anche tu, Jacquot. È straordinario. Marcel diventerà il campione del mondo. Possiede già il titolo europeo ed è un amico prezioso nelle brutte situazioni. Attento a non contrariarlo; è un pugile, perciò non stare a parlargli di tennis, lo metteresti in imbarazzo... Ho bisogno delle tue lettere come del mio respiro.

La tua Piafou, che ti vuole bene

Il suo amore per Cerdan non le impedisce comunque di sedurre una star di Hollywood, John Garfield. Lui ha trentacinque anni, parecchi film all'attivo e il suo ruolo accanto a Lana Turner ne *Il postino suona sempre due volte* è rimasto impresso nella mente degli spettatori. Una sera è andato ad applaudirla in compagnia di Gene Kelly. Tuttavia, nonostante l'entusiasmo di Édith, l'idillio non durerà a lungo. Anche Garfield è sposato, e padre di due bambini.

All'inizio di marzo del 1948, mentre al Versailles la Piaf ha (finalmente) ritrovato il successo, Cerdan, dopo avere trascorso tre mesi a Casablanca insieme ai tre figli e alla moglie Marinette, fa ritorno a New York accompagnato dal suo manager Lucien Roupp e da Jo Longman. Il 12 marzo lo attende una nuova sfida: deve affrontare il texano Lavern Roach al Madison Square Garden. Édith non vuole perdersi l'incontro. Il suo contratto col Versailles si conclude il 10 e, mentre il gruppo dei *Compagnons* s'imbarca sul transatlantico *Queen Elizabeth*, lei resta a New York con Jean-Louis Jaubert, al quale cuce addosso, a sua insaputa, il ruolo di chaperon.

Al Madison Square Garden, Édith e Jaubert siedono in prima fila, accanto a Jacqueline Longman e a un pugile che due anni prima, al Parco dei Principi, aveva fatto penare parecchio Cerdan: Robert Charron, detto "Bob il cazzotto".

Primo round.

Lavern Roach non è affatto un osso duro, e infatti subisce diversi knock-down, eppure stranamente l'arbitro lascia proseguire l'incontro. Édith è scatenata. «Uccidilo! Fallo a pezzi!» urla. Cerdan, che dal quarto round non ha più ricevuto un solo pugno, non lesina i suoi allo sventurato Roach. Un gancio sinistro, un montante col destro, e l'avversario è di nuovo al tappeto. L'incontro è finito: Cerdan viene proclamato vincitore per abbandono di Roach.

Poco tempo dopo, il 17 marzo, i due amanti salgono sullo stesso aereo, destinazione Parigi. Naturalmente, il loro arrivo a Orly non passa inosservato. Ai piedi della scaletta, la cantante e il boxeur, lei con indosso una pelliccia di castoro (un regalo di Jaubert), lui col viso ancora un po' tumefatto, sorridono davanti ai fotografi.

Il giorno dopo si sistemano nella suite 108 dell'hotel Claridge, sull'avenue des Champs-Élysées.

Il 25 marzo lei non è presente al Vél' d'hiv', dove ha luogo il match tra il suo innamorato e uno sfidante polacco, Lucien Krawczyk. Cerdan vince ai punti, senza gloria.

Più importante, e molto più tragico, sarà l'incontro del 23 maggio 1948 allo stadio Heysel di Bruxelles. Davanti a quasi ventimila spettatori, Cerdan difende il suo titolo di campione europeo contro Cyrille Delannoit. Deve assolutamente vincere, se vuole sperare di arrivare all'incontro per il titolo mondiale. Il belga Delannoit non è un pugile particolarmente minaccioso; di regola, di quelli come lui Cerdan ha sempre fatto un sol boccone. Ma la celebrità lo ha spinto nel turbine di una vita sempre più mondana, e il rigore di un allenamento adeguato è andato a farsi benedire.

Ora la pagherà.

Battuto ai punti, perde il titolo di campione europeo dei pesi medi. E precipita nella disperazione.

Édith ha seguito il match da una radio portatile nel suo camerino dell'ABC, a Parigi, dove si esibisce ogni sera. Possiamo immaginarne la rabbia e la tristezza. Un sentimento che diventa furore quando, il giorno dopo, sulla prima pagina di *France-Dimanche* legge: «Piaf porta sfortuna a Cerdan!»

Qualche giorno più tardi, il pugile riceve un telegramma lapidario dalla giovane moglie Marinette: «Tra noi è finita!» Marcel si precipita a Casablanca per cercare di rimettere insieme come può i pezzi del suo matrimonio. E sembra riuscirci, visto che rimane in Marocco per qualche settimana. Infine torna a Parigi, e il 10 luglio lui e Édith si ritrovano a Bruxelles, più innamorati che mai.

Il 10 luglio è anche la data della rivincita contro Cyrille Delannoit. La Piaf, che non ha trovato un contratto nella capitale belga che fungesse da pretesto, ha raggiunto ugualmente la città ma, durante l'incontro, organizzato al Palazzo dello Sport, resta prudentemente nella sua camera d'albergo, lontana dai fotografi.

Ci vorranno tutti e quindici i round, e tutti combattuti aspramente, per battere Delannoit ai punti. Quella vittoria, ottenuta così faticosamente, ha tuttavia il merito di rimettere Cerdan in corsa per il titolo mondiale. La sera stessa Lew Burston, organizzatore d'incontri newyorkese, che ha attraversato l'oceano proprio per assistere al match, firma un accordo col manager del "Bombardiere marocchino". Il suo prossimo avversario sarà Anthony Zaleski, detto Tony Zale, *the man of steel*, l'uomo d'acciaio.

Stavolta in gioco c'è il titolo di campione del mondo.

La data dell'incontro è fissata per il 21 settembre 1948, a Jersey City.

Il 12 agosto Maurice Rouff, allenatore e *sparring partner* di Cerdan, decide di tagliare la corda col suo pupillo, di allontanarlo dal tumulto, dalla mondanità. E soprattutto dal letto di Édith. Si trasferiscono dunque ad Anet, un paesino nel dipartimento di Eure-et-Loir, tra Dreux e Dourdan. L'allenamento può cominciare.

Ma ecco che, solo due giorni più tardi, arriva Édith. Lucien Roupp, il manager del pugile, trattiene a stento l'irritazione, ma non può farci nulla.

Il 19 agosto, Édith porta il suo campione a Lisieux e gli fa condividere la sua passione per santa Teresa. Nella cattedrale, lei s'inginocchia e si rivolge al Signore: «Non chiedo niente per me. Al contrario, lascia a me la sofferenza e la sventura, perché merito l'una e l'altra. Ma a lui, del quale conosci tutti gli sforzi e i sacrifici, e per il quale questo incontro è tutto, ti supplico, a lui concedi la vittoria!»

Il 21 agosto fanno ritorno a Parigi. Il giorno dopo Cerdan deve prendere l'aereo per New York. Quanto alla Piaf, è previsto che canti al Versailles, ma non prima del 22 settembre. Fa lo stesso, decide di anticipare la partenza e di prendere lo stesso aereo del boxeur. Ma per Roupp stavolta è troppo! Così interviene: coinvolge un amico dell'Air France per fare in modo che la cantante non trovi posto sul quel volo. Una scaltrezza che peraltro eviterà a Édith un bello spavento. Il *Constellation* sul quale vola Cerdan, alle ore ventitré del 22 agosto, si ritrova con un motore in avaria e, già quasi a metà percorso, è costretto a invertire la rotta e rientrare a Parigi.

Era forse un avvertimento del destino?

Cerdan riparte due giorni dopo, ancora da solo, ma già la sera del 26 la Piaf, fiancheggiata dalla sua vecchia complice Simone Berteau, detta Momone, sale sull'aereo per New York. Tuttavia Marcel non è più lì. Lucien Roupp lo ha portato a Loch Sheldrake, un paesino sulla riva di un lago a circa centocinquanta chilometri da New York. Laggiù nessuno – è la speranza del manager – potrà disturbare l'allenamento del pugile. Ma non conosce abbastanza Édith.

Dio solo sa cosa s'inventarono lei e Momone, fatto sta che la sera del 29 le videro arrivare all'hotel Evans, dove Marcel e il suo staff si erano stabiliti.

Roupp soffoca la propria rabbia.

Mentre Cerdan si allena, Édith passa le giornate a sferruzzare chiacchierando con Momone. La sera si gioca a briscola o a *gin rummy*.

Verso il 2 settembre, la Piaf rientra a New York per iniziare le prove in vista dello spettacolo previsto per il 22 al Versailles. Ma il 17 non riesce a resistere e fa una nuova scappata a Loch Sheldrake, dove rimane fino alla fatidica data del 20.

Il 21, Cerdan e la sua équipe raggiungono il Roosevelt Stadium di Jersey City. Édith Piaf è seduta in seconda fila, circondata da ventimila spettatori. La tensione è altissima. Il cuore della Môme batte forte, tanto più che "il suo Marcel" non è certo il favorito.

Il giorno prima, Zale ha affermato che avrebbe vinto l'incontro per K.O. alla settima ripresa. Alla quarta fa vacillare Cerdan con un destro. Ma a partire dal sesto round, il metodico lavoro di sfiancamento portato avanti dal francese produce i suoi effetti.

Alla fine dell'undicesima ripresa, Cerdan colpisce Zale

con un gancio destro e poi subito con un sinistro. Zale cade sulle ginocchia proprio al suono del gong.

Finito il minuto di riposo, l'americano scuote tristemente la testa e non riprende il combattimento. Il match è finito. Cerdan è campione del mondo dei pesi medi.

Édith esulta, delira, piange di gioia, e con lei la Francia intera.

Dopo l'incontro Édith, Marcel e i loro amici vanno al *Directoire*, un ristorante francese sulla Cinquantottesima Strada. E lo champagne scorre a fiumi.

Mentre Lucien Roupp vorrebbe che Marcel tornasse immediatamente in Francia per mietere gli allori della gloria, lui preferisce invece restare a New York per assistere, in smoking, alla prima della Piaf al Versailles. Tra il boxeur e il suo manager, che lo segue dal luglio del 1937, le cose non funzionano più. Cerdan, cresciuto sul ring a suon di pugni, non intende più essere trattato come un collegiale non appena si toglie i guantoni. Tra i due, l'addio è ormai imminente.

Otto giorni dopo l'incontro che gli è valso il titolo mondiale, il campione rientra a Parigi. E Parigi gli tributa un'accoglienza trionfale, davvero pazzesca. Dai Gobelins al Luxembourg, dal boulevard Saint-Michel alla Concorde, dalla Madeleine all'Opéra, dalla République alla Bastille, la gente in festa è così numerosa che il corteo ufficiale avanza a fatica. Infine, davanti all'Hôtel de Ville, il pugile naviga letteralmente su un oceano umano. Il "Bombardiere marocchino" ha ceduto il posto a re Cerdan.

Qualche giorno più tardi, lui svanisce.

È tornato a Casablanca, per festeggiare la vittoria accanto alla sua famiglia.

In una lettera del 1° ottobre, la Piaf confida a Jacques Bourgeat:

Parigi gli ha riservato un'accoglienza straordinaria e… non so se puoi capirlo, ma questo mi fa soffrire. Mi mette a disagio l'idea che tante persone possano avvicinarlo, che possa essere felice senza di me mentre io sono infelice senza di lui, e che ami altre persone oltre a me. Non sapevo che l'amore potesse rivelarsi egoista, e tuttavia mi rallegro della sua felicità... Tu riesci a spiegare come si possa essere felici e al contempo infelici di essere felici?

Ma in una nuova lettera dell'8 ottobre esprime un'amarezza che mostra chiaramente il suo carattere possessivo.

Oggi va male, Jacquot mio, perché lui è a Casablanca e sta succedendo proprio ciò che temevo. Quando è laggiù si dimentica di me, non mi scrive, e oggi ne ho la conferma grazie a un suo telegramma col quale si scusa per non avermi scritto. Lontano dagli occhi lontano dal cuore, è proprio così. Se entro ventiquattr'ore non prova il bisogno di stare un po' da solo con me, scrivendomi, allora vuol dire che può fare a meno di me, che ha cose più importanti a cui pensare. Non che glielo rimproveri – capisco benissimo che sua moglie, i suoi figli, i suoi amici e la sua famiglia vengano prima di me – ma che almeno mi dica che ama solo me... Gli bastano gli altri, capisci? Lo sa bene che io sto male quando lui è a Casablanca. Gliel'ho detto e ripetuto, perciò non può dire di non saperlo, conosce a sufficienza la mia sensibilità, le lacrime che verso per lui... Non ha il diritto di dimenticarmi, nemmeno per un minuto.

E poi la confessione di un'angoscia stranamente premonitrice:

Gli avevo chiesto di inviarmi un telegramma appena fosse arrivato a Casablanca, ma neppure quello ho ricevuto. Ho sempre tanta paura quando prende un aereo; prego per lui continuamente. E lui sa bene quanto mi faccia star male il pensiero.

Quattro giorni più tardi soffia invece un vento di grande felicità. Édith ha ricevuto una telefonata da Marcel e, in una lettera datata 12 ottobre, non può fare a meno di gongolare.

Ogni giorno realizzo con quale forza lo amo, sai? Per me niente conta più di lui, sono letteralmente ossessionata, lo vedo ovunque, non dormo più. Ho rinunciato alla mia tranquillità per lasciar vivere i miei tormenti!

Poi, finalmente, arriva il giorno così tanto atteso da Édith. Cerdan torna a New York il 18 novembre per una serie d'incontri amichevoli organizzati da Roupp e Jo Longman. Lo si nota ogni sera a un tavolo del Versailles, e durante la giornata organizza i suoi impegni in base a quelli di Édith.

In una lettera a Bourgeat del 2 dicembre 1948, Édith dichiara la sua felicità per avere ritrovato "il suo Marcel".

È l'essere più gentile della terra all'infuori di te. Se lo sentissi parlare, qualche volta, ti farebbe piangere. Lo amo ogni giorno di più.

Il 16 dicembre, concluso il ciclo di spettacoli al Versailles, Édith fa ritorno a Parigi. Non è sola, Cerdan sale con lei sull'aereo. Ma scendono separati, perché ai piedi della scaletta c'è un nugolo di fotografi in attesa. Tuttavia, naturalmente, nessuno ci casca. E di sicuro non Marinette, la moglie del campione. Del resto – per quanto la Piaf, fedele al giuramento fatto all'amante, continui a negare strenuamente l'evidenza – la relazione tra il pugile e la cantante è ormai di pubblico dominio.

Da quel momento, Cerdan condivide a tempo pieno la vita di Édith, quantomeno nel segreto del palazzo privato di rue Leconte-de-Lisle, e riprende il footing mattutino al Bois de Boulogne.

A partire dal 12, si assenta ogni giorno per raggiungere i teatri di posa di Épinay con l'auto di Édith, guidata dall'autista Émile. Mentre era a Casablanca, aveva accettato di recitare nei panni di se stesso in un lungometraggio, *L'Homme aux mains d'argile*. Irritata dal fatto che lui abbia firmato senza parlargliene, Édith ha chiesto esplicitamente al regista e allo sceneggiatore che i dialoghi di Cerdan non risultino troppo puerili, e si è anche data da fare fino a ottenere l'inserimento nel film di una sua canzone, peraltro una tra le più belle, *Paris*.

Il 14 e il 15 gennaio, e poi ancora il 22, Édith dà tre recital alla Salle Pleyel.

Il 20 febbraio sale su un aereo a Orly e arriva in Egitto, dove si esibisce per due serate al teatro Muhammad Ali di Alessandria. Pare che in sala ci fosse un ragazzo di quindici anni, Georges Moustaki. Nove anni più tardi quel ragazzo scriverà uno dei suoi più grandi successi, *Milord*, e avrà una focosa relazione con lei. Dall'1 al 3 marzo Édith è a Beirut, per tre recital al Kit-Kat.

Dal 28 al 30 scappa a Londra per sostenere il suo innamorato che incrocia i guantoni con Dick Turpin all'Empress Hall. Il campione del mondo, pur non in gran forma e fischiato dal pubblico, vince comunque per K.O. al settimo round. Dopo quella vittoria a mezzetinte, Cerdan torna in Marocco per occuparsi della sua fattoria e della sua famiglia: una nuova separazione che ovviamente non piace affatto alla possessiva Édith.

A partire dal 1° aprile, la Piaf è in cartellone al teatro dell'ABC con i *Compagnons de la Chanson*.

Il 14 Cerdan è in sala, e sarà presente tutte le sere successive.

Il 19 maggio, di nuovo una separazione. Lui sta raggiungendo gli Stati Uniti dove rimetterà in gioco il titolo mondiale contro Jake La Motta, il "Toro del Bronx". Nato il 10 luglio del 1921 nel Bronx, Giacobbe La Motta è un pugile violento capace di una resistenza sovrumana; le spalle e il tronco da colosso incutono rispetto. Il temperamento incandescente lo rende spesso tempestoso. «Io sono popolare perché non ho paura di morire sul ring, e nemmeno di uccidere!» gli piace ripetere. L'incontro avrà luogo al Briggs Stadium di Detroit. Due giorni dopo il suo arrivo, Marcel torna a Loch Sheldrake per allenarsi, forse pensando che il luogo gli aveva portato fortuna prima dell'incontro con Zale.

Il 20 maggio, Édith gli scrive:

Mio adorato,
hai fatto buon viaggio? Sei un po' stanco? Lavora bene, amore mio, che almeno tutti questi sacrifici servano a qualcosa. Cosa mi dici di New York? Non scordarti di numerare le tue lettere, così sapremo se arrivano tutte. È strano, sono senza reazione, senza un pensiero preciso, senza niente, sono come in attesa di un fatto, di un evento qualsiasi. Al posto del cuore ho angoscia e tristezza. Cucciolo mio, quanto ti amo... Ti amo pazzamente, in modo persino preoccupante! Oggi avevo le prove ma non me la sono sentita. Preferisco restare da sola. Ho disdetto tutti gli impegni, tutti gli appuntamenti, perché le persone parlano, parlano, e m'impediscono di stare con te. Magari la prossima settimana andrà meglio. Per il momento, non voglio sentir parlare di nient'altro che di te!

La prima lettera di Cerdan porta la data del 21.

Mia diletta,
vedi, comincio già a scriverti. Mi ero abituato a vederti di continuo e non pensavo che un giorno tu potessi lasciarmi. È terribile, sai? Mi avevi abituato a questa vita insopportabile per te ma per me gradevole, perché potevo vederti quando volevo. Mentre adesso, eccomi, sono solo con tutte queste piccole cose che mi ricordano quando tu eri qui e, credimi, spesso mi si stringe il cuore in modo tremendo. Perché è così che ti amo, tesoro mio, e dire che tu invece pensi il contrario, oh, tesoro!

E lei, quello stesso giorno:

Mio adorato,
ieri, prima di andare a dormire, ho cancellato un giorno. Un giorno allo stesso tempo lungo e minuscolo. Ho ricevuto i tuoi due telegrammi, perciò so che il viaggio è andato bene e questo

è già un peso in meno per il mio cuore. Come te la cavi? Bene, spero. Quanto a me, cerco di star meglio ma non ci riesco, non ho voglia di nulla se non della tua presenza. Abbi cura di te e soprattutto resta in forma. Devi sbalordire sia gli americani che i francesi. Se tu sapessi quanto mi piacerebbe che fosse già passato un mese! La casa è piena di te, le lenzuola hanno ancora il tuo odore, sento le tue mani su di me. Le tue fotografie sembrano sorvegliarmi e il mio cuore si adagia ventiquattr'ore al giorno tra le braccia della tristezza.

Ti amo, ragazzo mio adorato, ti amo. Dio, quanto ti amo. Cosa darei per sentire la tua voce, per rivedere i tuoi occhi così belli, amore mio! Ehi, sai dirmi perché gli altri uomini accanto a te diventano insignificanti? Ti amo, torna presto, ti amo, ti amo.

Io

Édith, che si è messa in testa di lasciare rue Leconte-de-Lisle, passa la maggior parte del tempo a visitare dei palazzi privati. Finirà per trovare quel che sognava in rue Gambetta, a Boulogne-sur-Seine, non lontano dal Bois de Boulogne e dagli stabilimenti Renault. Una decina di stanze, alcuni colonnati, una scala a chiocciola, un bagno in marmo rosa e una sala immensa, che Marcel userà come stanza dove allenarsi.

La cantante è diventata suo malgrado l'educatrice di quel pugile che non legge mai un libro. Quando lo ha conosciuto lo prendeva in giro perché leggeva solo fumetti, storie di cowboy o romanzi polizieschi. Inizia col mettergli davanti un libro importante di un grande autore: *L'immoralista*, di Gide. In seguito lui dirà: «Credo di averlo capito persino troppo, il che non è del tutto normale».

Il 15 giugno, come previsto, Édith debutta al Copacabana, nel faubourg Saint-Honoré. È la stessa sera in cui Cerdan avrebbe dovuto affrontare La Motta, ma l'incontro è stato rinviato al giorno successivo a causa del maltempo.

Il 13 giugno, lei gli invia queste parole:

Mio adorato,

oh, quanto vorrei che questa lettera arrivasse prima del tuo incontro. Sento che il mio cuore è qui tra queste righe. Buon Dio, fa' che questa lettera arrivi in tempo! Se puoi, rimandami il cuore appena finisce l'incontro, così che io possa respirare. Sei straordinario, amore mio, lo sai? Com'è che ti amo così tanto? Ah, cosa mi farà diventare questo amore, così più forte di me!

La sera del 16, il ring posto al centro del prato del Briggs Stadium di Detroit è circondato dagli spettatori in delirio. L'atmosfera è elettrica. Appena suona il gong, La Motta esce deciso dal suo angolo e si lancia su Marcel, il quale, sopraffatto dalla furia dell'italo-americano, finisce a terra pesantemente. Si rialza subito, rabbioso, e ribatte con un sinistro preciso; ma la spalla, lussatasi nella caduta, gli causa un dolore acuto. «Mi fa male il braccio» dice appena torna al suo angolo. Nei round successivi Cerdan è ridotto a difendersi col solo braccio destro. Suo fratello Armand cerca di farlo ragionare. «Marcel, devi fermarti!» Cerdan rifiuta. «Se gettate la spugna mi uccido!» Ma è schiacciato dal dolore, tanto da non riuscire più a tenere alta la guardia. La lotta diventa impari.

All'inizio del decimo round, Burston chiama l'arbitro, Johnny Weber. Cerdan abbandona il match, perdendo il titolo di campione del mondo.

La rivincita è programmata per il 28 settembre 1949 al Polo Grounds di New York.

Battuto e col morale a pezzi, Cerdan va a rigenerarsi in Marocco accanto alla moglie e ai tre figli, mentre Édith Piaf porta avanti i suoi galà estivi. Il 22 la cantante vola a Casablanca, dove ha in programma alcuni spettacoli. Ma lui è a Roma, dove recita in un film di Mario Monicelli, *Al diavolo la celebrità*. Una storia di pugili, naturalmente.

Da Casablanca, Édith scrive una lettera tinta di pessimismo, e forse di gelosia.

Amore mio,

quando mi rendo conto di quale posto hanno nel tuo cuore i tuoi tre bambini mi viene voglia di andarmene lontano, pensando che forse un giorno tu mi sarai riconoscente per averlo fatto. La tua vita è così saldamente costruita su cose che tu stesso hai voluto e costruito, che certe volte mi vengono delle paure atroci. Oh, tesoro, Dio m'è testimone che in questa storia io non chiedo niente, che sono pronta a ogni sacrificio. Ma fino a quando potremo vivere così? Una lettera, una telefonata, una stupida coincidenza potrebbero tradirci, e a quel punto cosa ci succederà? Quale sarà la tua reazione? Hai mai pensato a queste cose? Devi farlo, perché non voglio che un giorno tu mi serbi rancore per ciò che potrebbe succedere! Voglio che ti metta a pensare a noi due in modo freddo, che dia uno sguardo nel profondo di te stesso, e che sappia quali responsabilità vanno considerate nel caso in cui...!

Io debutto stasera a Casablanca, e speriamo che vada tutto per il meglio. Torno a Parigi il 29, nel senso che prendo l'aereo alle cinque del pomeriggio da Algeri e arrivo a Parigi alle dieci. Nel caso intorno a mezzanotte fossi ancora sveglio, potresti telefonarmi, mi farà piacere sentirti.

Il 4 agosto i due amanti si ritrovano sulla Costa Azzurra, dove Édith deve tenere una serie di recital tra Nizza e Mentone. Ma il momento della rivincita si avvicina: Jo Longman suona la campanella, Marcel deve riprendere l'allenamento. Il 13 agosto s'imbarcano sull'*Île-de-France*, destinazione New York, e poi Loch Sheldrake. Édith, che deve riprendere a esibirsi al Versailles a partire dal 14 settembre, li raggiunge qualche giorno più tardi. E nello stesso tempo mette in affitto l'appartamento di Lexington Avenue.

Il 14, quando appare sul palcoscenico del Versailles, in platea c'è tutta la Hollywood dell'epoca, pronta a tributarle un trionfo.

Dieci giorni più tardi fa pervenire a Marcel queste parole:

Sono le due e un quarto, sono a letto, e dato che Felix è in partenza per Loch Sheldrake gli consegno queste poche righe; non ho niente di particolare da dirti ma sono comunque un po' di me! Amore mio, vita mia, che tormenti mi dai! Non vedo l'ora che arrivi giovedì, quando potrò sognare addormentata sul tuo cuore, quando potrò amarti a piacimento. Senza di te le ore sono lunghissime, e la vita è senza scopo. Tesoro mio, abbi sempre fiducia in me, dammi questa prova d'amore. Il mio sentimento è così grande, così grande che nessun essere al mondo può competere con te. Ti amo in un modo così profondo e intenso da sfiorare l'ossessione, giorno e notte, sempre.

Quello stesso giorno, Jake La Motta dà forfait adducendo una ferita alla spalla destra. L'incontro viene rinviato di varie settimane, se non addirittura di mesi.

Rientrato a Manhattan, Cerdan assiste due o tre volte allo spettacolo della Piaf, ma dopo qualche giorno passato a bighellonare tra i grattacieli, e nonostante le suppliche e le preghiere di Édith che spera di tenerselo accanto, se ne torna a casa sua in Marocco. In definitiva, forse è proprio laggiù, nel cuore delle sue radici, che si sente davvero felice. Ed è ancora laggiù quando viene a sapere che la rivincita contro La Motta è fissata per il 2 dicembre, al Madison Square Garden.

Chiama subito Édith al telefono e glielo annuncia ridendo.

«Arrivo! Ho già prenotato un posto sulla nave!»

«No! Ti prego. Non ce la farei ad attendere...»

«Andiamo, amore mio, è questione di qualche giorno appena. Sto arrivando, m'imbarco già domani».

«Ma starei troppo in pena, non riuscirei a dormire. Devi prendere l'aereo!»

«Se non riesci a dormire prendi un sonnifero, non sarebbe la prima volta, tesoro mio».

«Lo faccio! Ma non dormo lo stesso, così me ne serve un altro, e poi un altro ancora. Prendi l'aereo, ti scongiuro. Devo aggrapparmi a te. Ho bisogno di te. Senza di te io muoio».

Cerdan cede.
«D'accordo. Arrivo».

Il 27 ottobre, a Orly, sale la scaletta del *Constellation*.
Allineati in fila indiana, i passeggeri alzano il bavero del cappotto. È una serata gelida.
Alle 21.06 l'aereo si alza in cielo.
È il volo Parigi-New York FBA-ZL.

I battelli ebbri
Paul Verlaine e Arthur Rimbaud

Roche

Arthur ha sedici anni e scrive poesie.

Il sole illumina la scrivania che ha sistemato nella sua camera.

La natura delle Ardenne riprende vita nel tepore primaverile.

Di sua madre che ha bisogno di aiuto nei campi, lui se ne infischia.

Se ne infischia pure che lei lo implori di non scappare più di casa.

Sa cosa vuole: raggiungere Parigi e arricchire la sua poesia.

Vuole rivoluzionare, vuole impressionare, vuole innovare!

Conosce Rabelais, Victor Hugo e anche Théodore de Banville.

Li ha scoperti e letti a fondo grazie al suo professore di retorica.

E segretamente sogna di raggiungere lo stesso livello letterario.

Deciso a vivere il suo sogno, scrive una lettera a Verlaine, un parnassiano.

> Siamo nei mesi dell'amore.
> Io ho quasi diciassette anni.
> L'età della speranza e delle chimere, come suol dirsi.
> Così anch'io, toccato dalla Musa dell'ispirazione,
> e chiedo scusa se ciò è banale,

mi sono messo a scrivere le mie idee, le mie speranze, le mie sensazioni...

Tutte quelle cose dei poeti.

Quelle che fanno la mia personale primavera.

Io amo tutti i poeti, tutti i bravi parnassiani.

Poiché il poeta è un parnassiano, innamorato della bellezza ideale.

È che io, molto ingenuamente, amo in voi un discendente di Ronsard.

Un fratello dei nostri Maestri, un romantico vero, un vero poeta.

Anch'io[1], signori del giornale[2], sarò parnassiano!

Io so cosa c'è dentro di me... e so che vuole affiorare...

Giuro, caro Maestro, di adorare sempre le due dee, Musa e Libertà.

Maggio 1871, Arthur Rimbaud.

Unisce alla lettera cinque poesie.

Parigi

A ventisei anni, Paul Verlaine deve assolutamente trovare un modo per guadagnarsi da vivere.

Ha perso l'impiego che aveva in seguito ai fatti della Comune di Parigi.

Faceva il copista al municipio di Parigi.

Adesso frequenta gli ambienti letterari.

Specialmente quello dei parnassiani.

Lo fa per affinare la sua poesia.

Perché ha già pubblicato tre opere.

Ma nulla che gli permetta di mantenersi senza l'aiuto dei suoceri.

1. In italiano nel testo (*N.d.T.*).

2. Allude al *Parnasse contemporain*, raccolta poetica pubblicata all'epoca a Parigi (*N.d.T.*).

I Mauté de Fleurville.

Presso i quali vive con Mathilde, diciotto anni, loro figlia, sua moglie.

E incinta del loro primo figlio.

Il matrimonio, recente, gli ha ispirato *La Bonne Chanson*, sua ultima raccolta.

Ma per sopportare quella vergognosa coabitazione, si stordisce nelle taverne.

Soprattutto con l'assenzio, la fata verde.

Alla fine dell'estate del 1871 fa un salto dal suo editore.

Spera in un qualche lavoro letterario che possa fornirgli una paga decente.

Ma trova solo una lettera.

Sul francobollo, il timbro di Charleville.

Apre la busta ed estrae diversi fogli.

Tutti firmati da un certo Arthur Rimbaud.

Verlaine comincia a leggerli per le strade di Parigi.

Le poesie[3] sono di qualità rara, e alquanto eccentriche.

La forza poetica dei versi, e la loro violenza, lo conquistano.

"Sono davvero di una bellezza sconvolgente" pensa.

Nella lettera, il ragazzo esprime entusiasmo per le sue opere.

Scrive che vorrebbe venire a Parigi e spera che lui possa offrirgli ospitalità.

Perché il clima della sua triste provincia è soffocante.

Verlaine è a un tempo lusingato, commosso e imbarazzato.

Lusingato di vedere la sua poesia finalmente apprezzata.

Commosso dall'eleganza dei versi del giovane poeta.

E imbarazzato, perché la sua ospitalità si limita alla casa dei Mauté.

3. *Les Effarés* (Gli attoniti), *Accroupissements* (Accovacciati), *Les Douaniers* (I doganieri), *Le Coeur volé* (Il cuore rubato) e *Les Assis* (I seduti).

Mentre medita sulla risposta, arriva una seconda lettera.
Ancora accompagnata da poesie[4].
Nuovamente colpito, e affascinato, le fa leggere senza indugio ai suoi sodali.
Il talento di Rimbaud viene riconosciuto all'unanimità dai parnassiani.
Fiducioso, Verlaine scrive la risposta.
«Anima cara e grande, venite, vi chiamiamo, vi attendiamo».

È il 12 settembre 1871. Verlaine cammina veloce per le strade di Parigi.
Ha fretta d'incontrare l'autore di quei versi straordinari.
Giunto alla stazione, attende con impazienza.
Ma all'ora prevista, non vede arrivare nessuno.
Torna a casa dei suoceri da solo, deluso e indispettito.
Strada facendo si domanda perché mai il giovane poeta non sia venuto.
Ma Rimbaud, non avendo riconosciuto Verlaine alla stazione, è già a casa dei Mauté.
È stato accolto da Mathilde e sua madre, sorprese di vederlo da solo.
Al suo arrivo, Verlaine trova in salotto un aitante adolescente.
Capelli arruffati, occhi azzurri, viso d'angelo in esilio.
Un contadino, in realtà, coi pantaloni troppo corti e la cravatta di corda.
Senza bagagli e senz'altro vestiario se non quello che indossa.
Quanto a Rimbaud, pare allietato dal lusso della casa.
E non immaginava così Verlaine.
Faccia tonda, stempiato, più vecchio di lui di dieci anni.

4. *Mes petites amoureuses* (Le mie piccole innamorate), *Les Premières Communions* (Le prime comunioni), *Paris se repeuple* (Parigi si ripopola).

Ha la barba curata e uno sguardo severo sotto le folte sopracciglia.

Ma Rimbaud scorge nei suoi occhi una sensibilità profonda, e anche una certa fragilità.

Verlaine è turbato dalla freschezza e dalla bellezza di Arthur.

«Avete fatto buon viaggio?» gli chiede.

«Eccellente» risponde il giovane poeta grattandosi la testa.

«Non vi pensavo così giovane» osserva Paul.

«La giovinezza non ha età, e mi scappa urgentemente da pisciare».

Mathilde e sua madre restano turbate da quel rozzo linguaggio.

Verlaine al contrario si mostra divertito, e gli indica il gabinetto.

A cena, Rimbaud mangia con le mani, rumorosamente.

Le due donne s'indignano di nuovo, senza tuttavia osare intervenire.

"Speriamo che torni presto Monsieur Mauté" pensa la madre di Mathilde.

Paul invece continua a trovare divertenti i modi rustici del giovane prodigio.

«Cosa contate di fare a Parigi, Monsieur Rimbaud?» chiede Mathilde.

«Vorrei vivere in modo pieno la mia intima natura».

«La vostra... intima natura?»

«Da me nascerà qualcosa di nuovo, ne sono certo».

«Siete una specie di genio?»

«Sono ciò che sono, un poeta, dunque conta solo la mia poesia».

«Una poesia magnifica e innovatrice» interviene Verlaine.

Alla fine del pasto, Arthur non esita ad accendersi la pipa, affumicando l'intera stanza.

Paul Verlaine lo porta con sé per le strade di Parigi.

«Parlatemi di voi, Arthur. Chi siete?»

«Un padre capitano di fanteria, che non ho conosciuto a lungo.

Una madre sempre vestita di nero.

Un fratello maggiore e due sorelle più piccole.

Un'infanzia sui banchi della scuola di Charleville.

Amo il sole, i viaggi, le parole e l'amore.

Detesto la religione, l'esercito, la borghesia e la letteratura perbenista».

Verlaine lo ascolta, e più lo ascolta più si accende in lui il desiderio di baciarlo e stringerlo forte tra le braccia.

È la prima volta che sente una simile pulsione omosessuale.

Così intensa che quasi dimentica di essere sposato e in procinto di diventare padre.

«E voi, Paul Verlaine, voi chi siete?» chiede Arthur a sua volta.

«Un padre militare, morto.

Una madre vedova, che ha solo me.

Che conserva dentro vasi di vetro i feti dei suoi tre figli nati morti.

Parnassiano, fiero di esserlo.

Uomo sposato e futuro padre.

Amo mia moglie, le vostre parole e l'amore.

Detesto la vita che conduco, e conto su di voi per cambiarla!»

La sera stessa, Verlaine e Rimbaud siedono al tavolo di una taverna.

Paul inizia Arthur ai piaceri dell'assenzio, *l'absomphe*, come lo chiama lui.

Dopo svariati bicchieri, le lingue si sciolgono.

«La vostra ultima raccolta mancava di coraggio» gli confida Arthur.

«Come sarebbe?» chiede Paul, sorpreso dall'osservazione.

«Non vi è nulla di nuovo, vi limitate a rifare ciò che avete già fatto».

«Non sono d'accordo!»

«Inoltre, la leziosaggine delle vostre poesie d'amore è insopportabile».

«Non vi permetto!»

«Io sono un genio, perciò esigo l'eccezionale, da me e dagli altri».

«Che razza di pretese!»

«Non ve l'ho forse già provato in ciò che vi ho spedito?»

«Confesso di avere colto una certa freschezza nei vostri componimenti, da cui voglio trarre ispirazione».

«E la vostra metodologia deve arricchire la mia poesia».

«Eravamo dunque fatti per incontrarci e completarci!»

«Lo dobbiamo alle nostre stelle!»

«Allora rendiamo loro omaggio con questi bicchieri!»

Così dicendo, i due poeti svuotano fino all'ultima goccia i bicchieri di assenzio.

Paul e Arthur battono le strade della capitale.

E le taverne.

Ben presto, la loro appare un'amicizia equivoca.

Cieco d'amore, Verlaine rifiuta di vedere la violenta insolenza di Arthur.

Il quale una sera dà del vecchio rincoglionito a Théodore de Banville.

E in un'altra occasione prova un sottile piacere a spogliarsi davanti a tutti.

Travolto dagli eccessi dell'amico, Paul si trascura sempre di più.

Arriva a lasciar scorrere un'intera settimana senza cambiarsi né lavarsi.

Una settimana passata a stordirsi con la fata verde.

Che lo rende violento.

E la prima vittima dei suoi eccessi è Mathilde.

La gravidanza l'ha imbruttita.

Vedendo in lei un ostacolo alla sua bruciante passione, Verlaine la insulta e la picchia.

Non gl'importa che sia incinta.

Se ne infischia di tutto, sogna solo di vivere con Arthur.

Con *Mademoiselle*, come ormai viene chiamato nell'ambiente dei parnassiani.

Durante una riunione, Rimbaud recita il suo *Bateau ivre*.

Tutti restano sbalorditi da quelle parole, pronunciate da un ragazzo ritenuto poco più che un bifolco.

I versi sono di una bellezza incredibile, di una lucidità sbalorditiva.

È l'impeto ribelle di un'adolescenza fuori dal comune, sublimato attraverso la scrittura.

Viene acclamato sotto gli occhi di Verlaine, fiero della sua scoperta.

La coabitazione sotto il tetto dei Mauté de Fleurville diventa insopportabile.

Rimbaud spacca diversi oggetti d'arredo, oppure li ruba per poi rivenderli.

Finché, un bel giorno, Monsieur Mauté torna dal suo viaggio d'affari.

Subito informato del comportamento del giovane poeta, va da Rimbaud e gli dice di andarsene immediatamente.

Verlaine allora si mette in cerca di un alloggio per l'amico.

All'inizio lo sistema presso un conoscente.

Ma il giorno dopo Arthur usa le pagine di un libro per pulirsi il culo e viene messo alla porta.

Verlaine gli trova un nuovo alloggio.

A ospitarlo è Théodore de Banville, il "vecchio rincoglionito", che non gli serba affatto rancore.

Stavolta Arthur si mette nudo alla finestra e getta in strada i vestiti.

Viene pregato di fare i bagagli, di trovarsi un altro posto dove stare.

Verlaine stavolta gli trova una camera al *Cercle zutique*, al terzo piano dell'Hôtel des Étrangers, sul boulevard Saint-Michel.

Un ritrovo libero dove ognuno, a proprio piacimento, può mettersi a chiacchierare, bere, scrivere o dipingere.

Nella sua stanza mansardata, Arthur sistema il tavolino sotto il lucernario.

E il materasso in un angolo.

Poi si sdraia.

Paul si stende accanto a lui.

«Ora sei a casa tua, qui puoi fare ciò che vuoi» gli dice.

«Tutto quello che voglio?»

«Da qui, da questa camera, noi due prenderemo il volo!»

«Sì, voglio volare via con te» dice Arthur.

Paul si gira verso il giovane, lo guarda dritto negli occhi.

«Voglio reinventare me stesso accanto a te».

«Allora rimani qui, a vivere con me, adesso. Non tornare a casa stasera».

«È impossibile, Mathilde sta per partorire».

«Al diavolo Mathilde e il tuo desiderio borghese di paternità. Viva la poesia!»

Paul non riesce più a reprimere ciò che prova.

La giovinezza e la purezza di Arthur lo eccitano.

Il trasporto erotico è intenso, quasi violento.

Lo bacia con impeto brutale, senza ritegno, sulla faccia, sulla bocca.

Anche Rimbaud è attratto dalla timida bellezza del suo amico, più grande di dieci anni.

La sua fragile assennatezza lo commuove.

E non disdegna quel lungo bacio scambiato con un uomo.

Poi reciprocamente si spogliano e fanno l'amore per la prima volta, scoprendo entrambi la propria natura omosessuale.

Quando Paul torna a casa, ebbro di quella notte d'amore, Mathilde ha partorito.

Un maschio.

Alla vista del neonato, Verlaine, commosso, versa qualche lacrima.

Poi bacia Mathilde sulla fronte.

Ma quella nascita lo imbarazza.

Sta vivendo una passione amorosa divorante, e di essere diventato padre non sa che farsene.

Saturo di emozioni, si addormenta coi vestiti addosso accanto alla moglie, ripensando alle parole di Rimbaud.

Al diavolo la paternità!

Un poeta, uno vero, non sa che farsene di un neonato!

Al contrario, deve vivere libero da ogni condizionamento, senza intralci, senza pastoie!

«Vivere nello sregolamento di tutti i sensi!»

Alla coppia così poco ortodossa piace dare scandalo pubblicamente.

Entrano al Théatre de l'Odéon abbracciati.

Sono sporchi e non esitano a urlare in mezzo al pubblico.

Persino durante lo spettacolo.

Il loro deplorevole comportamento viene deriso dai quotidiani del giorno dopo.

«C'era tutto il Parnasse al completo, che circolava e conversava nel foyer.

E si notava qui e là Paul Verlaine, il poeta saturnino.

A braccetto con una giovane affascinante, Mademoiselle Rimbaud».

Alcuni giorni dopo, Arthur viene cacciato dal *Cercle zutique*.

Oltraggiosa e volgare, la sua presenza all'Hôtel des Étrangers è divenuta indesiderabile.

Paul non può più accettare di essere ospitato dai suoceri.

L'umiliazione di vivere a loro spese è durata fin troppo.

Come pure la sua esistenza di marito.
Non accetta più i rimproveri di Mathilde.
È sempre rabbioso e cattivo.
Una sera tenta d'incendiare un armadio.
Un'altra afferra bruscamente il bambino e lo getta contro il muro.
Ben avvolto nelle fasce, il piccolo ricade sul letto.
Mathilde lancia un grido straziante.
Turbato dal proprio ignobile gesto, Verlaine va via.
Si rifugia tra le braccia del suo giovane amante.
Arthur vive in una casa lercia e squallida, dove aleggia perenne l'odore dello sterco di cavallo.
Ma il loro amore è intenso.
Paul si sente liberato.

Due giorni dopo, però, il senso di colpa prende il sopravvento.
Scrive una prima lettera a Mathilde.
Che resta senza risposta.
Allora decide di fare un salto a casa dei suoceri.
Gli dicono che Mathilde, sfinita, è andata a riposarsi in provincia.
Lui le scrive una seconda lettera, implorandola di perdonare i suoi eccessi.
Rientrando all'improvviso, Rimbaud lo sorprende in piena stesura.
«A chi scrivi?»
«A Mathilde. Sta male e io ho il dovere di aiutarla».
«Vuoi davvero ritrovare la tua vita di prima, la tua vita di padre di famiglia?»
«Io amo Mathilde, vuoi capirlo?»
«Non sei mai stato felice con lei, arrivavi persino a picchiarla!»
«È il demone dell'alcol, le canagliate dell'*absomphe*».
«Il tuo demone adesso è l'amore» gli ribatte Arthur come una pugnalata.

«È vero, ma non posso permettermi di perdere Mathilde».

«Sei un vile, ridicolo, penoso borghese. Ti detesto!»

La sera stessa cenano coi *Vilains Bonshommes*[5].

Per la maggior parte sono parnassiani.

Durante la cena, in compagnia di persone assolutamente rispettabili, Arthur esagera con le sue provocazioni.

Commenta regolarmente gli interventi degli altri con dei rutti.

Continua a gridare «*Merde!*» mentre viene recitata una poesia.

Insulta volgarmente molti dei poeti presenti.

Infine provoca un tafferuglio generale.

E con un bastone animato ferisce uno dei *Vilains*.

Rimbaud crea disturbo e Verlaine viene segnato a dito.

Lo si ritiene responsabile del comportamento del suo protetto.

Gli rimproverano anche di scrivere solo testi bizzarri e osceni.

E gli fanno capire che sarebbe meglio se si sbarazzasse di Rimbaud.

Per placare le tensioni, Arthur lascia Parigi.

Da parte sua, Paul cerca di tornare a essere un marito amorevole e un padre affettuoso.

Ha anche ritrovato un impiego, grazie a sua madre.

Ma quella vita non gli piace.

Pensa continuamente al giovane amante, e la sua mancanza lo tormenta.

Dopo tre settimane di assenza, Paul chiede ad Arthur di tornare.

5. Gruppo di artisti formatosi a Parigi tra il 1869 e il 1872 (*N.d.T.*).

Prima possibile!

Muore dalla voglia di rivederlo, di stringerlo tra le braccia.

Impaziente, gli prende in affitto una stanza in rue Monsieur-le-Prince.

E lì lo aspetta.

Il ritrovarsi è intenso.

Il loro abbraccio è violento.

La fusione dei loro cuori è armoniosa e profonda.

Penetrando dal lucernario, il sole scalda i loro corpi nudi.

Paul va a trovarlo tutte le sere.

La presenza di quel giovane corpo, di quella giovane anima, è per lui come una droga.

Ma Arthur non sopporta più d'immaginarlo nel ruolo di marito modello.

Lui sogna l'altrove, l'infinito...

«Dovremmo andarcene» annuncia sdraiato sul letto.

«E dove vorresti andare?»

«Seguiamo il sole! Voglio il sole nella mia vita, e lo voglio sul corpo».

«Ti porterò al sole» promette Paul.

«O al mare. Io non ho mai visto il mare!»

«Ti porterò al mare».

«Andiamoci adesso!»

«Adesso è impossibile».

«Con te tutto è sempre impossibile. Ah, che cosa insopportabile!»

«Non è impossibile. Solo che non è possibile adesso».

«Ne ho piene le scatole della vita di Parigi, una città di porci, mi dà il voltastomaco».

Di colpo, dimenticando tutta la sua vita, Paul accetta di partire al volo, immediatamente.

Arthur non osa crederci.

Alle dieci di sera sono sulle banchine della Gare du Nord col biglietto in mano.

Arras

Quando il sole mostra i primi raggi, i due scendono ad Arras.

Sfiniti dalla notte passata in treno, si precipitano al bar della stazione per rifocillarsi.

Parlano ad alta voce, ignorando la presenza degli altri clienti seduti ai tavoli.

«Hai russato per tutta la notte!» dice Arthur.

«Impossibile, non ho chiuso occhio!»

«Questo lo so, visto che hai passato la notte a leccarmi e a baciarmi».

Intorno, la gente comincia a essere turbata dal linguaggio dei due poeti.

E Arthur, che gode nel provocare, si spinge oltre.

«Ti ricordi la notte dello stupro?»

Dopo un istante di esitazione, Paul capisce e sta al gioco.

«Lo stupro... Ah, sì, certo, povera piccola...»

«Le abbiamo fatto vivere le sue ore peggiori!»

«Le peggiori e anche le *ultime*» aggiunge Paul scoppiando a ridere.

«Oh, sì, e abbiamo fatto bene a tagliarla a pezzi, così non ne è rimasta traccia».

Alcuni clienti si alzano indignati ed escono dal buffet.

Di fronte a quella reazione, Arthur e Paul ridono ancora di più.

Qualcuno avverte i gendarmi, che intervengono immediatamente.

Verlaine e Rimbaud vengono portati davanti a un giudice.

Loro affermano di non capire, gridano di essere innocenti.

Di fronte all'evidenza, il magistrato ordina la loro espulsione.

Stabilisce che vengano ricondotti alla frontiera.

I due poeti vengono scortati alla stazione e fatti salire su un treno diretto a Parigi.

Fine della gita al mare.

Parigi

Arrivati alla Gare du Nord, i due amanti stanno ancora ridendo della loro avventura.

Impazienti di viverne mille altre, raggiungono la Gare de Strasbourg.

Prendono due biglietti per Charleville.

Da lì contano di passare clandestinamente in Belgio.

Frontiera belga

Il 10 luglio passano la frontiera su un barroccio.

Si lasciano trasportare dalla loro travolgente passione, spensierati.

È un'estate magnifica, e la natura esulta in armonia coi due poeti.

Che bello attraversare i boschi e sdraiarsi sull'erba!

O godersi il sole tra i tavoli di un caffè di Charleroi o di Nivelles.

O dormire all'aperto sotto un albero, lungo un sentiero di campagna.

Che bello essere liberi e innamorati.

E scrivere insieme, le anime unite.

Unite fino a fondersi e diventare una sola.

Questa è la vita: starsene seduti sull'erba a bere e a comporre versi arditi come questi.

Sonnet du Trou du Cul

Obscur et froncé comme un œillet violet
Il respire, humblement tapi parmi la mousse
Humide encore d'amour qui suit la fuite douce
Des Fesses blanches jusqu'au cœur de son ourlet.

Des filaments pareils à des larmes de lait
Ont pleuré, sous le vent cruel qui les repousse,

À travers de petits caillots de marne rousse
Pour s'aller perdre où la pente les appelait.

Mon Rêve s'aboucha souvent à sa ventouse;
Mon âme, du coït matériel jalouse,
En fit son larmier fauve et son nid de sanglots.

C'est l'olive pâmée, et la flûte câline;
C'est le tube où descend la céleste praline:
Chanaan féminin dans les moiteurs enclos!

[Sonetto del buco del culo

Scuro e increspato come un garofano viola
respira, umilmente nascosto tra il muschio
ancora umido d'amore che segue la dolce fessura
dalle bianche natiche fino al cuore dell'orlo.

Filamenti simili a lacrime di latte
hanno pianto sotto il vento crudele che li respinge,
attraverso piccoli coaguli di marna rossiccia,
per andare a perdersi dove il pendio li chiamava.

Spesso il mio Sogno incontrò la sua ventosa;
la mia anima, gelosa del coito materiale,
ne fece il suo fulvo nido di gemiti e lacrime.

È l'oliva in deliquio, e il flauto carezzevole.
È il tubo nel quale irrompe la celeste munizione:
Canaan femmineo dentro il chiuso madore!]

Ogni notte la loro passione si esprime carnalmente.
I loro corpi comunicano a meraviglia.
Tra i baci e gli abbracci scoprono se stessi.
E si addormentano stretti uno all'altro, inseparabili.

Bruxelles

Dopo dieci giorni di vagabondaggi spensierati e sensuali, arrivano infine a Bruxelles.

Verlaine affitta una stanza in rue du Progrès.

Scrivono molto entrambi, prendendo ispirazione dal trasporto amoroso che li lega.

La sera s'incontrano con alcuni comunardi fuggiti dalla Francia.

Frequentandoli, Verlaine progetta di scrivere un libro sull'argomento.

Ne parla con Arthur, che lo incoraggia a iniziare l'opera.

A condizione di averne una visione intensa, e di usare un linguaggio vigoroso, espressivo.

A condizione di opporsi a qualunque idea di romantico sentimentalismo.

Prima di mettersi al lavoro, Paul vorrebbe consultare i suoi appunti dell'epoca.

Ma sono rimasti a Parigi.

A casa di Mathilde.

Senza pensarci troppo le scrive una lettera, nella quale indica dove sono custoditi.

E dove spedirglieli al più presto.

Parigi

Sulle prime, Mathilde è felice di ricevere una lettera di Paul.

Ma leggendola non può fare a meno di essere presa dalla gelosia.

Capisce che suo marito la sta tradendo.

Con quel Rimbaud!

Che non solo è un uomo, ma anche un individuo rozzo e volgare.

"Come può trascurare me per un essere simile?" si chiede.

Poi si mette a cercare gli appunti menzionati.

Come indicato, li trova nel cassetto della scrivania di Paul.
Ma trova anche la sua corrispondenza segreta.
Legge l'una dopo l'altra tutte le lettere che i due poeti si sono scambiati.
Scopre la potenza dei sentimenti di Paul.
Scopre la passione che lo divora da così tanto tempo.
Scopre inoltre che Rimbaud è rozzo anche quando scrive.
E dire che si considera un genio della poesia!
Mathilde decide di ricondurre alla ragione il padre di suo figlio, o quantomeno di provarci.
Gli offre un'ultima possibilità di tornare a casa, di riprendere il ruolo di marito e padre.
Scrive una lettera per avvertirlo del suo arrivo.
Lo prega di riservare due stanze al Grand Hotel.
Una per sé e una per sua madre.

Bruxelles

Arrivate a Bruxelles, le due donne raggiungono subito l'albergo.
In portineria c'è un messaggio di Paul per Mathilde.
La raggiungerà nella sua camera alle venti in punto.
Così è. Alle venti bussano alla porta.
«Avanti!»
Paul entra nella stanza.
Mathilde è sdraiata sul letto, nuda.
Eccitato come il primo giorno, Paul si getta su di lei.
Si abbandona tra i suoi seni, cerca il sapore del clitoride.
Poi si perde nella vagina, dove dimentica Arthur per riscoprire il corpo di sua moglie.
E anche l'intensità del piacere eterosessuale.
«Temevo che tu non fossi più interessato a me» confessa lei dopo l'orgasmo.
«Mi sembra di amarti come il primo giorno» ammette Paul.

«Che sei venuto a fare qui con quel Rimbaud, al quale sembri essere così attaccato?»

«A cercare ispirazione, a rinnovare me stesso».

«Ma come si può anche solo concepire che tu provi dell'amore per lui?»

«Se non si può concepire, bisogna inventare l'impossibile».

«Un uomo con un uomo: ciò è umanamente concepibile?»

«Siamo assai lontani dal conoscere in maniera completa la sensualità del nostro corpo».

«Mi ami?»

«Sì» risponde Paul.

Ma pensa: "Credo di sì".

«Lo ami?»

«Sì» risponde.

E pensa: "Ne sono sicuro".

«Ma tu sei pazzo da legare!» sbotta Mathilde.

«Pazzo d'amore, te lo concedo...»

«Paul, devi prendere una decisione!»

«Quale?»

«Tornare con me a Parigi o restare con quello scellerato Rimbaud e perdermi».

Paul riflette a lungo, in silenzio.

Infine accetta di tornare a Parigi.

Prima di salire sul treno, Verlaine si ubriaca al buffet della stazione.

Davanti a Mathilde e a sua madre, che viaggia con loro.

Seduti nello scompartimento, nessuno dei tre osa aprire bocca.

Paul attende con impazienza di arrivare al confine.

Quiévrain

Il treno si ferma alla stazione di Quiévrain, l'ultima prima della Francia.

I passeggeri scendono tutti insieme, creando una ressa.

I doganieri procedono al controllo dei passaporti.

Mathilde e sua madre si sbrigano in fretta e tornano nel loro scompartimento.

Quando le porte si chiudono, Paul non è con loro.

Mathilde guarda dal finestrino e lo scorge sulla banchina.

«Non continuo il viaggio con te!» le grida.

Il treno parte.

Paul alza il pugno al cielo e corre facendo smorfie a Mathilde.

Lei lo vede riunirsi ad Arthur.

Il giovane lo aspettava in fondo alla banchina.

Avevano dunque organizzato tutto, per il puro gusto della messinscena!

Bruxelles

La sera stessa i due poeti sono di nuovo a Bruxelles.

Vanno a bere assenzio al *Jeune Renard*, un ritrovo di artisti.

«Dobbiamo raggiungere l'eternità» sentenzia Arthur sotto l'effetto dell'alcol.

«Dopo di noi, nulla dev'essere più come prima».

«La vita è solo un concatenarsi di secondi: spetta a noi renderli sublimi».

«Ed è ciò che facciamo, amore mio».

«Smettila di chiamarmi così» ribatte gelido Arthur.

«Tu non mi ami?»

«Non voglio parlarne in questi termini, dire ti amo non ha alcun significato».

«Dillo con un'iperbole allora, usa tinte forti se vuoi, dillo come ti pare, ma dillo».

«Insomma, non ti rendi conto? Noi siamo al di là dell'amore!»

«Al di là dell'amore?»

«Sì. Siamo nel paese delle delizie della creazione, siamo nella nebulosa del pensiero».

«Ed è così nebuloso come affermi, il pensiero?»

«Lo è in misura proporzionale ai beveraggi aggressivi con cui lo innaffi».

Paul sta versando due bicchieri di assenzio.

«Aggressivi? La tua analisi è decisamente severa!»

«Sto parlando degli sconvolgimenti che provocano sul tuo cervello di borghese».

Scoppiano a ridere tutt'e due.

«Non hai capito che quel Paul non esiste più?» dice Verlaine.

«Però Mathilde è ancora presente» ribatte Arthur.

A quelle parole Verlaine smette di ridere, abbassa la testa e non risponde.

La capitale belga diventa lo scenario della loro folle passione.

Battono le taverne, le fiere, le feste popolari.

Bevono senza limiti e in pubblico si comportano come due buzzurri.

Di ciò che la gente pensa di loro se ne infischiano altamente.

Vivono solo nello sguardo dell'essere amato, loro unico interesse.

Soli al mondo.

Assetati di nuove esperienze, i due amanti decidono di lasciare Bruxelles.

All'improvviso.

Perché quella mattina, svegliandosi, non hanno trovato nulla di meglio da fare.

E perché Arthur sogna di vedere il mare.
Raggiungono la stazione e prendono il primo treno per Ostenda.

Ostenda

Di fronte all'oceano, Rimbaud ammutolisce.
La forza della natura lo pervade, lo conquista.
Il mare è così vasto, infinito.
E l'acqua così impalpabile tra le dita, quando la raccoglie sui palmi.
Corre sulla sabbia, euforico.
Il vento gli sferza le guance.
È pazzo di gioia, tanto che finisce per gettarsi tra le onde coi vestiti addosso.
Il suo incontro con l'oceano è un battesimo.
Paul assiste a quel primo bagno con occhi pieni di affetto e commozione.
Quant'è bella e leggera quella giovinezza, quella magnifica freschezza!
Tuttavia non restano a lungo a Ostenda.
Prendono un traghetto in partenza per Dover, nel sud dell'Inghilterra.

Londra

Raggiunta la capitale inglese, lo spaesamento che li coglie è totale.
Londra non somiglia in nulla né a Parigi né a Bruxelles.
Un amico di Paul gli presta la sua *garçonnière* in Howland Street.
È un alloggio miserabile, pieno di polvere.
Ma dopo le notti all'addiaccio, ai due poeti va bene tutto.

Un semplice tetto è più che sufficiente per offrire un riparo alla loro passione.

Presto cominciano a uscire, a battere le strade di Londra.

Presto riprendono a bere un bicchiere dietro l'altro per tutta la notte.

Presto riprendono a farsi notare, a provocare, a dare scandalo.

Oppure litigano fino a picchiarsi.

Arrivano persino a metter mano ai coltelli, a ferirsi sulle braccia e sul volto.

Duelli tra ubriachi, dai quali Rimbaud, più agile, esce spesso vincitore.

Per poi rappacificarsi con diversi bicchieri di birra e di brandy.

Dopo tre settimane di quel ritmo sfrenato, i soldi cominciano a scarseggiare.

Paul è arrivato al limite delle sue riserve.

Arthur rifiuta categoricamente di cercarsi un lavoro.

«Non sarò mai l'impiegato di nessuno!»

«Tutto ciò è molto bello, ma chi ti pagherà la casa e il cibo?»

«Tu, naturalmente!» esclama Arthur.

«Attento, non dare mai nulla per scontato!» gli consiglia Paul.

«Mi stai minacciando?»

«Ti sto solo informando che bisogna guadagnare del denaro».

«La mia mente è occupata dalla poesia, non ho tempo di pensare al denaro».

«Quindi, se ho capito bene, tu conti su di me!»

«È esattamente ciò che intendevo».

Paul si mette a fare traduzioni e a dare lezioni di francese.

Guadagna quel tanto che basta per tirare avanti.

Arthur, ingrato, continua a rinfacciargli la sua mentalità da piccolo borghese.

Ma gode quotidianamente dei frutti del lavoro di Paul.

Verlaine sopporta a fatica quella situazione.

Ripensa con nostalgia alla loro meravigliosa avventura in Belgio.

Ritroveranno mai, un giorno, la pienezza di quelle ore magiche?

Inoltre sente che il suo amante si sta allontanando da lui, gli sfugge ogni giorno di più.

Non si divertono più come prima.

Arthur percepisce il suo smarrimento.

Lo comprende, lo condivide, ma lo considera ineluttabile.

La passione delle prime ore di libertà è irripetibile.

Certo, ogni secondo dev'essere inventato; ma i primi, quelli, sono inimitabili.

All'inizio di dicembre, Rimbaud lascia Londra all'improvviso.

Ha deciso di tornare a Charleville, a trovare la sua famiglia.

Quando Verlaine legge il biglietto che Arthur gli ha lasciato, ne rimane traumatizzato.

Resta chiuso in casa per diversi giorni, chiedendosi che senso abbia la sua vita senza il giovane poeta.

Eppure Arthur gli aveva promesso che non lo avrebbe mai abbandonato.

Cerca di consolarsi scrivendo poesie sentimentali.

Ma è sconvolto, avvilito, devastato.

Il suo amante non abbandona mai i suoi pensieri, neppure per un istante.

L'inverno a Londra è duro.

La neve ricopre le strade e il tempo sembra come sospeso.

Verlaine si ammala di bronchite e affronta la sofferenza da solo, nella sua camera.

A letto, febbricitante, scrive ad Arthur, a sua madre e alla moglie.

A tutt'e tre dice che sta morendo, di dolore, di solitudine, di malattia.

La prima a rispondere alla sua richiesta di aiuto è la madre.

Confortato dal calore materno, Paul si ristabilisce rapidamente.

Prima di andarsene, lei tenta di convincerlo a tornare a Parigi.

A riconciliarsi con Mathilde, che può garantirgli un futuro sereno.

A rimettere la sua vita sui giusti binari.

Poi se ne va, lasciando a Londra il figlio indeciso, tormentato dalla scelta.

Dopo avere a lungo esitato, Verlaine decide infine di partire.

Sotto un sole primaverile, un traghetto lo riporta sulla costa del Belgio.

Jéhonville

Da lì Paul raggiunge subito la zia paterna a Jéhonville, un paesino del Lussemburgo belga.

Ha paura di rientrare in Francia, dove gli ex comunardi vengono ancora ricercati.

Approfitta della calma di quella casa per scrivere.

Arthur si trova ancora a Charleville.

Dopo uno scambio epistolare, i due poeti si danno un appuntamento.

Paul arriva in anticipo al limitare del bosco e attende impaziente il suo amante.

Si domanda se lui verrà.

D'un tratto Arthur appare in fondo alla strada.

Si avvicina con la solita nonchalance.

Si ferma davanti a Paul e, senza dire una parola, lo bacia sulle labbra.

Un bacio lungo e pieno di passione.

«Perché te ne sei andato?» gli chiede Paul staccandosi da lui.

«Perché bisognava, perché così dovevano andare le cose».

Paul gli accarezza il volto, immergendosi di nuovo nel blu dei suoi occhi.

«Perché fosse più bello ritrovarsi?» gli chiede.

«Sì, perché fosse più bello ritrovarsi; mi sei mancato, vecchio borghese».

Arthur si getta tra le braccia di Paul.

«Anche tu mi sei mancato, *Rimbe*».

Fanno una passeggiata nel bosco.

Poi trovano una piccola radura e lì, sopra un tappeto di felci, fanno l'amore.

«E se tornassimo a Londra?» propone Arthur all'improvviso.

«Ci ritorneresti con me?» gli chiede incredulo Paul.

«Certo, andiamo!»

Entrambi sentono spuntare di nuovo le ali dei primi momenti, e su quelle volano via.

Londra

Giunti a Londra, affittano una camera all'8 di Great College Street.

In un quartiere frequentato in gran parte da artisti.

Paul dà lezioni private di francese.

Arthur vaga leggero per le strade, fermandosi di tanto in tanto a scrivere.

Spesso s'incontrano nella biblioteca del British Museum.

Dove divorano enormi quantità di libri.

Ma la monotonia delle cose quotidiane si riaffaccia in fretta.

E il fuoco della rinascita non resiste al logorio del tempo.

Arthur diventa sempre più arrogante e attaccabrighe.

Se la prende regolarmente con Paul.

Lo insulta in pubblico.

Stanco e frustrato, Verlaine non si sente più a suo agio in quella relazione.

E vive sempre peggio le scappatelle del suo impetuoso amante.

Ricompare anche lo spettro di Mathilde.

Una mattina, quando rientra dal mercato, Rimbaud lo prende in giro.

«Ehi, mogliettina! Sembri davvero un coglione con quel pesce e quella bottiglia!»

Paul non può sopportare quella nuova umiliazione.

Butta via vino e aringhe e se ne va.

Corre a imbarcarsi sul primo battello in partenza per il Belgio.

Rimbaud gli corre appresso, ma arriva sulla banchina troppo tardi.

«Cosa farò qui a Londra da solo, senza di te?»

In mare

Chiuso nella sua cabina, Paul scrive ad Arthur.

Gli spiega che doveva assolutamente partire, fuggire.

Che non riesce più ad accettare quella vita violenta.

Che lo ama, ma deve cercare di vivere accanto alla moglie.

E che se non funzionerà, s'infilerà una pistola in bocca e premerà il grilletto.

Vuoi che ti baci morendo?
Il tuo povero Paul Verlaine

Londra

Anche Arthur scrive una lettera.

Lo fa prima di ricevere quella di Paul.

Gli chiede di tornare.

Gli dice che quella della mogliettina è stata una battuta cretina.

Che da due giorni non fa che piangere.

Che due anni di passione non possono finire così.

Che meritano un destino più scintillante, più romanzesco.

Che noi due insieme siamo incancellabili.
Tuo per sempre

Rimbaud

Dopo avere ricevuto la lettera scritta in mare da Verlaine, Arthur riprende la penna.

Esprime con impeto rabbioso il suo disaccordo.

Gli dice che non avrà mai il coraggio di suicidarsi.

Poi addolcisce il tono.

Gli parla della libertà di cui godono quando sono insieme.

E ripete che riconosce i propri torti.

Torna, voglio stare con te!
Altrimenti non posso che compatirti.
Ma io ti amo, ti bacio, e so che ci rivedremo.

Rimbaud

Bruxelles

Verlaine prende una stanza al Grand Hotel.

Dove riceve le lettere del suo amante, rimasto a Londra.

Ancora una volta si trova di fronte a una scelta importante e cruciale.

Di fronte a un bivio, a due strade possibili.
Londra, con Arthur e i suoi capricci.
Parigi, con Mathilde e il suo conformismo.
È immerso nel dubbio, quando a un tratto bussano alla porta della stanza.
Si alza, va ad aprire.
È lui, *Rimbe*, Arthur Rimbaud.
«Ho venduto tutto ciò che possedevo per raggiungerti!»
Si getta tra le braccia di Paul, che lo accoglie baciandolo.
Dopo un'appassionata riconciliazione, cercano di cancellare il passato.
«Perdona le mie prese in giro, le mie stupide battute!»
«E tu perdona i miei risentimenti!»
Ma dura poco: Arthur inizia a rinfacciargli le cose.
«Pensi solo a Mathilde!
Continui a dire di volerti suicidare!
A lamentarti che nessuno ti ama!»
Sono accuse vere, e Verlaine non sa cosa rispondere.
«Domani stesso me ne torno a Parigi!» conclude Rimbaud.

L'indomani, dopo una notte d'amore, Paul si alza per primo.
Si veste in silenzio ed esce.
Va alle Galeries Saint-Hubert, nel cuore della capitale belga.
Entra in un'armeria e compra una pistola calibro .7 a sei colpi.
Poi si siede in una taverna e comincia a bere.
Un bicchiere, due, poi molti altri.
Tornando verso l'albergo ha caldo.
È estate, il sole infiamma l'aria e le strade.
Barcollando, raggiunge a fatica la stanza, dove ritrova Arthur.
«Guarda cosa ho comprato» gli dice esibendo l'arma con fierezza.

«Cosa te ne fai di una pistola?»
«È per te, per me, per tutti!»
«Ma di che parli?»
«Non lo so: forse di sparare!»
«Tu, sparare? Non ne saresti capace, sei troppo vigliacco!»
Sono parole sfrontate, di aperta sfida.
Una sfida che Verlaine raccoglie subito.
«Allora questi sono per te, visto che vuoi lasciarmi!»
Due colpi.
Due proiettili.
Il primo si schianta sul pavimento.
Il secondo raggiunge Arthur al polso sinistro.
Subito preso dal rimorso, Paul mette l'arma tra le mani del suo amante.
«Ammazzami, non merito di vivere!»

Ritrovato un minimo di ragionevolezza, vanno all'ospedale.
Poiché la ferita è superficiale, Arthur viene medicato e subito dimesso.
Appena uscito, ribadisce la sua intenzione di tornare a Parigi.
Paul non può concepire di vederlo andar via.
Giunti in Place Rouppe gli si pone davanti, obbligandolo a fermarsi.
«Non ti consentirò di partire, hai capito?
Se lo fai mi faccio saltare il cervello!»
Infila una mano dentro la tasca della giacca.
Sotto il tessuto Arthur riconosce la forma della pistola.
Fugge via di corsa, preso dal panico.
E s'imbatte in un agente di polizia.
«Quell'uomo vuole uccidermi, arrestatelo!» si mette a gridare in mezzo alla piazza.

Bloccato con la forza, Verlaine viene rinchiuso in una cella del municipio.

Il giorno dopo, un cellulare lo porta alla prigione dei Petits-Carmes.

E il giorno dopo ancora viene condotto davanti al giudice istruttore.

Il magistrato prende la faccenda molto sul serio.

Indaga.

Interroga l'albergatore e l'armaiolo.

Poi gli infermieri dell'ospedale in cui è stato medicato Rimbaud.

Sospetta la riprovevole omosessualità del poeta.

Tanto da disporre un esame fisico approfondito per acquisire ulteriori elementi di giudizio.

Verlaine viene spogliato e minuziosamente ispezionato.

«Il pene è corto e poco voluminoso.

Il glande in particolare è piccolo, e va assottigliandosi all'estremità.

L'ano si dilata ampiamente e per una profondità di circa un pollice.

Tale esame permette dunque di constatare indizi di comportamenti pederasti, attivi e passivi».

Due giorni dopo, Paul viene a sapere che Arthur ha ritirato la denuncia.

E che ha lasciato Bruxelles.

Ma lui resta ancora detenuto per pratiche omosessuali.

Nel chiuso della cella, trova la libertà grazie alla poesia.

Scrive molti versi, traendo ispirazione anche dalle ultime tragiche vicende.

Il processo si tiene nel monumentale Palazzo di Giustizia di Bruxelles.

Il sostituto procuratore del re descrive Verlaine come un depravato.

Un parassita della società.

Un inveterato alcolista.

E per giunta pederasta.

Viene condannato a due anni di prigione.

Più un'ammenda di duecento franchi.

Verlaine non si aspettava una pena così severa.

«È sproporzionato e ingiusto!» urla, prima di scoppiare in un pianto disperato.

Poi viene fatto salire su un vagone cellulare e trasferito alla prigione di Mons.

Mons

Il cranio rasato, gli zoccoli ai piedi, Verlaine vive male la detenzione.

È costretto a mondare chicchi di caffè per ore.

Finché la sera, tra le pareti cupe della sua cella, evade scrivendo.

In quella profonda solitudine ridefinisce se stesso.

Ripensa a Mathilde, che forse, dopo la loro separazione ufficiale, è infelice.

Poi pensa ad Arthur.

La cui impronta è ancora incisa a fondo nella sua carne.

Arthur, la sua passione folle, devastante, un uragano di piacere...

Dopo diversi mesi di detenzione, scopre un libro.

Che cambierà la sua vita.

Il Catechismo della perseveranza, di monsignor Guillaume.

Ne rimane conquistato.

Annuncia di avere finalmente ritrovato Dio e si converte al cattolicesimo.

Compone svariate poesie d'ispirazione cristiana.

Diventa un detenuto modello.

Finché, centosessantanove giorni prima della data prevista, esce di prigione.

Stoccarda

Dopo qualche ricerca, Paul ritrova le tracce del suo amante.

Arthur si è sistemato a Stoccarda, deciso a imparare il tedesco.

S'incontrano nel centro della città e fanno una lunga passeggiata.

Durante quei due anni, Arthur è fisicamente maturato.

Quanto a Paul, mostra qualche segno d'invecchiamento.

Con tono pieno di fervore, gli racconta nei dettagli la sua esperienza spirituale.

«Mentre ero in prigione ho incontrato Dio!

In quelle parole divine ho ritrovato me stesso.

E ho scritto molto per proclamare la mia fede.

Non vedo l'ora di leggerti le mie poesie».

Arthur è freddo, distante, non condivide il fervore dell'amico.

«Non m'interessano le tue poesie».

«Perché sei così astioso?»

«Perché sei solo un ingenuo, un uomo povero di spirito».

«Perché mi dici questo?»

«Ti risponderò una volta seduti davanti a due bicchieri».

Paul vorrebbe respingere l'idea, ma si lascia trascinare in una birreria.

Dopo diversi bicchieri, la conversazione s'inasprisce.

«Non voglio leggere le tue poesie perché ho deciso di non scrivere mai più».

Paul sgrana gli occhi.

«Che cosa?»

«Mi hai sentito. Scrittura, poesia: tutto finito!»

«Ma non puoi abbandonare così il tuo dono».

«Il dono è mio, ne faccio quello che voglio!»

Camminano a braccetto per le strade vuote di Stoccarda, ubriachi.

Cantano a voce alta.

Spinto dalla lunga astinenza, Paul tenta di rubare un bacio ad Arthur.

Vorrebbe stringerlo, sentire il contatto del suo corpo.

Vorrebbe amarlo come il primo giorno.

Ma Arthur lo respinge.

Ha voltato la pagina della loro relazione.

Così come quella della scrittura.

Benché frustrato, Paul insiste, tende ancora le labbra verso la bocca di Arthur.

Ma Arthur si ritrae, e lo colpisce in piena faccia con un pugno violento.

Verlaine si accascia sul marciapiede.

Rimbaud si allontana, lasciandolo solo e privo di sensi.

Da quel giorno, Paul Verlaine e Arthur Rimbaud non si rivedranno mai più.

La bisbetica domata
Richard Burton ed Elizabeth Taylor

01 – Interno giorno: Los Angeles, ufficio della 20th Century Fox, 13 settembre 1959

Una grande stanza lussuosamente arredata. Le pareti rivestite di *boiserie*. Una finestra dà sull'entrata degli Studios, dove su un grande pannello blu si uniscono tre lettere gigantesche a formare la parola FOX.

Vestito del suo abito migliore, Walter Wanger, produttore sulla trentina dalla faccia pienotta, sta seduto di fronte a Spyros Skouras, il potente presidente della Fox, un greco dall'accento pronunciato e dal sorriso ampio. Da mesi Walter lavora alla sceneggiatura del loro prossimo progetto comune: un film sulla vita di Cleopatra, regina d'Egitto, ispirato alla versione muta realizzata cinquant'anni prima. Dopo aver esaminato le pagine del nuovo script, Skouras alza la testa e riaccende il sigaro.

«Così è molto meglio. Complimenti! Ottimo script. Mi avete fatto venir voglia di vederlo».

«Grazie, sono contento che vi piaccia».

Skouras si alza e raggiunge un tavolino sul quale si trova una bottiglia di whisky.

«Un drink?»

«Con piacere».

«E quanto alla realizzazione, che ne pensate di Mamoulian?»

«È una buona idea. Credete che accetterà?»

Skouras posa il bicchiere davanti a Wanger e torna a sedersi.

«Mi incarico io di convincerlo. Quanto all'idea di girare

a Roma, come avevamo pensato, purtroppo non si può fare: la città è paralizzata dall'organizzazione delle Olimpiadi. Bisognerà andare a Londra, negli Studios di Pinewood».

«Peccato. Speriamo almeno che il clima londinese sia clemente. E per quel che riguarda gli attori... Peter Finch nella parte di Cesare e Stephen Boyd in quella di Antonio sarebbero una buona scelta, siete d'accordo?»

«Mi sembrano perfetti. Adesso però bisogna trovare un'attrice che sia degna d'incarnare sullo schermo questo mito straordinario».

«Io pensavo che forse...»

«Aspettate!» lo interrompe bruscamente Skouras. «Ve lo do io un nome! La giovane Joan Collins, che ne dite? Non ci costerà troppo e si adatterà alle esigenze di Mamoulian».

Wanger abbozza un sorriso sornione.

«Ho di meglio da proporvi».

«Ah, sì? E chi sarebbe?»

«Qualche minuto di pazienza e lo scoprirete direttamente. Sta per arrivare».

Il presidente della Fox si mostra contrariato.

«Le avete già chiesto di venire? Vi siete preso un bel rischio. E se non mi piace?»

«Vi piacerà, ne sono sicuro».

Skouras fa per obiettare ancora, ma in quel preciso istante qualcuno apre la porta.

È una giovane donna, che fissa i due uomini protetta da un grande paio di occhiali da sole.

Wanger si alza e la presenta con enfasi.

«Mrs Elizabeth Taylor! La Regina del Nilo!»

Skouras rimane senza fiato. Conosce bene l'attrice, ma è la prima volta che la vede così da vicino. Elizabeth ha cominciato la sua carriera a nove anni e adesso ne ha ventotto: è al culmine della gloria e della bellezza.

Attraversa l'ufficio con grazia, si accomoda su una poltrona, si toglie gli occhiali.

«Buongiorno, Spyros» dice, fissando gli occhi neri del presidente della Fox con le sue iridi viola.

«Incantato, Mrs Taylor. Permettete una domanda: vi sentite in grado d'incarnare un simile ruolo?»

L'attrice fa un risolino ironico.

«Non solo mi sento in grado, so anche di essere *l'unica* in grado d'interpretare un simile mito. Piuttosto, dovrei essere io a chiedere se *voi* siete in grado di scritturare l'unica attrice adatta a questo ruolo».

Sentendo che l'incontro sta partendo col piede sbagliato, Wanger tenta di cambiare discorso.

«A me sembra che...»

«Siamo d'accordo» taglia corto Spyros. «Quale che sia il prezzo. Qual è il vostro, Mrs Taylor?»

«Un milione di dollari» risponde lei senza battere ciglio.

A Wanger sfugge un fischio di sorpresa. Nessuna attrice ha mai preteso una somma così astronomica. Azzarda un'obiezione.

«A dire il vero abbiamo già previsto un budget molto importante per i costumi e le scenografie e...»

«Va bene» lo interrompe di nuovo Skouras.

Liz gli sorride, si alza, si rimette gli occhiali.

«L'attrice migliore per il più grande dei ruoli: non resterete delusi. Buona giornata, signori».

02 – Interno giorno: Londra, Studios di Pinewood
18 settembre 1960

Dal primo ciak, la lavorazione del film è andata di male in peggio. Le scenografie inviate in Inghilterra sono arrivate in condizioni pietose, i teatri di posa non sono del tutto insonorizzati e il clima londinese è a dir poco bizzarro.

Ma oggi, finalmente, i problemi sembrano essere risolti. I due attori principali, Liz Taylor e Peter Finch, sono pronti a cominciare.

Rouben Mamoulian ha preso posto dietro il monitor di controllo.

«Motore!» grida.

«Motore» risponde l'operatore.

«Ciak!»

Il ciacchista entra nel campo della cinepresa, annuncia il numero della scena, dell'inquadratura e della ripresa, poi batte il ciak ed esce dal campo.

«Pronti… Azione!»

I due attori cominciano a muoversi, ma appena Liz pronuncia le prime parole, si vede il fiato condensato uscire dalla sua bocca.

«*Stop!*» grida Mamoulian. «Dovremmo essere in Egitto con un sole che spacca le pietre! Lavorare in questo modo è una pazzia! Basta così».

Inizialmente rinviata di qualche giorno, la lavorazione viene poi sospesa a tempo indeterminato. Liz si è ammalata gravemente, ha lasciato l'Inghilterra per sottoporsi a una tracheotomia.

Cinque mesi dopo, le riprese non sono ancora ricominciate. Del film sono stati girati solo dieci minuti, di cui nemmeno uno con la protagonista. E a rendere la situazione ancora più seccante c'è il fatto che Liz Taylor, come da contratto, non può essere sostituita.

Esasperato, Mamoulian perde la pazienza e rinuncia all'incarico.

03 – Esterno giorno: California
18 aprile 1961

Villa di Skouras a Santa Monica.

Un parco immenso disseminato di buganvillee.

Una fontana di marmo rosa.

La facciata della villa è impreziosita da una serie di colonne. Fa pensare a un tempio greco.

Liz sta percorrendo il viale. Irradia felicità. Il mondo è ai suoi piedi. Il giorno prima ha conseguito il massimo riconoscimento: l'Oscar come migliore attrice protagonista di *Venere in visone*, a fianco di Laurence Harvey.

Il presidente della Fox e Walter Wanger la accolgono a bordo piscina.

«Congratulazioni!» esclama Wanger abbracciando la star.

«Valevo davvero quella somma, no?» dice lei maliziosamente.

«Non avevo dubbi» risponde Skouras baciandole la mano. «Accomodatevi, vi prego. Qualcosa da bere?»

«Champagne, grazie».

Skouras gliene versa una coppa. Ma presto il suo sorriso si spegne, sostituito da un'espressione cupa.

«Mia cara Liz, permettetemi di dirvi che noi avevamo basato tutte le nostre speranze su *Cleopatra* per rilanciare la nostra casa di produzione. Ma di questo passo quel film ci porterà al fallimento!»

«*Darling*, era sbagliata la squadra, e anche il posto! Bisogna cambiare tutto! Eccetto me, naturalmente...»

«Ce ne siamo resi conto e cercheremo di rimediare» interviene Wanger. «Intanto, addio Inghilterra! Gireremo a Roma, in settembre».

«Settembre? A Roma? Perfetto! Solo un dettaglio: per la regia voglio Mankiewicz. Mi ha già diretto e c'intendiamo alla perfezione. Oltretutto Joe è anche un ottimo scrittore e saprà dare un'aggiustatina alla sceneggiatura, che ne ha un gran bisogno, su questo immagino siate d'accordo».

«Okay per Mankiewicz» approva Skouras. «Quanto ai ruoli principali, che ne pensate di Finch e di Boyd?»

Liz agita la mano in aria.

«Non sono all'altezza! Per ruoli da imperatori servono uomini di una certa levatura».

«State pensando a qualcuno?»

«Rex Harrison andrebbe bene per fare Cesare. Per Antonio invece ho pensato a un attore che ho visto l'altro giorno a Broadway in una commedia musicale, *Camelot.* Interpretava il ruolo di Re Artù e... Accidenti, mi sfugge il nome... Richard, mi pare».

«Richard Burton».

«Esattamente: Richard Burton! Come Antonio sarebbe perfetto».

«Aggiudicato!» esclama Skouras.

04 – Interno giorno: Cinecittà, Roma
23 settembre 1961

Teatro 5. La scena è pronta. Lo sono anche Mankiewicz e la sua squadra.

Il cielo è magnificamente azzurro, il sole allo zenit.

Non c'è voluto molto perché il gallese cedesse all'ammaliante bellezza della regina del Nilo. È già pazzo d'amore per lei. E lei, Liz, non è affatto insensibile al fascino del suo partner. Le piace la sua struttura da giocatore di rugby e anche il suo modo di esprimersi: diretto, a volte brusco, non di rado scurrile. L'affascina la sua natura un po' animalesca.

Joe Mankiewicz ordina: «Motore!»

«Motore» risponde l'operatore.

«Ciak!»

«Azione!»

Se ne sono accorti tutti. Tra i due attori c'è un'alchimia palpabile, bisognerebbe essere ciechi per non vederla. Si annusano, si cercano con lo sguardo, vivono intensamente la passione che anima i loro personaggi. Mankiewicz è al settimo cielo.

Al termine della ripresa, Richard mormora all'orecchio di Liz: «Mi hai stregato, Cleopatra».

05 – Interno Notte: Hotel
23 settembre 1961

Richard percorre con discrezione il corridoio fino alla stanza di Liz. Bussa. Dopo qualche istante lei apre uno spiraglio. È in camicia da notte. Fa per protestare, ma Richard le posa un dito sulle labbra, scivola dentro la stanza e la prende subito tra le braccia.

«So cosa stai per dire. Che io sono sposato e che lo sei anche tu. Che sarebbe pura follia! Ma come possiamo negare l'evidenza? Io ti piaccio, e tu piaci a me».

«Sì, Richard, non posso negarlo: tu sei il mio tipo d'uomo. Ma questo non significa che io sia disposta a cadere tra le tue braccia la prima notte!»

Liz si strappa dal gallese e va verso un tavolino sul quale sono allineate diverse bottiglie di liquore.

«Cosa vuoi bere?»

Richard non risponde, si limita a contemplarla. La camicia da notte lascia intravvedere le gambe affusolate, il profilo dei fianchi. Senza indugiare oltre la raggiunge e la bacia con passione. Questa volta Liz non oppone resistenza.

«Siamo fatti l'uno per l'altra» mormora Richard.

Liz scoppia a ridere.

«Fa' l'amore con me, invece di dire stupidaggini!»

Sarà la loro prima notte insieme, forse la più ardente.

La lavorazione riprende. Giorno dopo giorno, le scene girate si sommano alle precedenti dando sempre più corpo al film. Un pomeriggio Richard porta Liz nella gioielleria Bulgari; Gianni, il nipote del fondatore, li riceve in una saletta privata. Liz, vestita con un abito bianco e nero di Yves Saint Laurent, si trova nel suo elemento. Quanto a Burton, figlio di un minatore gallese, vestito con un paio di jeans e un semplice blazer, trova divertente vivere nel lusso e nella dissolutezza.

«Sapete, caro Gianni» osserva Liz, «uno dei grandi vantaggi di girare *Cleopatra* a Roma è la vicinanza della vostra magnifica boutique».

«Bulgari è l'unica parola d'italiano che conosce» commenta ironico Richard.

«Sono sicuro che a mio nonno sareste piaciuti tantissimo entrambi» li blandisce il gioielliere. «Voi emanate amore».

«Sì, è così, e per la mia diletta vorrei un gioiello unico» ribatte Richard.

«Tutti i nostri gioielli sono unici, Mr Burton. Tuttavia capisco cosa intendete. Volete dire qualcosa di veramente raro, giusto?»

«Esattamente».

«Allora ho ciò che fa per voi. Con permesso».

Liz freme d'impazienza come una bambina.

Dopo qualche istante Gianni Bulgari torna, depone davanti alla coppia un espositore rivestito di velluto blu e presenta l'oggetto prezioso.

«Collier di platino montato con sedici smeraldi colombiani ottagonali».

«È magnifico!» dichiara Liz. «Posso provarlo?»

Il gioielliere è già alle spalle dell'attrice, le solleva delicatamente i lunghi capelli neri e aggancia il collier.

«Ti piace?» chiede Richard.

«Se mi piace? Non ho mai visto niente di più bello!»

«È tuo».

«Richard, sei pazzo!»

«Non abbastanza».

Quando escono, mano nella mano, diretti verso la limousine che li sta aspettando, vengono riconosciuti da una giornalista, Giovanna Pirlo, che pregustando lo *scoop* s'infila subito dentro una cabina telefonica per avvertire un amico fotografo.

Il fine settimana successivo, i due amanti si regalano una fuga in Sicilia, nella villa di un amico italiano. Approfittando del fatto che lì nessuno li conosce, fanno lunghe passeggiate per i vicoli di Taormina. Ridono, si baciano, mangiano gelati, giocano a fare i turisti comprando souvenir senza valore.

Poi, sullo yacht del loro amico, fanno il bagno, si abbronzano e bevono champagne.

Nascosti tra le rocce, Giovanna Pirlo e il suo amico fotografo non si perdono un attimo dello spettacolo.

Quando tornano a Roma, la notizia è sulla prima pagina del principale quotidiano della città. Corredato di foto inconfutabili, l'articolo rivela a tutti la loro relazione. Un nugolo di giornalisti attende la coppia all'entrata di Cinecittà.

«Mr Burton, è vero che avete una relazione con Liz Taylor?»

«Mrs Taylor, avete niente da aggiungere?»

«Il papa ha condannato pubblicamente la vostra relazione definendola un vagabondaggio erotico. Che ne pensate?»

«Un giornalista ha detto che sarebbe Mr Mankiewicz ad avere una storia con Mrs Taylor, e che Mr Burton sarebbe solo una copertura. Voi lo confermate?»

Divertito da quest'ultima domanda, Richard si gira verso il giornalista con un sorriso smagliante.

«Volete la verità? Bene, ora ve la dico, ascoltate bene. La verità è che io e Mankiewicz siamo amanti, e che Mrs Taylor ci fa da chaperon».

Tutti i giornalisti scoppiano a ridere. Tranne uno.

«Mrs Taylor, lei conferma le parole di Mr Burton?»

No comment.

06 – Interno giorno: Montreal, sala reale del Ritz Carlton
15 ottobre 1962

La lavorazione del film è terminata.

Nel frattempo, Skouras è stato costretto a dimettersi. Il

budget, fissato inizialmente a due milioni di dollari, è cresciuto fino a trentacinque, facendo di *Cleopatra* uno dei film più costosi della storia del cinema. Skouras è stato sostituito da Darryl F. Zanuck. Mankiewicz, ritenendo che la mole di scene girate sia eccessiva per un solo film, propone di dividerlo in due pellicole di tre ore ciascuna. Zanuck rifiuta e fa realizzare un montaggio di circa quattro ore.

Il 12 giugno 1963, l'uscita di *Cleopatra* sugli schermi viene accolta da un diluvio di critiche negative.

Immersi nella loro felicità, Liz e Richard non se ne curano: sono finalmente riusciti a divorziare dai rispettivi coniugi e stanno per sposarsi.

Il 15 marzo 1964, vale a dire tre anni dopo la prima notte d'amore, pronunciano il loro sì nella riservatezza della Sala reale dell'hotel Ritz Carlton a Montreal.

Vestita con un semplice abito bianco e pettinata con una lunga treccia punteggiata di fiori di gelsomino, Liz è convinta che quel matrimonio (il quinto)[1] durerà per tutta la vita.

Nel suo abito nero, Richard emana seduzione. Ha appena abbandonato moglie e figli per seguire la sua amante. Ah, che donna! Non riesce a rifiutarle nulla, affascinato dalla sua bellezza, dalla sua aura, dalla sua energia.

In confronto ai gioielli che Liz indossa abitualmente, le fedi che i due si scambiano sono stranamente sobrie.

Lo sono perché sarà solo più tardi, una volta soli nell'intimità della loro stanza, che Richard offrirà alla donna che è appena diventata sua moglie il suo vero regalo di matrimonio: un orologio incastonato di diamanti. Un pezzo unico, appositamente concepito da Gianni Bulgari.

1. Ha già sposato Conrad Nicholson Hilton, erede della catena di alberghi Hilton, nel 1950; l'attore Michael Wilding, nel 1952; il produttore Michael Todd, nel 1957; il cantante Eddie Fisher, nel 1959.

Liz lo mette al polso, poi spinge Richard sul letto e si toglie i vestiti uno a uno, lentamente, fino a conservare solo... l'orologio.

07 – Interno giorno: una villa a Oroville, California
26 aprile 1967

Un bel salotto.

Quadri di grandi autori alle pareti, cuscini di broccato sui divani.

Un ampio tavolo basso. Un mobile bar.

Una vetrata aperta su una piscina olimpionica.

Liz e Richard hanno appena trionfato in *Chi ha paura di Virginia Woolf?* Ma se l'attrice ha meritato l'Oscar, la magnifica performance di Richard è stata snobbata dai critici, unanimi nel dire che il ruolo di Marta è il migliore che la Taylor abbia interpretato fino a quel momento.

Di ritorno a casa, Liz mette la statuetta su una mensola, accanto a quella già ricevuta per *Venere in visone*, al Golden Globe vinto per *Improvvisamente l'estate scorsa* e al Golden Laurel Award per *L'albero della vita*.

«Non ce l'hai con me, vero?» gli chiede in tono vagamente provocatorio.

«Con te? Perché mai dovrei avercela con te?»

Lei sfodera un gran sorriso.

«Perché io ho avuto l'Oscar e tu no».

«Questo prova semplicemente che la gente ha buon gusto. E trovo la cosa piuttosto rassicurante. Tu sei amata, adulata, e io me la godo».

«Che vuoi dire?»

«Che non me ne frega niente se milioni di persone fanno sogni proibiti su Mrs Taylor. Quei loro sogni io li vivo, il che mi appaga e mi rende felice».

«Sei adorabile».

«Invece devo dirti una cosa: temo che la nostra storia non durerà a lungo».

Liz si rabbuia all'istante.

«Cosa? E la promessa di amore eterno che mi hai fatto?» protesta.

«Quella promessa non c'entra, qui è in gioco la tua salute».

L'attrice continua a non capire.

Richard, col tono più serio del mondo, continua: «Sento che ho voglia di moltiplicare per dieci le volte in cui faremo l'amore, ma ho paura che tu non sia in grado di reggere il ritmo».

Liz scoppia a ridere.

«Mascalzone! Mi hai fatto prendere una paura... Be', non hai nulla da temere, gallese. Sono in grado di sopportare e di proteggermi».

«Ne sei certa? Pensi di essere abbastanza forte, tu che sei un moscerino?»

«Oh, eccome, caro mio!»

Richard la prende per i fianchi e la solleva senza sforzo.

«Sei una delle pupe più belle che abbia mai visto in vita mia, ma ho ragione io: non sei abbastanza forte per sostenere il ritmo che mi piacerebbe importi!»

«Una *pupa*? Che razza di termini! Ma lo sai con chi stai parlando? Con l'attrice più pagata di Hollywood! La mia forza sta nella mia arte, non nel mio corpo!»

«Bene, verifichiamo...»

Richard le toglie il vestito e la spinge sul divano.

"Quell'Oscar lo avrei meritato alla grande" pensa mentre la sta penetrando.

08 – Esterno giorno: Parigi, sala privata dell'aeroporto
13 settembre 1967

In una saletta privata dell'aeroporto di Orly, al riparo dalla folla, Liz e Richard stanno per andare in vacanza in Sardegna, nella villa di un amico.

Liz dà un'occhiata all'orologio e sospira.

«Mezzogiorno: davvero non capisco perché tu sia voluto venire qui così presto!»

«Per approfittare dello champagne gratis!»

«Ah, e di me te ne freghi?»

Richard si mette a ridere.

«Per lo champagne e perché ti ho preparato una sorpresa».

«Che diavolo hai combinato ancora?»

Lui non risponde.

Nel frattempo, un uomo in uniforme da pilota è entrato nella sala. Richard va verso di lui, scambia qualche parola e torna da Liz.

«Andiamo!»

«E dove? L'aereo parte tra due ore!»

«L'aereo, sì. Ma non il *nostro* aereo».

Liz rimane senza parole.

Richard si decide a fornirle qualche spiegazione.

«Un giorno mi hai detto quanto poco sopporti la promiscuità con gli altri passeggeri, anche in prima classe. Ti ricordi, vero? E hai aggiunto: "Un jet privato, ecco cosa mi servirebbe"».

«Non mi dirai che...»

«Ho già staccato l'assegno».

«Ma sei completamente matto!» esclama Liz. «Avrai speso una fortuna!»

«Qualche spicciolo...»

«Quanto, Richard?»

«Meno del tuo cachet per *Cleopatra*».

«Lo spero proprio!»

«Be', non molto meno...»

«Quanto?»

«Novecentosessanta...»

«Novecentosessantamila dollari?» grida Liz.

«La tua felicità non ha prezzo, amore mio».

La prende per mano.
«Andiamo, non facciamo aspettare il *nostro* pilota...»

09 – Interno notte: villa dei Burton a Oroville, California
2 maggio 1968

«Sei solo una graziosa ragazzotta che piace ai mocciosi per via dei tuoi occhietti viola! Oltretutto non hai alcun senso dell'umorismo! E sei così piena di... pudore. Sei una moralista, ecco cosa sei! E un'ipocrita! E atrocemente complessata, questo è del tutto evidente!»
Dopo aver ingurgitato diversi litri di alcol, Richard e Liz non sanno nemmeno più perché stiano litigando. È diventato il leitmotiv della loro vita di coppia. Un giorno senza baruffe sarebbe un giorno senza ossigeno.
«In realtà non sei una donna, sei un uomo!» urla Richard.
«E tu sei una ragazzina, una piccola provincialotta gallese!» ribatte Liz.
Furibondo, Richard lancia il bicchiere di whisky contro il muro, facendolo esplodere in mille schegge di vetro; poi esce dalla stanza lasciando sola Liz, che scoppia in un pianto dirotto.

La mattina dopo, come tutte le mattine dopo una sbornia, le due belve, stordite ed entrambe col mal di testa, si ritrovano.
«Nella mia vita ho avuto molta fortuna» balbetta Richard. «Ma la più grande è stata quella di incontrare te».
«Siamo fatti l'uno per l'altra» farfuglia Liz. «L'hai detto tu stesso».
«E continuerò a ripeterlo. Sei una donna terribilmente eccitante, sei riservata, divertente, piena di spirito... E riesci a sopportare tutto quello che c'è d'insopportabile in me... In particolare la mia passione per l'alcol...»

Le riconciliazioni diventano in fretta una sorta di rituale e segneranno con regolarità la loro vita amorosa.

10 – Interno notte: Los Angeles, ospedale
11 luglio 1968

Ricoverata d'urgenza all'ospedale di Beverly Hills, in una stanza privata, l'attrice deve subire un'isterectomia. Richard decide di prendere una stanza vicina a quella della moglie. È letteralmente annichilito. Elizabeth è la sua ragione di vita. Quando lei si allontana, lui sta male. Dopo sette anni di vita insieme, gli manca anche quando va in bagno. Se dovesse morire, di sicuro morirebbe anche lui.

Particolare curioso: mentre aspetta in una sala dell'ospedale, d'un tratto sente un acuto dolore al basso ventre. Sono le 12.40. Più tardi saprà che il dolore si è manifestato nel momento esatto in cui il chirurgo asportava una parte dell'utero di Liz.

Appena lei si risveglia, si precipita al suo capezzale. È visibilmente affaticato, come lei del resto. Sono entrambi lividi, con aloni bluastri attorno agli occhi.

«Liz, non farmi mai più una cosa del genere, promesso?»

«Promesso. Ma tu hai l'aria esausta».

«Sono rimasto qui con te per tutto il tempo. Non volevo lasciarti. Ci hanno separato solo al momento dell'operazione».

«Sei pazzo» dice lei prendendogli la mano. «Un giorno Jean Cocteau, lo scrittore francese di cui ti ho parlato spesso, mi ha detto che non esiste l'amore, esistono solo prove d'amore. Quello che hai appena fatto prova quanto mi ami. E io amo te, Richard».

«Promettimi che non mi lascerai mai, che non mi abbandonerai mai».

«Te lo prometto...»

11 – Interno notte: villa dei Burton a Oroville, California
22 ottobre 1968

Liz è ancora convalescente. Quando raggiunge Richard nella sala della loro villa di Oroville, lo trova sul punto di prepararsi un cocktail.

«Richard, sono le sette del mattino».

«Amore mio, un Bloody Mary al giorno per me è come una dose di vitamina C».

«Con questo ritmo non camperai a lungo».

«Non ricominciare, Liz: ne abbiamo già parlato e sai benissimo come stanno le cose!»

«Richard, tu non ti rendi conto! Io sono seriamente preoccupata per la tua salute».

Richard si lascia cadere sul divano col bicchiere di Bloody Mary in mano.

«Eppure, considerando le tue abitudini, dovresti capire benissimo quanto piacere possa farmi un drink».

«È proprio per questo che mi permetto di darti dei consigli. Potresti almeno evitare di bere fin dal mattino!»

«Uno al mattino e poi più niente fino a pranzo. Ti pare troppo?»

«Certo che è troppo! Uno al mattino, e domani passerai a due, per poi aumentare via via la dose... Verrà il giorno in cui sarai solo un misero ubriacone, incapace di sopravvivere senza un bicchiere in mano».

«Va bene, hai ragione. Domani aspetterò da bravo l'ora di pranzo per bere una birra. Va bene così?»

La sera, Liz ha forse bevuto un po' meno di Richard, ma è comunque in condizioni pietose. Al Dom Pérignon hanno fatto seguito quantità impressionanti di vodka-orange. Nessuno dei due riesce più a stare in piedi.

«Senti, Richard».

«Ti ascolto, amore mio».

«Mi piace tanto quando mi chiami "amore mio, amore

mio"…» ripete scioccamente Liz. «Ho voglia di giocare a *gin rummy*».

Richard esce immediatamente dalla sua letargia.

«Sono pronto: quando vuoi».

Lei si alza a fatica, si dirige vacillando verso una mensola, prende un mazzo di carte e torna a sedersi.

«Che ne dici di mille dollari a punto?» gli propone.

«Perfetto!»

Dopo svariate partite e altrettanti bicchieri, Liz si ritrova un debito con il marito di seicentoquarantottomila dollari.

«Incredibile» dice con ingenuo stupore. «Di solito vinco sempre io…»

Prende la borsa, tira fuori il libretto di assegni e la penna. Ma quando sta per compilare l'assegno, Richard l'afferra da dietro le spalle.

«Pagami in natura e ti cancello il debito».

Liz si gira e mette la mano sul sesso del gallese, poi gli sbottona i pantaloni e dice: «Per seicentoquarantottomila dollari, Mr Burton, auguratevi di avere il cuore saldo!»

12 – Interno giorno: Sicilia, un albergo di Taormina 14 febbraio 1969

La suite è arredata in modo piuttosto rustico e con dubbio gusto.

Liz e Richard si sono rifugiati a Taormina, che per loro è un luogo feticcio.

Bussano alla porta. Lei va ad aprire e trova un cameriere con due pacchetti in mano, uno piccolo, l'altro più voluminoso. A un cenno di Richard, l'uomo li depone sul letto e si eclissa.

«Cosa sono?» chiede Liz.

«Quello che sembrano: regali».

«Da quale devo cominciare?»

«Dal più grande».

Di fronte allo sguardo stupito di Liz si rivela un magnifico ritratto di Maria I d'Inghilterra. Sul petto della regina, forse la perla più famosa del mondo: la Peregrina.

«Magnifico quadro» dichiara Liz ammirata.

«Ho pensato che sarebbe opportuno donarlo alla National Portrait Gallery di Londra. Che ne dici?»

Lei si acciglia.

«Vuoi donare il *mio* regalo alla National Gallery?»

«Calma, calma» ribatte Richard. «Apri piuttosto il secondo pacchetto».

Liz strappa l'involucro e trova un astuccio. All'interno, adagiata sul rivestimento di velluto blu, splendente come un raggio di luna, la Peregrina.

Qualche giorno più tardi, mano nella mano, Liz e Richard si recano alla National Gallery di Londra per offrire in dono il ritratto della regina.

Un dono il cui valore viene stimato in quarantamila dollari.

13 – Interno giorno: villa dei Burton a Oroville, California
11 dicembre 1969

Da quando Liz ha cominciato a girare *L'unico gioco in città*, con Warren Beatty come partner, Richard percepisce che l'atteggiamento di sua moglie è cambiato. Non solo non è più la stessa, ma non smette di denigrarlo in pubblico e di criticare il suo alcolismo.

Quella mattina, dopo la colazione, decide di aprire le ostilità.

«Sei solo un'attraente puttana che dovrebbe perdere qualche chilo».

«Ma cosa ti prende? Sei crudele a dirmi una cosa simile».

«Io crudele? Sei tu che sei diventata insopportabile da quando sei tornata. Che cosa succede? Lo voglio sapere».

«Lo vuoi *davvero* sapere?»

«Sto aspettando».

«Benissimo, ecco qui: sono andata a letto con Warren».

Richard pensa di aver sentito male.

«Cos'hai detto?»

«Sono andata a letto con Warren».

Richard perde il controllo, emette un grido rauco e quasi rovescia il tavolo sul quale è stata servita la colazione.

«Avanti, calmati! Andare a letto con lui non ha cambiato assolutamente niente nei miei sentimenti, anzi. Dovresti esserne contento».

Lui per poco non soffoca.

«Dovrei essere contento che tu abbia goduto tra le braccia di un altro? Ma sei diventata matta?»

«Intanto non ho goduto, Warren è un partner penoso. E poi lo sai come succede sul set: si sta vicini, si recita un ruolo, e poi la sera qualche volta ci si dimentica che si tratta solo di un ruolo».

«Tu sei completamente pazza!» ruggisce Richard, tirandole uno schiaffo talmente violento da farla cadere a terra.

«Certe volte mi fai assomigliare a mio padre» le dice poi con asprezza. «E io ti odio per questo!»

«Non solo sei un alcolizzato» ribatte Liz. «Sei anche un povero disgraziato! Un vigliacco che picchia la sua donna!»

«E tu sei una vipera. Una serpe, ecco cosa sei! Ti odio! Hai reso la mia vita un inferno!»

Alcuni giorni dopo quello scontro, l'ultimo di una lunga serie, Liz e Richard vanno a una cena di beneficenza organizzata da un comune conoscente. Scendendo dalla limousine, lei cerca di prendere per mano il marito.

Richard rifiuta.

«Neanche per sogno! Le tue mani sono brutte, mascoline, hai le dita che sembrano salsicce!»

Per nulla offesa, Liz risponde tranquilla: «Allora, per renderle più belle, regalami un anello...»

Non scambieranno più una parola per tutta la serata.

14 – Esterno notte: Sicilia, Taormina
27 febbraio 1972

Per festeggiare i quarant'anni di sua moglie, Richard ha portato Liz nella loro cara Taormina.

La sera cenano *tête-à-tête* in un piccolo ristorante di pescatori. Al momento del dessert, un cameriere si fa avanti con una magnifica torta sormontata da una sola candelina. Un altro depone un astuccio sul piatto di Liz.

«Esprimi un desiderio!» dice Richard.

Liz chiude gli occhi, si concentra, poi soffia sulla candelina tra gli applausi di tutta la sala.

«Posso?» chiede infine indicando l'astuccio.

«Naturalmente!»

Lei solleva il coperchio, e quasi lancia un grido. Di gioielli indubbiamente ne ha parecchi, ma quello che vede lì è superiore a qualunque cosa lei possieda. Un collier magnifico, al quale è agganciato un enorme diamante a pera.

«Sessantanove carati» precisa Richard sorridendo. «Quando il gioielliere ha saputo che era per te l'ha chiamato il *Taylor-Burton Diamond*. È come il nostro amore: eterno».

«Richard, sei pazzo!» esclama Liz.

«Non lo sarò mai abbastanza».

In realtà sta mentendo. È da un po' che si sta allontanando da lei, e Liz lo percepisce. Del resto, basta vedere in che modo guarda le altre donne per capirlo.

Richard si allontana, e Liz comincia a invecchiare.

15 – Interno giorno: Los Angeles, studi di lavorazione
24 aprile 1972

Hanno appena girato una scena di un film per la TV dal titolo premonitore: *Divorzio*. La storia parla delle emozioni di una coppia che, dopo diciott'anni di matrimonio, vede avvicinarsi l'ora fatidica della separazione. La prima parte del film racconta il punto di vista del marito, la seconda quello della moglie.

Di ritorno in albergo, come succede ogni giorno la coppia passa la serata a litigare, a bere molto e a insultarsi. Alla fine i due vanno a dormire in camere separate.

Richard è solo. Scrive.

Mia dolce bambina addormentata,

il nostro amore è destinato al fallimento. E la cosa peggiore è che ne siamo coscienti, ma ci rifiutiamo di ammetterlo.

Tu sei senza dubbio la migliore attrice del mondo, cosa che, insieme alla tua straordinaria bellezza, ti rende unica.

Io ti amo alla follia, ma di un amore invivibile.

Se tu mi lasciassi, io mi ucciderei: non può esistere vita senza di te.

Eppure, quella con te non è vita.

Dopo la tua morte ce ne sarà sicuramente un'altra, la mia.

Ma intanto devo lasciarti.

Per restare in vita.

Con tutto il mio disperato amore

Richard

Quando la notizia della loro separazione si diffonde, Liz deve immediatamente far fronte ai giornalisti che mettono sotto assedio l'uscita dei teatri di posa.

«State per divorziare, Mrs Taylor?»

«Pensate che sia stato l'alcol a distruggere la vostra unione?»

«Girerete altri film insieme, nonostante la separazione?»

Liz, che si stava dirigendo verso la macchina, si ferma.

«La nostra separazione era inevitabile. Sono convinta che sia una buona cosa, per Richard e per me. Forse ci amiamo troppo. Non pensavo che fosse possibile una cosa come questa».

Poi s'infila nella limousine senza aggiungere altro.

16 – Interno giorno: Los Angeles, ufficio del giudice per i divorzi 26 giugno 1974

Accompagnati dai rispettivi avvocati, Richard e Liz sono seduti l'uno di fianco all'altra davanti al giudice che ha in carico la pratica del loro divorzio. Evitano di guardarsi; entrambi tengono lo sguardo fisso sul magistrato.

«Richard Walter Jenkins Burton, avete qualcosa da dire prima che io pronunci la sentenza?»

«Sì. Voglio che mia moglie sappia che lei potrebbe lasciarmi cento volte, ma rimarrà sempre la mia dolce bambina. Il nostro amore è così furibondo che ci consuma e ci divora. Ma la cosa più infame, più sporca, più feroce, e più inalterabile, è che non riusciamo a capirci».

Liz piange.

Dopo un istante, Richard aggiunge: «Amore mio, tu sei più lontana del pianeta Venere, e io sono sordo alla musica degli astri».

«Vede, signor giudice, le cose stanno così!» reagisce Liz. «Mr Burton è un uomo frustrato per il fatto di essere soltanto un attore. Avrebbe voluto essere uno scrittore, ma per un gallese figlio di un minatore diventare scrittore è un'impresa troppo dura, troppo dura per uno che preferisce nascondersi dietro i personaggi senza mai essere protagonista della propria vita».

Richard balza in piedi e si avvia verso l'uscita; ma prima di sparire indica Liz col dito.

«Anch'io, come Prometeo, sono stato maledetto dagli dei per aver rubato il fuoco. E il fuoco sei tu!»

Poi se ne va sbattendo la porta.

Quando Liz esce dal tribunale, Richard la sta aspettando.

È del tutto evidente che ha dato fondo alla fiaschetta di whisky che tiene nella tasca interna della giacca.

«Te ne vuoi andare? Riesco a malapena a crederci!»

grida, barcollando in mezzo alla strada. «Finalmente libero!»

«Richard, lo faccio per il nostro bene. Eravamo d'accordo. Sei stato tu a scrivermi quella lettera di separazione. Io non ho fatto altro che dar corso al tuo suggerimento».

D'un tratto, il gallese scoppia a piangere. Commossa, Liz si avvicina, lo stringe tra le braccia, gli passa una mano tra i capelli.

«Per te io ci sarò sempre» gli sussurra.

«Tutto ciò che spero è che tu sia felice, e non m'importa con chi. Non smetterò mai di amarti».

17 – Interno giorno: Botswana, una chiesa di Kasane
10 ottobre 1975

Più di un anno dopo il divorzio, Richard e Liz alloggiano nello stesso hotel di Johannesburg. Come molte altre personalità provenienti da tutto il mondo, hanno risposto all'appello di un'associazione benefica. Per uno scherzo del destino, una mattina si ritrovano nello stesso ascensore.

Imbarazzati dalla presenza di altre due coppie, stanno vicini in silenzio, quasi infastiditi. Ma appena sono soli, Richard abbraccia la ex moglie e la bacia con passione.

«Richard, ma che ti prende?» esclama lei sbigottita.

«Mi manchi. Io muoio senza di te. È un anno che sono morto. Fammi rivivere».

Quando l'ascensore si arresta al decimo piano Liz preme il pulsante che blocca le porte e si getta tra le braccia di Richard.

«Non lasciarmi più!»

«No, mai più!»

Dopo una lunga notte d'amore e di alcol, volano a bordo di un jet privato verso le cascate Vittoria. Scendono al

Chobe Lodge, un magnifico hotel situato nella città di Kasane, vicino al Parco Nazionale.

Quando sono nella loro camera, Liz propone: «Sposiamoci!»

Richard, sbalordito, rimane senza parole.

«La prima volta è andata com'è andata» prosegue Liz. «Abbiamo commesso degli errori, ma abbiamo imparato a conoscere le nostre debolezze. Sta a noi combatterle per essere felici. Che ne dici?»

«Se ho capito bene, mi stai chiedendo di essere di nuovo tuo marito...»

«È così!»

«L'idea mi fa paura, Liz. Sei sicura che non ripiomberemo nei nostri vecchi errori, nella nostra follia?»

«Come possiamo saperlo se non ci proviamo? Tutto ciò che desideri nella vita sta oltre le tue paure. Superale, e troverai la serenità».

«Mi aiuterai?»

Liz lo fissa dritto negli occhi.

«Sì, ti aiuterò. Ma dovrai obbedirmi, Richard. Mai più alcol al mattino: me lo prometti?»

«Te lo prometto».

Il giorno dopo, accompagnati da due testimoni – il direttore dell'hotel e il responsabile dei safari – Liz e Richard si sposano per la seconda volta. Lei indossa un semplice abito verde, lui una polo rossa e pantaloni bianchi.

«Richard Walter Jenkins Burton, volete voi prendere in moglie la qui presente Elizabeth Taylor?»

«Ciò che una donna vuole, Dio lo vuole, non è così? Sì, lo voglio».

«Elizabeth Taylor, volete voi prendere per marito il qui presente Richard Walter Jenkins Burton?»

«Sì, lo voglio».

«Scambiatevi gli anelli, e promettetevi fedeltà nella buona e nella cattiva sorte».

«Il peggio l'abbiamo già conosciuto, Liz, perciò quest'anello non potrà che significare il meglio».

18 – Interno giorno: Gstaad, Svizzera
27 dicembre 1975

Arredamento da chalet, travi a vista, fuoco acceso nel camino.

Sono in vacanza a Gstaad, in Svizzera. È Natale.

Liz e Richard dilapidano somme astronomiche e, come se nulla fosse stato detto e promesso, nuotano in un'orgia di whisky e champagne.

La sera del veglione, Richard rimorchia una ninfetta di ventisette anni e passa la notte con lei.

Quando torna, all'alba, va da Liz e farfuglia: «È finita. Ti lascio. Noi due insieme non possiamo proprio funzionare!»

Lei non batte ciglio.

Irritato per la sua indifferenza, e certamente ancora pieno di alcol dalla sera prima, Richard va su tutte le furie e l'aggredisce con violenza.

«Quando ci siamo incontrati eri indiscutibilmente magnifica. Non saprei descrivere diversamente quella combinazione di pienezza, di frugalità, di abbondanza e di snellezza. E oggi, guardati! Hai il doppio mento, due grosse tette cadenti e hai pure le gambe corte!»

E se ne va.

Liz scoppia a piangere, si versa un bicchiere di vodka e lo butta giù d'un fiato.

19 – Interno notte: villa Burton a Oroville, California
29 luglio 1976

Sola nella villa di Oroville, Liz vaga per la casa con un bicchiere in mano.

D'un tratto squilla il telefono. Lei risponde con voce impastata.

«Sì... sì, avvocato... Come va? Ah, sì, era oggi. Benissimo, sono di nuovo nubile... Sì, è una buona notizia... Grazie, avvocato».

Mette giù il telefono e biascica: «Finalmente nubile... O piuttosto sola al mondo...»

19 – Interno notte: New York, un teatro di Broadway
6 dicembre 1983

La folla delle grandi occasioni si accalca davanti al teatro sulla Quinta Avenue dove, per la prima volta dopo il secondo divorzio, la coppia infernale si accinge a calcare di nuovo il palcoscenico.

Qualche mese prima, Liz è riuscita a convincere Richard a impegnarsi nel progetto. In realtà, per lei è più che altro un tentativo di riconquistare l'uomo della sua vita, che non ha mai smesso di amare. Dal canto suo, Richard è felice di cimentarsi ancora col teatro, prima di dedicarsi a un grande ruolo, quello che ha sempre sognato d'interpretare: re Lear.

Quella che si apprestano a recitare insieme è la prima di una *pièce* di Noel Coward, *Gli amanti terribili.* Scritto nel 1930, il testo sembra essere tagliato su misura per i due attori. Racconta la storia di due divorziati che, ognuno insieme al nuovo partner, ma senza sapere di aver scelto lo stesso hotel, si ritrovano a passare la luna di miele come vicini di camera. Dai e dai, scopriranno di provare ancora qualcosa l'uno per l'altra.

Ma se Burton ha preso sul serio il suo ritorno sulle scene, purtroppo non è così per Liz. È spesso ubriaca, e continua a riempire di regali l'ex marito. Regali che peraltro lui respinge sistematicamente. A differenza di Liz, il gallese ha finalmente smesso di bere e conduce una vita tranquilla a fianco di Sally Hay, un'affascinante drammaturga.

Il giorno dopo, la critica stronca l'interpretazione della Taylor, ma a lei non importa. Dietro le quinte, le loro schermaglie verbali e fisiche sono esattamente in linea con l'amore distruttivo che li unisce. Richard arriverà persino a schiaffeggiarla un attimo prima di entrare in scena.

Il giorno in cui Liz viene a sapere che Richard sta per sposare Sally, lo raggiunge subito nel suo camerino.

«Amore mio, io non sono niente senza di te... Non farlo, ti prego».

«Liz, tu non sei niente con o senza di me. Guarda come ti sei ridotta...»

È questo, probabilmente, il momento in cui lei prende finalmente coscienza che il loro amore è davvero morto, e che dovrà vivere portandone per sempre il lutto.

21 – Interno notte: cantone di Ginevra, una villa a Céligny 4 agosto 1984

Seduto al tavolo della sala da pranzo della sua villa, Richard scrive una lettera con la quale tenta un'estrema riconciliazione con l'amore della sua vita. Le dice quanto fosse felice insieme a lei e la supplica di concedergli un'ultima possibilità.

Il giorno dopo, 5 agosto, si spegne nel sonno, vittima di un'emorragia cerebrale. Sally Hay è accanto a lui.

La donna avverte Liz del decesso del loro comune amore, ma le proibisce formalmente di assistere ai funerali.

Liz è annientata.

Due settimane più tardi il postino le consegna una lettera. Lei riconosce subito la calligrafia di Richard.

Legge, scoppia in un pianto dirotto e crolla, stroncata dal dolore.

«Ti avrei sposato una terza volta, se me lo avessi chiesto...» riesce appena a mormorare.

22 – Esterno giorno: cimitero di Los Angeles 24 marzo 2011

Elizabeth Taylor muore all'età di settantanove anni, in seguito a un'insufficienza cardiaca, all'ospedale Cedars-Sinai di Los Angeles. La donna che aveva fatto girare la testa agli uomini più belli del pianeta ha concluso la sua vita accanto a un camionista pregiudicato.

Tra le bizzarrie del suo lungo declino, del suo interminabile viale del tramonto, c'è che a Bel Air, dove viveva in mezzo a quadri di Renoir, Monet, Manet e Warhol, i suoi numerosi gioielli stavano chiusi, divisi per colore, in un armadio blindato, da cui ogni tanto li tirava fuori quasi a voler mostrare le vestigia di uno splendore scomparso.

Secondo le sue ultime volontà, nella sua bara venne deposta l'ultima lettera dell'uomo che non aveva mai smesso di amare.

La rosa rossa di Bombay
Jawaharlal Nehru e Lady Mountbatten

Londra, marzo 1946

Il cuore di Edwina si è ormai placato. Bunny Phillips, un tempo il preferito tra i suoi amanti, si è sposato durante la guerra. A quarantacinque anni, nessuno l'ama più, e lei non ama nessuno. La sua vita affettiva è ormai solo un vasto deserto che lei riempie alla meno peggio dedicandosi a scopi umanitari.

Edwina è Lady Edwina Cynthia Annette Ashley, più nota col nome di Lady Mountbatten. Suo padre, Wilfrid Ashley, settimo conte di Shaftesbury, morto nel 1907, apparteneva alla grande nobiltà britannica. *Amare e servire*, questo era il motto di famiglia degli Shaftesbury. Non c'è dubbio che Edwina interpretò il verbo "amare" in un modo più carnale rispetto ai suoi avi.

Rimasto scapolo a lungo, Wilfrid Ashley a trentatré anni aveva infine deciso di prendere in moglie Maud Cassel, figlia unica di un banchiere, Ernest, conosciuto durante un party. All'epoca della nascita di Edwina, il 28 novembre 1901, Ernest Cassel era uno degli uomini più ricchi e potenti del mondo. Era anche amico intimo di Edoardo VII, re d'Inghilterra, tanto che alla figlia venne dato il nome Edwina proprio su esplicita richiesta del sovrano. Risalendo invece il ramo della nonna Sybella, detta Sissy, si trovava non soltanto qualche avo americano, ma un'autentica principessa indiana: la famosa Pocahontas, resa poi immortale da Walt Disney.

L'infanzia della futura Lady Mountbatten non può che essere stata un'incessante sequela di viaggi e cerimonie. Un mondo movimentato, governato dalla sete di cambiamento e da un bisogno frenetico di "occupare il tempo" nel modo più gradevole possibile.

Edwina ebbe rare occasioni di vedere suo padre, personaggio freddo e distante, che passava la maggior parte del tempo a caccia di grandi prede in Africa. E neppure la madre, Maud, fu molto presente. Malata di tisi, viveva praticamente come una reclusa, e la sua salute declinò piuttosto in fretta. Un viaggio in Egitto nel 1910, alla ricerca di un clima caldo e secco, non migliorò granché la situazione. Morì durante l'inverno del 1911.

Dopo un breve passaggio alla Links School di Eastbourne, Sussex, nel 1918, Edwina continuò la propria istruzione alla Alde House di Aldeburgh, nel Suffolk, un istituto quantomeno singolare, il cui unico obiettivo era insegnare alle ragazze le arti domestiche: cucire, pulire, cucinare... Nel 1919 Edwina lascia la Alde House. Più tardi riconoscerà che quel collegio l'aveva provvista di rudimentali conoscenze culinarie, in un'epoca in cui le donne del suo ambiente si sposavano senza nemmeno saper cuocere un uovo.

Nel mese di maggio del 1920, Edwina, ormai diciannovenne, fece il suo debutto in società. Brook House, il palazzo privato dei Cassel, fu teatro del suo primo ballo. Quella sera era magnifica e raggiante, con uno splendido vestito nero di seta. Aveva la bellezza di sua nonna e la vivace spontaneità di sua madre. Possedeva insomma le armi giuste per conquistare il cuore degli uomini. E la vita mondana ebbe inizio: una vita fatta di matrimoni, relazioni, balli delle debuttanti, *garden-parties* principeschi, cavalli e stagioni di caccia.

Per la bella Edwina, la vita si riassumeva in questo: una festa, un ballo, un mondo di piccoli flirt più o meno pubblici, che nascevano e morivano in un brevissimo spazio di tempo.

Divenne presto uno dei membri più in vista del *fast set*

– espressione con cui si designavano coloro che conducevano un'esistenza frenetica –, un ambiente che Edwina condivise con personalità molto diverse tra loro, come la deputata femminista Thelma Cazalet-Keir, Barbara Cartland, all'epoca non ancora romanziera, e soprattutto i Vanderbilt, Cornelius Vanderbilt III e sua moglie Grace.

Nel mese di giugno del 1921, gli americani diedero un gran ballo all'hotel Claridge. Naturalmente Edwina fu invitata. E lo fu anche un giovane tenente della Royal Navy, Lord Louis Mountbatten, Dickie per gli amici, un bel ragazzo di vent'anni, biondo e snello. Era appena tornato da un lungo viaggio insieme a suo cugino, il principe di Galles. Edwina notò piuttosto in fretta che non somigliava a nessuno dei giovanotti che lei aveva frequentato fino a quel momento. Era un soldato, iperattivo per carattere, appassionato di cultura e di politica, e indiscutibilmente un ottimo partito, forse il migliore di tutto il Regno Unito. Dopotutto era pronipote della regina Vittoria, nipote dello zar Nicola II, cugino dei futuri re Edoardo VIII e Giorgio VI, nonché dei re di Spagna, di Svezia, di Norvegia, di Grecia e di Iugoslavia. Ma ciò che più di altro attirò l'attenzione di Edwina fu il carattere di Lord Louis, diametralmente opposto a quello di suo padre Wilfrid: era aperto, ricco di fascino, e possedeva una finezza psicologica che sapeva trasformare in garbo e savoir-faire.

Presto i due giovani ebbero modo di rivedersi. Prima durante un altro ballo organizzato dai Vanderbilt, poi al *garden-party* di Buckingham Palace; poi ancora alle corse ippiche di Goodwood, e infine in occasione delle regate di Cowes. Quando la duchessa Eileen Sutherland la invitò a passare qualche giorno a casa sua, a Dunrobin Castle, Edwina propose a Dickie di unirsi a loro e lui accettò di buon grado. L'ambiente era felpato, i modi squisiti. Quale momento avrebbe potuto essere più propizio per una dichiarazione d'amore, forse persino per una richiesta di matrimonio? Ma proprio quando lui si apprestava a compiere quel passo, un telegramma lo informò che suo padre era appena rimasto vittima di una crisi cardiaca.

Un altro evento infausto avrebbe rimandato l'unione dei due giovani. A esserne colpita stavolta fu Edwina. Dieci giorni dopo la morte del padre di Dickie, Sir Ernest Cassel si spense a Brook House. La ragazza ne fu molto addolorata. Nutriva nei confronti dell'anziano signore un'ammirazione senza limiti. Nondimeno, quella scomparsa le produsse un'eredità impressionante, pari a circa sei milioni di sterline.

Di nuovo costretto a rimandare la sua proposta di matrimonio, Mountbatten accettò di accompagnare suo cugino, il principe di Galles, in India e in Giappone. D'impulso, chiese a Edwina di unirsi a loro. Lei sulle prime respinse l'idea, ma poi, forse per sottrarsi all'ozio, forse perché il ragazzo le mancava già, qualche giorno dopo decise di raggiungerli a Bombay. E fu proprio nel corso di quel viaggio che ebbe inizio la loro relazione; più precisamente a Delhi, il 14 febbraio 1922, giorno di San Valentino. Lord Louis approfittò di un ballo dato in loro onore per compiere il gran passo.

«Cara Edwina, volete sposarmi?»

La risposta proruppe immediata: «Sì!»

Tutta l'élite londinese applaudì la notizia. I cronisti delle riviste popolari ci si tuffarono. I due giovani avevano tutto per essere felici, la bellezza, il denaro, la notorietà. E invece no. Molto presto apparvero i primi disaccordi: Mountbatten era un perfezionista che aveva costantemente bisogno di comandare e non sopportava di essere contraddetto. Lui voleva comprare l'anello da Asprey, il celebre gioielliere di Bond Street, lei preferiva Cartier; a lei non piaceva l'idea di mettersi dei fiori sui capelli, mentre lui pretendeva una corona di rose. Al massimo Edwina avrebbe tenuto in mano qualche giglio, mentre lui avrebbe preferito un enorme bouquet.

Ciò nonostante, il 18 luglio venne celebrato il matrimonio.

Dopo il viaggio di nozze in Francia e in Spagna, il 27 agosto la coppia fece ritorno a Brook House. Poiché la maggior parte dei loro amici era in vacanza, decisero di trascorrere qualche giorno negli Stati Uniti. Per Edwina fu un colpo di fulmine. New York le piacque immensamente, e conservò a lungo un profondo attaccamento per quella città.

Al ritorno, e per quanto il suo ventre iniziasse ad arrotondarsi, la ragazza riprese la sua vita mondana con ritmo immutato, sempre attiva, nervosa, preoccupata del proprio status sociale, indifferente alle nausee o all'aumento di peso. Dal canto suo, Dickie aveva raggiunto Gibilterra e il *Revenge*. Navigava sulle acque dell'Atlantico quando un telegramma gli annunciò che era diventato padre di una bambina, Patricia, nata il 14 febbraio 1924, giorno di San Valentino.

Nonostante una vita in apparenza estrosa e superficiale, Edwina prendeva sempre più coscienza che il suo matrimonio e la sua vita sociale erano solo una routine, bei contenitori pieni di vuote abitudini, e sposarsi così giovane, senza sapere niente dell'amore, non aveva avuto molto senso. Inoltre la indispettiva il fatto che suo marito s'impegnasse troppo nella Navy. Pian piano tra loro si scavò un vuoto. Tanto che a un tratto Edwina sentì il bisogno di compensarlo, di rassicurarsi, di sedurre e di lasciarsi sedurre. Così ebbe inizio il suo periodo "libertino". Rifiutando qualunque costrizione, si dedicò a soddisfare i propri impulsi sessuali con la stessa noncuranza con la quale ordinava una bottiglia di champagne.

Quando il marito venne trasferito a Malta, la sua sete di conquiste crebbe ancora di più. Una volta sull'isola sedusse prima un sudamericano, Antonio Portajo, poi il ricchissimo Hugh Molyneux. Ma solo Bunny Phillips, incontrato durante una partita di polo a Biarritz, avrebbe occupato per tutta la vita un posto privilegiato nel suo cuore.

Il 19 aprile 1929 partorì una seconda bambina, Pamela

Carmen Louise. Subito dopo lasciò Malta per rientrare a Londra. Il tempo di rimettersi, di rinnovare il guardaroba, ed era già pronta a ripartire, lasciando le figlie a una bambinaia e Mountbatten alla sua solitudine maltese. Gli anni che seguirono non furono che un *tourbillon* di viaggi attraverso l'intero pianeta: Leningrado, Mosca, l'Africa, dove scoprì un interesse per l'archeologia, poi il Messico, il Guatemala, l'Honduras, dove s'immerse nella civiltà dei Maya. Nel 1931 partì per la California e all'inizio del 1932 volse improvvisamente lo sguardo verso l'Oriente. In compagnia di Nada, cognata di Dickie, visitò a fondo Gerusalemme, Aqaba e Teheran. A Damasco le due giovani donne comprarono una macchina e attraversarono seicento miglia di deserto fino a Baghdad.

In realtà, Edwina non faceva che fuggire. Fuggiva da suo marito, dalla routine, dalle due figlie verso le quali, va detto chiaramente, non provava alcun istinto materno. Quanto a Mountbatten, aveva finito per farsene una ragione. Consapevole di essere incapace di seguire la moglie nella sua folle corsa, aveva fatto buon viso a cattiva sorte e si mostrava persino abbastanza fiero dei viaggi della consorte. Nel 1938 ordinò un ampio tavolo sul quale fece incidere una mappa del mondo che riportasse tutti i viaggi compiuti da Edwina. Bisogna dire che la vita di Lord Louis era divorata da una passione di genere del tutto diverso, ovvero la sua carriera nella Marina.

1939. La guerra è alle porte.

Fin dai primi mesi, Edwina s'impegnò a fondo. Divenne membro del WVS (*Women's Voluntary Services*) e iniziò una formazione di sei mesi all'ospedale di Westminster. In quella occasione, la sua costituzione piuttosto delicata venne messa a dura prova. Fino ad allora, il contatto di Edwina con gli ospedali si era sempre limitato ai balli di beneficenza. Adesso, per la prima volta, si trovava davvero di fronte alla sofferenza fisica. E lei, con la passione di una convertita, si mise a medicare ferite e a cambiare lenzuola senza mai storcere il naso. In seguito entrò nella *Saint John's Ambulance Brigade*, una sorta di Croce Rossa inglese, della quale nel marzo del 1940 divenne presidente.

Si potrebbe pensare che i patimenti della guerra avessero placato i suoi sensi e l'avessero resa più "ragionevole". No. Le avventure extraconiugali continuarono con ritmo invariato. Bunny Phillips, scappato dal suo battaglione del Coldstream Guards Training, prese per un po' il posto degli amanti di servizio. Quando fu trasferito nel Sud-est asiatico, venne subito rimpiazzato da un americano, Bill Paley, futuro collaboratore del generale Eisenhower, al quale Edwina concesse diversi mesi di "passione carnale".

In quello stesso periodo, Mountbatten ricevette una ragguardevole serie di promozioni: da commodoro, salì fino al rango di *acting viceadmiral*, e nello stesso tempo divenne luogotenente generale onorario, e *honorary air marshal*. Aveva appena quarantun anni.

Il 6 agosto 1945 esplose la bomba di Hiroshima. Qualche giorno dopo la resa del Giappone, Mountbatten, che era stato nominato comandante in capo delle operazioni nel Sud-est asiatico, inviò un telegramma alla moglie: «Ti prego di raggiungermi per continuare il buon lavoro».

Il «buon lavoro» in questione era quello che aveva compiuto Edwina tre mesi prima in Francia, nei Paesi Bassi, in Italia, ma anche in Birmania, dedicandosi senza risparmio alla cura dei bisognosi e dei feriti. La nuova missione che le veniva proposta consisteva nell'andare nei campi di reclusione giapponesi appena liberati, dove marcivano in condizioni spaventose migliaia di prigionieri alleati. Una volta localizzati i campi, bisognava rifornirli di viveri e medicine. Una macchina organizzativa che Edwina sapeva guidare in modo eccellente.

Finita la guerra, Louis venne fatto pari del regno: il 13 giugno 1946 visconte Mountbatten di Birmania, e il 27 agosto cavaliere dell'ordine della Giarrettiera, il più prestigioso tra gli ordini di cavalleria inglesi. Ma ormai doveva scendere a patti col pessimo umore di sua moglie, che si manifestava per una qualunque inezia. Come se la conclusione della guerra l'avesse lasciata più sola di prima, senza voglia né speranza di rituffarsi nella vecchia esistenza mondana. Dopo lunghi mesi di castità, era in attesa, se non in cerca, di una nuova relazione. Un famosissimo direttore d'orchestra, Malcolm Sargent, non ancora nobilitato, non avrebbe tardato a ricoprire quel ruolo. Si erano incontrati cinque anni prima a un concerto di beneficenza. Durante tutto il periodo del conflitto, Sargent aveva dato numerosi concerti per le Forze armate britanniche, ed Edwina lo aveva seguito con lo spirito di una vera e propria fan. Nella gioia per la resa nazista, si erano rivisti a Londra e, come se non potesse andare diversamente, erano diventati amanti. Ma Edwina cercava la passione, l'impeto, l'eccesso. Malcolm Sargent non poté dunque che sbiadire...

Dickie, sempre pragmatico, si rendeva conto perfettamente che la moglie era diventata sempre più nervosa, ipertesa e anche insopportabilmente egoista. Una soluzione era quella di andarsene. Se la squagliò a Singapore, dove stabilì il quartiere generale del Comando supremo nello stesso luogo in cui, nel settembre del 1945, aveva ricevuto solennemente la resa da parte delle armate giapponesi che operavano nel Sud-est asiatico. La separazione della coppia non durò a lungo. Il 18 marzo 1946, Edwina decise di raggiungere il marito. Appena arrivata, lui le disse che dovevano accogliere un ospite, un indiano appena uscito di prigione.

«E come si chiama questo gentiluomo?» chiese Edwina.

«Jawaharlal Nehru».

Jawaharlal Nehru, cinquantasette anni, ex presidente dell'Indian National Congress. Avvocato del foro londinese, ex studente di Harrow e Cambridge, era un "Pandit", vale a dire un letterato, un brahmano al vertice delle caste indiane. Figlio spirituale del Mahatma, era stato incarcerato dall'amministrazione imperiale britannica nel 1921 per quattro mesi, poi nel 1922 per nove mesi, e ancora nel 1923, nel 1930, nel 1931, 1934, 1940, 1942...

Nei suoi quaderni, Mountbatten annota:

Il Pandit Nehru, che era il membro più eminente del governo provvisorio dell'India, venne a Singapore per verificare sul posto le condizioni in cui viveva la numerosa comunità indiana, e per intrattenersi con i soldati del suo paese. Sarebbe difficile immaginare un incontro più fatidico. Nehru era appena uscito dal carcere in cui era stato detenuto per essersi opposto al nostro sforzo bellico, e uno dei punti del suo programma era deporre una corona ai piedi del monumento dedicato all'esercito indiano. La visita di Nehru poteva dare luogo a una vasta manifestazione antibritannica, una prospettiva ben poco piacevole se si considera che il grosso delle nostre forze a Singapore e in Malesia era composto da indiani. Se i piani stabiliti in mia assenza dalle autorità locali fossero stati attuati, sono convinto che sarebbe successo esattamente ciò che appunto non era auspicabile. Quelle autorità avevano deciso di trattare Nehru con estrema freddezza, di ostacolare i suoi movimenti e di limitare il più possibile i suoi contatti con la comunità indiana.

I presentimenti di Lord Louis si rivelarono esatti: per contrariare Nehru, i britannici si rifiutarono di fornirgli un mezzo di trasporto. Per fortuna lui ebbe la prontezza di vanificare quell'affronto inviando la sua auto personale, con la quale un suo rappresentante condusse immediatamente Nehru a Government House.

Un'ora più tardi, sulla scalinata esterna, i due uomini sorridevano al fotografo ufficiale. Il comandante supremo in uniforme cachi con camicia a mezza manica, e il presidente del National Congress in tunica scura di seta pregiata. Sul petto del primo risaltavano, appuntate in bella mostra, le innumerevoli onorificenze; su quello di Nehru era invece applicata, sulla terza asola, una semplice rosa rossa di Bombay.

Mountbatten sussurrò a Nehru: «Mia moglie ci tiene molto a conoscervi. Si sta occupando dei servizi di assistenza sociale di Singapore e al momento si trova all'YMCA[1]».

«Volentieri» acconsentì l'indiano.

Anche lui, evidentemente, ci teneva a incontrare chi aveva fatto tanto per i suoi compatrioti. Inoltre – forse – voleva verificare di persona lo charme e il carattere di quella donna, che a quanto si diceva era una signora magnifica e temibile allo stesso tempo.

Davanti al circolo dell'YMCA, ammassati su ogni lato della strada, migliaia di indiani attenti aspettavano il loro arrivo con ghirlande di fiori sulle braccia e intorno al collo. Ma Nehru non li vide. Il suo sguardo si era fermato sulla donna col vestito a fiori che teneva la mano guantata sul grazioso copricapo bianco. Un'inglese dalla figura sottile e la pelle diafana. Lady Mountbatten.

Nehru scese per primo. Edwina fece un passo avanti per dargli il benvenuto, ma non ne ebbe il tempo. La folla invase il marciapiede con urla di gioia, spingendo Nehru da tutte le parti; una ghirlanda volò in aria e finì proprio intorno al suo collo, poi un'altra, e un'altra ancora. Nehru cercava di liberarsi, quasi soffocato sotto i garofani. Quanto a Edwina, era stata spinta dentro la sala del circolo.

Gli ufficiali che accompagnavano Nehru riuscirono ad aprirgli un passaggio per farlo entrare. Dickie gli rimase appresso, cercando di non restare fagocitato dalla folla.

«Presto, sediamoci» ansimò Nehru indicando due poltrone. «Altrimenti non si placheranno».

1. *Young Men's Christian Association*, ovvero Associazione dei giovani cristiani.

Appena si furono seduti, urla e applausi salutarono l'incredibile immagine che offrivano, l'uno accanto all'altro, il comandante delle forze del Sud-est asiatico e l'erede spirituale del Mahatma.

La tregua fu di breve durata. La folla si era riversata all'interno del circolo e premeva verso il suo eroe per toccarlo e abbracciarlo. I più giovani strappavano gli addobbi e salivano sulle sedie urlando di felicità; migliaia di mani si agitavano nell'aria. D'un tratto Nehru scorse Edwina in balia di un gruppo di esagitati, strattonata per l'eccessivo entusiasmo; lei lanciò un grido, poi scomparve nella confusione.

«Vostra moglie!» gridò a sua volta Nehru. «Vostra moglie!»

Insieme, lui e Mountbatten avanzarono sgomitando faticosamente fino al punto in cui lei avrebbe dovuto trovarsi ma... niente, non era più lì.

«Dickie!» urlò a un tratto una voce acuta dall'altro lato della sala. «Sono qui!»

In piedi sopra un tavolo, Edwina li chiamava agitando le braccia.

I due uomini corsero verso di lei. Arrivato per primo, Nehru la prese subito per i fianchi e la mise a terra. Tutta rossa, una spalla nuda, lei lo guardava ridendo. Poi, come se stesse per svenire, rimase appiccicata a lui per riprendere fiato, la testa china per farsi più piccina, il naso sulla rosa fissata all'asola della tunica, la rosa rossa di Bombay.

«Grazie» disse con un soffio leggero. «Mister Nehru, presumo».

Lui rispose con un sorriso vivace: «Strano modo di fare conoscenza, non vi pare?»

Cosa provarono in quel preciso istante? Forse nulla di particolare, forse puro divertimento.

La passione sarebbe arrivata più tardi.

Scrive ancora Mountbatten:

Quel giorno stesso lo invitai a cena a casa nostra, e fu una piacevole serata. La sua visita durò nove giorni e trascorse senza disordini e senza il minimo incidente, e segnò l'inizio della profonda amicizia che avrebbe unito a lungo me ed Edwina a Jawaharlal Nehru.

Un parente, che avrà modo di vederli insieme diverse volte, definirà in questo modo i loro rapporti: «Non ricordo di avere mai visto tre individui dotati di una reciproca affinità così naturale e priva di inibizioni».

Era esattamente così.

Concluso il soggiorno a Singapore, la coppia tornò in Inghilterra. Mountbatten raggiunse subito Portsmouth, in vista di assumere un comando nel Mediterraneo. Ma proprio mentre stava per partire giunse una telefonata: il Primo ministro in persona, Clement Attlee, lo convocava al numero 10 di Downing Street.

Edwina manifestò il suo stupore.

«Vado a vedere che vuole» ribatté Lord Louis.

Due ore più tardi era già di ritorno. Pallido, tirato.

«Sembrate turbato, mio caro. Cosa vi ha detto Mr Attlee?»

«Ha intenzione di avviare la decolonizzazione dell'Impero britannico. E intende partire dall'emancipazione dell'India».

«E...?»

«Attlee vorrebbe che fossi io a occuparmi della cosa».

«Sarete dunque nominato viceré delle Indie?»

«In sostituzione di Lord Wavell».

«Non è possibile... Spero che non abbiate accettato!»

«Non sono mica pazzo! Porre fine all'Impero e condurre le Indie verso l'indipendenza senza spargimento di sangue? Mentre il Bengala e il Bihar si dilaniano, mentre gli indù scannano i musulmani e i musulmani gli indù? Impossibile».

«Sì, forse è impossibile. Ma sappiamo bene che dopo le sommosse di Calcutta[2] l'Inghilterra ha bisogno di un nuovo viceré delle Indie».

«Certo. Ma non sarò io. Ho posto condizioni draconiane. Ho preteso pieni poteri e che venga stabilita una scadenza entro la quale le nostre truppe dovranno lasciare il paese. Ho chiesto che l'India sia libera entro il giugno 1948. Condizioni che Attlee non può accettare».

«Ne siete certo?» chiese Edwina in tono vagamente beffardo, le mani sui fianchi.

«Assolutamente. Una scadenza, figuriamoci! E pieni poteri, cosa che nessun viceré ha mai ottenuto. No, sono del tutto tranquillo. Attlee starà già pensando a qualcun altro».

Edwina si lasciò cadere sul divano. Il povero Dickie mancava decisamente di senso politico. Lei, al contrario, era certa che Attlee avrebbe accettato tutte le condizioni. Si vedeva già in partenza per le Indie, vincolata ai fasti e ai rigori delle cerimonie imperiali, costretta a rinunciare a qualunque libertà.

Come previsto da Edwina, il 1° gennaio del 1947 Attlee convocò di nuovo Mountbatten e, con grande sorpresa di quest'ultimo, accolse tutte le sue richieste. Un'ora più tardi, Lord Louis uscì da Downing Street cupo e rassegnato, investito del triste incarico di diventare il liquidatore di un'epopea grandiosa della storia del suo paese. «Quando Mr Attlee mi chiese di accettare quel compito» scrisse in seguito, «quasi mi mancò il respiro. La compiutezza suprema del regno britannico minacciava di trasformarsi in un incubo. L'Inghilterra aveva conquistato e governato le Indie con uno spargimento di sangue nettamente inferiore a quello versato nella maggior parte delle altre avventure coloniali, ma il suo ritiro rischiava d'innescare una spaventosa esplo-

2. Nell'agosto del 1946 la Lega musulmana aveva organizzato una giornata d'azione che a Calcutta era degenerata fino a causare la morte di mille persone.

sione di violenza tra le popolazioni indigene, che sarebbero rimaste all'improvviso prive del loro gendarme».

Delhi, Palam Airport, 22 marzo 1947

Quando atterrarono, la prima cosa che Edwina intravide tra le brume di calore fu l'uomo con la rosa. Era lì, sul margine della pista, sorridente, in compagnia di Lord e Lady Wavell, circondati dai fotografi.

Edwina sfoderò subito il suo leggendario charme: sorriso smagliante, voce di fata e quella flessuosità inimitabile, quell'aura da eterna ragazza che non teme il passare del tempo. Lord Louis passò in rassegna le truppe; la moglie camminava sorridendo accanto a lui; Nehru seguiva a distanza di qualche passo, con nonchalance.

Poi, il viceré e la consorte presero posto su un landau dorato, costruito anni prima per le sfilate di Giorgio V, e il corteo si diresse verso il palazzo. Quando giunsero davanti alla monumentale scalinata coperta di tappeti rossi, le cornamuse del *Royal Scott Fusiliers* attaccarono un motivo di benvenuto.

Stava per cominciare l'ultimo capitolo di una grande storia. La mattina del 24 marzo 1947, Louis Mountbatten salì sul suo trono di porpora e oro. Era il ventesimo e ultimo rappresentante di una prestigiosa stirpe di conquistatori e amministratori.

Scrive succintamente nei suoi quaderni:

Anche ipotizzando che il nuovo titolo mi avesse dato alla testa, il pensiero della responsabilità che dovevo assumere in un così breve spazio di tempo sarebbe comunque stato sufficiente a farmi conservare tutto il mio sangue freddo. Con Edwina accanto, mi sedetti sul trono e pensai che adesso il mio compito era guidare il destino di un quinto della popolazione mondiale.

Il giorno dopo venne organizzato un ricevimento, durante il quale la viceregina compì una vera e propria rivoluzione. Per rispetto verso le tradizioni alimentari degli invitati indiani fece preparare dei piatti della cucina indiana vegetariana. Badò lei stessa che i cibi venissero serviti secondo la corretta usanza, su singoli vassoi e con un domestico pronto a fornire una brocca d'acqua, una bacinella e un asciugamano per la pulizia delle mani.

Mentre Lord Louis moltiplicava incontri e conferenze con i diversi rappresentanti politici del paese, Edwina si prodigava senza risparmio visitando i villaggi, ricevendo delegazioni di donne e associazioni missionarie, cercando di cogliere e comprendere in maniera diretta la situazione di quel paese. Sostenne sempre suo marito, presiedette ricevimenti e cene con tutta la maestà di una viceregina. E al termine di quelle giornate massacranti si dedicava regolarmente alla stesura di un diario, divenuto poi una preziosa fonte d'informazioni per gli storici, ma nel quale purtroppo non rivelò quasi nulla di sé.

Nehru era in modo evidente l'interlocutore privilegiato. Aveva cinquantotto anni, era vedovo, e il suo futuro politico si annunciava di primissimo piano. Incontro dopo incontro, il rapporto di amicizia tra lui e Mountbatten si consolidava sempre di più. E allo stesso tempo Edwina cominciava a provare una certa palpitazione di fronte allo charme di Nehru. Non era soltanto un grande politico, ma anche un uomo affascinante; parlava con voce morbida, muovendo le mani fini e facendo emergere un carattere profondamente romantico. Esponeva le sue idee con un misto di fermezza e di emozione, immergendo lo sguardo in quello del suo interlocutore. «Tutti sapevano» racconta un testimone, «che a lei [Edwina] piaceva molto fermarsi a casa di Nehru per approfittare del fresco della veranda. Quando lei era di fronte a lui, i loro occhi s'incontravano e non si lasciavano se non costretti dalle circostanze».

E Mountbatten non poteva certo non rilevare la forza

magnetica di quella relazione. Tuttavia, come sua abitudine, fingeva d'ignorarla; inoltre, la sua mente era troppo occupata dalla sorte dell'India per occuparsi anche di faccende coniugali. Del resto è anche possibile che facesse calcoli da statista, giudicando che quel rapporto così particolare tra la moglie e l'uomo forte dell'India avrebbe potuto tornare utile nei momenti chiave dei negoziati.

In ogni caso, fu ciò che accadde.

Una mattina di giugno del 1947 fece irruzione nella camera di Edwina, mentre lei stava ancora dormendo.

«Edwina, svegliatevi, ho bisogno di voi!»

«Che succede?»

«Nehru ha deciso di rompere i negoziati. Guardate!» le disse porgendole una lettera.

Poggiata sul gomito, Edwina le diede una scorsa. Veniva espressa la volontà di abbandonare i negoziati, su questo non c'era dubbio: «Il piano Balkan è stato preso in esame con amarezza e verrà integralmente respinto dal National Congress».

E il National Congress era Nehru.

«Mi spiegate in cosa consiste questo piano Balkan?»

«Un piano che ho messo a punto io stesso, con l'avallo di Londra e di Lord Hastings Ismay, consigliere di Churchill. Stabilisce che il potere verrà trasferito alle province e non all'India e al Pakistan. Una scelta che permette a ogni provincia di essere indipendente, e inoltre...»

«In tal modo l'India sarà dunque frazionata in vari piccoli Stati... Tanti quante sono le province!»

Mountbatten confermò. «In realtà si trattava di un documento confidenziale. Non avrebbe dovuto essere consegnato a Nehru senza essere dato contestualmente in visione anche a Jinnah[3]. Ho commesso un errore. Mi sono lasciato guidare dall'affetto che nutro per il Pandit».

3. Capo della Lega musulmana dal 1913 fino all'indipendenza del Pakistan.

Alzò le braccia al cielo e continuò: «A ogni modo, Nehru si sente tradito. È molto irritato e rifiuta quella divisione del territorio, ritenendo che non corrisponda affatto alle ipotesi e alle proposte che abbiamo precedentemente preso in esame».

«Un bel pasticcio! Come pensate di risolverlo?»

Lord Louis le prese la mano.

«Mandando voi come ambasciatrice, fornita di bandiera bianca. Riconducetelo a più miti consigli».

«Io?»

«Sì, voi. Vi ascolterà. Andate a trovarlo. Adesso».

«Adesso? A quest'ora? Siete impazzito? E poi perché dovrebbe ascoltarmi, visto che non ho alcun potere sull'andamento delle trattative?»

Lord Louis tacque un istante.

«Perché è innamorato di voi, *darling*, lo sapete» disse infine.

È assolutamente possibile che questa discussione, riportata nel romanzo di Catherine Clément[4], sia realmente avvenuta. La scrittrice sottolinea il ruolo non trascurabile che Edwina ebbe durante tutta la sua permanenza in India.

In ogni caso, fu nel settembre del 1947, quindici giorni dopo l'indipendenza, che Edwina prese coscienza della forza dei sentimenti che provava nei confronti del nuovo Primo ministro dell'India. Quando a Delhi scoppiarono delle sommosse e alcuni uomini armati di coltello minacciarono Nehru, sceso in piazza nel tentativo di placare la folla invelenita, Edwina credette d'impazzire. Riportò nel suo diario: «È sano e salvo!» con un entusiasmo che la dice lunga sui suoi sentimenti. E quelli che Nehru provava verso di lei erano altrettanto intensi. Edwina non ne aveva solo conquistato la stima, aveva anche saputo far uscire dal suo

4. Catherine Clément, *Pour l'amour de l'Inde*, Paris, Flammarion, 1993.

guscio il leader indiano nei momenti di dubbio e di affanno; e aveva saputo farlo meglio di chiunque altro. Quante situazioni avrà risollevato? Quanti accordi furono facilitati attraverso la grazia e il fascino di una semplice passeggiata nei giardini moghul, di un bagno in piscina, oppure davanti a una tazza di tè?

Del resto gli storici dell'India non hanno mancato di evidenziare che Nehru non avrebbe potuto superare, come invece fece, le tensioni del suo primo anno da premier senza la forza e l'impulso che gli infondeva Edwina. E non è banale dire che in quei mesi di tumulti ebbero profondamente bisogno l'uno dell'altra.

Nehru era un uomo sensibile, un temperamento passionale che dalla morte della moglie provava una grande solitudine. Si trovava all'inizio del periodo più importante della sua vita e cercava confusamente una donna da amare, in grado di riempire il vuoto affettivo che lo faceva soffrire. Così, l'ingresso di Edwina nella sua vita fu per lui una specie di miracolo. Sua sorella, Nan Ranjit Pandit, dichiarerà: «In quel periodo, senza una moglie e di fronte a un compito così importante, aveva bisogno di una compagnia intelligente e anche di un temperamento affettuoso. Inoltre, a Nehru piacevano le belle donne. Edwina aveva dunque su di lui un'influenza molto marcata, perché gli portava calore e amicizia, e valori condivisi, e affinità intellettuale».

Quando arrivò a Delhi per la prima volta, la moglie di un dignitario indiano molto vicino al premier notò subito l'intimità dei loro rapporti: «Era forse la relazione più dolce che io avessi mai visto. Il loro amore sembrava totale. Lei era per lui madre e sorella, e lui padre e fratello per lei. La loro amicizia era bella. Era un esempio di devozione e adorazione incondizionate, una vera fusione di spirito e pensiero. In pubblico lei era compita e riservata nei suoi confronti. In privato facevano pensare a fratello e sorella che ragionano e discutono insieme, scambiandosi a tratti sorrisi e occhiate complici».

Per quanto Pamela, la figlia di Edwina, abbia in seguito affermato che i loro rapporti non potevano che essere di pura amicizia, è difficile credere che non abbiano mai avuto alcun legame fisico, nessun rapporto carnale. In ogni caso, agli occhi della maggior parte di coloro che li frequentavano, questa appariva piuttosto un'evidenza.

Lo stesso Mountbatten non ignorava che fossero amanti. Capiva e accettava il loro legame, a differenza della sorella di Edwina, che detestava Nehru. «Accanto a Nehru, Edwina era priva di volontà propria» diceva. «Era come ipnotizzata».

Ma la natura della passione tra Nehru e Edwina era talmente profonda e intensa da sfidare gli schemi e le convenzioni dell'epoca. Edwina, che prima di conquistare il cuore di Nehru si era immersa nell'India, perse in fretta ogni ritegno. Il fascino che lui esercitava su di lei la spinse a uscire dal proprio riserbo, a lasciarsi andare, a concedere confidenza. Gli raccontò della sua giovinezza spensierata, del suo brillante matrimonio, dell'antica frivolezza ormai scomparsa. Lui le parlò invece della sua educazione a Harrow e a Cambridge, e dell'esperienza del carcere. La loro corrispondenza, a volte di tono leggero, altre volte pregna di significato, testimoniò dei legami segreti. Lo stesso Mountbatten una volta fece allusione a quei «dolci messaggi», tuttavia con la suprema eleganza di evitare qualunque commento. All'epoca Nehru e Edwina erano al meglio dell'amore possibile, colmi di generose chimere; avevano la sensazione di essere stati condotti fino a quel punto loro malgrado, da una serie di eventi di portata eccezionale, tali da convincerli che fossero destinati l'uno all'altra.

Il fatto che si vedessero solo per brevi periodi, e che il lavoro di Edwina fosse altrettanto faticoso e difficile, fece aumentare la profondità e la passione dei loro rapporti. Edwina lasciava la capitale per diversi giorni, impegnata in missioni umanitarie dalle quali tornava sfinita. Quell'esperienza l'aveva forse fatta invecchiare di dieci anni, eppure, a ogni ritorno, lo spirito e la dedizione apparivano tutt'altro che affievoliti. Per quelli che l'accoglievano e che beneficiavano del suo intervento si trattava di un'esperienza unica. E lo era senza dubbio anche per Nehru, non di rado presente a sostegno di quelle missioni. La loro fusione era totale.

Ma il momento di partire si avvicinava. Una sera, Nehru andò a trovare l'ex viceregina nel suo ufficio e le disse che sentiva il bisogno di avere un colloquio franco con Dickie.

Edwina lo dissuase. Perché rimarcare ciò che era evidente?

Del resto, una lettera di Mountbatten alla moglie, successiva a quel periodo, in merito alla faccenda appare del tutto priva di ambiguità.

Conosco la natura della relazione molto particolare che avete con Jawaharlal e ne sono felice; l'ho sempre capita. Per me non è stato difficile, perché lo ammiro e gli voglio bene; Dio mi ha dato molti difetti, ma per fortuna non ha aggiunto la gelosia, in nessuna delle sue forme.

Mountbatten si mostrava tanto più comprensivo quanto più la loro permanenza in India si avvicinava alla conclusione.

La mattina del 20 giugno 1948, ultimo giorno dei Mountbatten in India, in una sala appartata della residenza, Edwina offrì a Nehru un anello con uno smeraldo incastonato, accompagnando il gesto con un bizzarro commento: «Se un giorno avrete bisogno di soldi, vendetelo».

Il 21 giugno del 1948, sotto il sole cocente di Delhi, nel biancore del Palam Airport, Nehru salutò per l'ultima volta i Mountbatten. Risuonarono trentatré colpi di cannone, come altrettanti battiti del cuore. Poi l'aereo si alzò in volo.

Una volta rientrata in Inghilterra, lei confiderà a Nehru: «La mia vita è un deserto irreale. Ben poche cose mi rendono felice: un incontro con gli studenti indiani, una passeggiata a Hyde Park e recarmi negli uffici dell'alto commissario della Repubblica dell'India per ritirare le vostre lettere». E se la corrispondenza tardava, lei alzava il telefono. Comunicare con Delhi non era cosa facile all'epoca; ma in qualche modo, dall'altra parte del mondo, giungeva la voce dell'uomo che amava. E il telefono era più sicuro delle poste. All'inizio aveva indirizzato le sue lettere al Primo ministro, poi semplicemente: «A Lui».

Tra il 1950 e il 1957, Nehru farà otto volte il percorso Delhi-Londra. Appena libero da impegni e riunioni correva a raggiungere Edwina a Broadlands. Ma il carattere "politico" di alcuni suoi viaggi non sfuggì a nessuno. Nel gennaio del 1951, Edwina lo accompagnò in Kashmir, all'epoca in rivolta. Il *Times* di Londra osservò: «Il fatto che la moglie dell'ultimo viceré sia andata nel Kashmir con Mr Nehru fa pensare che Lord Mountbatten appoggi Mr Nehru nella sua contrarietà in merito alla risoluzione delle Nazioni Unite[5]».

Nel gennaio del 1952, qualche settimana prima della morte di Giorgio VI, Edwina venne ricoverata per un'emorragia. La sua salute era più che malferma. Si parlò di cancro e di tubercolosi. In quel tragico momento, lei affidò a Dickie il suo bene più prezioso, la corrispondenza con Nehru. Gli scrive:

> Vi accorgerete che alcune di queste lettere sono una sorta di miscellanea favorevole a Jawaharlal, molto interessanti e ricche di veri documenti storici. Per il resto, sono lettere d'amore, insomma, in un certo senso; sono certa che voi comprenderete la strana relazione, essenzialmente platonica, che esiste tra noi.

5. A partire dal 1947, il Kashmir, la cui popolazione è per tre quarti musulmana, non ha mai smesso di essere rivendicato a turno dall'India e dal Pakistan.

Nonostante iniziasse a sentire il peso del tempo, Edwina continuò a vivere in modo frenetico. Gli anni erano ormai più di cinquanta e, quasi a sottolineare il declino, lo scambio di lettere tra lei e Nehru si era diradato.

Nel corso del 1956 venne più volte colpita da un'angina pectoris e le fu impossibile nascondere il suo stato di salute in famiglia e agli amici più intimi. All'inizio del 1957 si decise infine a farsi vedere da un cardiologo, il quale confermò che il suo muscolo cardiaco era in condizioni quantomeno preoccupanti: per evitare complicazioni gravi era necessaria una drastica diminuzione degli impegni. «Impossibile!» fu la risposta di Edwina. Né diede maggiore ascolto ai moniti e alle suppliche del marito e delle figlie. Rimase sorda persino alle raccomandazioni della regina.

Il 20 febbraio 1960, Edwina si trovava nel Borneo. L'attendeva ancora una serata estenuante, una cena per oltre un centinaio d'invitati al Jessington Hotel, organizzata dal personale della *Saint John's Ambulance*. Tornando a casa dei Tuner, gli amici presso i quali si era sistemata, fu costretta a chiedere aiuto per scendere dalla limousine, e poco dopo, affrontando la rampa di scale fino all'ingresso dell'abitazione, vacillò e dovette aggrapparsi alla ringhiera per non cadere. «Ho un forte mal di testa» disse quando finalmente si sedette sul divano del salotto. «Vi ringrazio molto entrambi per questa gradevole giornata».

La mattina dopo, alle sette e mezzo in punto, la sua assistente, Miss Checkley, bussò alla porta della camera di Edwina. Non ricevendo risposta, bussò una seconda volta, poi decise di entrare.

Edwina giaceva immobile sul letto, stroncata da una crisi cardiaca.

Il rito funebre si svolse a Romsey Abbey, dove la spoglia mortale fu vegliata per tredici ore da cinquantadue membri della casata dei Mountbatten. Nel suo testamento, Edwina aveva chiesto che il suo corpo venisse sepolto in mare.

Il 25 febbraio, dopo la benedizione dell'arcivescovo di Canterbury, l'ex viceregina compì il suo ultimo viaggio a bordo della fregata *Wakeful.* Filippo di Edimburgo era presente in rappresentanza della regina. L'ultimo gesto di Nehru verso la donna che amava fu chiedere che una nave da guerra indiana accompagnasse la fregata britannica.

Dal ponte, un uomo dal volto chiuso lanciò in mare una corona di margherite.

Era l'addio di Jawaharlal Nehru alla donna della sua vita.

Notturni
George Sand e Fryderyk Chopin

Ho avuto modo di conoscere una grande celebrità, Madame Dudevant, nota col nome di George Sand; ma non ha una faccia simpatica e non mi è piaciuta affatto. Inoltre c'è qualcosa in lei che mi respinge.

Esattamente con queste parole, indirizzate alla sua famiglia a Varsavia, Fryderyk Chopin descriveva la donna che, in seguito, sarebbe diventata la passione della sua vita.

Alla fine del mese di ottobre del 1836, la contessa Marie d'Agoult e il suo amante, Franz Liszt, accolgono nel loro appartamento all'Hôtel de France, in rue Laffitte, personaggi famosi del mondo artistico e letterario. Sono presenti il compositore Giacomo Meyerbeer, il romanziere Eugène Sue, il poeta tedesco Heinrich Heine e alcuni polacchi esiliati.

Verso le dieci di sera viene annunciato l'arrivo di un nuovo invitato: Fryderyk Chopin. Ha occhi azzurri e lineamenti fini, quasi effeminati, rivela modi garbati e un'eleganza da dandy. Ha solo ventisei anni e ancora un forte accento polacco.

Suo padre, Nicolas, era originario di Marainville, piccolo villaggio dei Vosgi. Autodidatta, dotato di un carattere scaltro e vivace, aveva imparato da solo a leggere e a scrivere, cosa che gli permise di essere notato dall'amministrazione di Marainville, il cui castello apparteneva a un polacco, il conte Pac. Quando nel 1787 decise di tornare in patria, il conte portò con sé l'adolescente e gli affidò un lavoro nella manifattura di tabacchi che possedeva a Varsavia.

Più tardi, nel 1792, Nicolas Chopin fu assunto da una

ricca famiglia, i Laczynski, come precettore dei figli. Passò con loro sei anni, fino a quando, i bambini diventati ormai grandi, assunse la stessa funzione presso un loro parente, il conte Skarbek, che abitava a Zelazowa Wola, a una cinquantina di chilometri da Varsavia. Lì Nicolas conobbe una giovane donna di nome Tekla Justyna Krzyżanowska, una parente povera degli Skarbek, che nella tenuta svolgeva il ruolo di economa. La sposò nel 1806. L'anno successivo nacque una bambina, Louise, e la coppia decise di trasferirsi in una delle case attigue al maniero, dove occuparono due stanze. Proprio in una di quelle, il 1° marzo 1810, venne al mondo Fryderyk Franciszek Chopin.

Sei mesi più tardi fecero i bagagli per Varsavia, dove Nicolas aveva ottenuto un posto da professore di francese al liceo.

Fin dall'età di quattro o cinque anni, Chopin venne avviato dalla madre allo studio del pianoforte. A sei anni dimostrava già un talento eccezionale e componeva piccoli brani. I genitori decisero allora di affidarlo a un musicista ceco, Wojciech Żywny, personaggio piuttosto eccentrico che si guadagnava da vivere dando lezioni di piano e di violino. Presto Fryderyk divenne noto come "il piccolo Mozart", fu introdotto in alcuni dei più prestigiosi salotti d'Europa e invitato a suonare davanti ai più illustri personaggi del paese.

Ma nel 1827, il diciassettenne Chopin deve affrontare un dolore terribile: Emilia, la sorella più piccola, muore di tubercolosi. È probabile che Fryderyk abbia contratto proprio allora la stessa malattia, che non lo abbandonerà più per tutta la vita.

Nell'autunno del 1830, consapevole del dramma che sta vivendo la Polonia, decide di lasciare il paese. Di fatto è dall'inizio del XIX secolo che la Polonia si trova al centro della storia europea, ma solo in quanto preda dei grandi imperi. Dopo la divisione del suo territorio tra la Prussia, la Russia e l'Austria, le campagne napoleoniche le avevano ridato una breve vita, tra il 1807 e il 1815, nella forma del ducato di Varsavia. Ma il congresso di Vienna l'aveva posta di nuovo sotto la tutela dei russi.

Proprio pochi giorni prima della partenza di Chopin scoppia l'insurrezione di novembre, che vede il popolo polacco sollevarsi contro la dominazione russa. Tuttavia nessuno si fa illusioni; di sicuro non Chopin, il quale sa bene che la Russia non lascerà mai il suo paese, e anzi lo assoggetterà di nuovo con forza persino maggiore. Annota nel suo diario:

Ho scritto le pagine precedenti senza sapere che il nemico aveva già sfondato la porta. Le periferie sono state devastate e date alle fiamme. Oh, Dio! Tu esisti! Esisti e non punisci! Cos'è, non hai visto abbastanza crimini da parte di Mosca? O sei forse tu stesso un moscovita? Povero padre mio! Mio amato padre! Può essere che non abbia nemmeno più di che comprare del pane a nostra madre! E le mie sorelle, forse vittime della furia della soldataglia moscovita! E io qui a far niente, le braccia molli, buono solo a lamentarmi e a sfogare il mio dolore sul piano, immerso nella disperazione... Cosa succederà adesso? Dio, Dio! Scuoti la terra, falla tremare fino a inghiottire gli uomini di questo secolo![1]

Con la morte nell'anima, il 23 novembre 1830 Chopin lascia la sua terra natale. Il viaggio fino a Parigi dura dieci mesi. Soggiorna per lunghi periodi a Dresda, a Praga e a Vienna, per giungere infine, nel settembre del 1831, nella capitale francese. Si sistema al numero 27 del boulevard Poissonnière, e prova subito un grande entusiasmo, un vero colpo di fulmine: «Parigi è un posto bellissimo, risponde a qualunque desiderio» scrive al suo amico Titus[2]. Inoltre, co-

1. Jean-Jacques Eigeldinger, *Frédéric Chopin*, Paris, Flammarion, 1993.

2. Titus Woyciechowski, del quale si è detto, ma senza certezza, che fosse uno degli amori maschili di Chopin.

sa fondamentale per lui, Parigi è in quel momento la capitale della musica. «Qui ho trovato i migliori musicisti e il teatro dell'opera più bello del mondo».

Ma bisogna campare. Così, introdotto nel giro degli esiliati polacchi, dà lezioni alla contessa Potocka e, grazie al suo aiuto, diventa il maestro di piano "elegante" dell'aristocrazia in esilio e degli ambienti parigini più esclusivi.

Nel febbraio del 1832 presenta il suo primo concerto parigino alla Salle Pleyel. Liszt, Hiller, Berlioz, il cantante Nourrit, il violoncellista Franchomme, Heine, Mendelssohn sono tutti diventati suoi amici.

Il principe Valentin Radziwill lo porta a casa del barone James de Rothschild, dove conquista l'auditorio. Ecco, ormai è lanciato. In quell'ambiente, che di fatto conferisce la fama, è l'avvenimento della stagione. Lì il giovane Chopin trova non solo uno stile di vita da emulare ma anche delle fedeli ammiratrici, spesso anche brave musiciste, che diffondono il suo nome nella società parigina. Così diventa uno degli artisti più richiesti della capitale: dà non meno di cinque lezioni di piano al giorno, ottenendo per ciascuna un compenso di venti franchi dell'epoca[3]. «Se fossi più stupido, e non lo sono, penserei di essere giunto all'apice della mia carriera». Si è stabilito al 5 di rue de la Chaussée-d'Antin, in un appartamento arredato con raffinatezza; si veste presso i migliori sarti, frequenta i locali alla moda e si compra un calesse.

Ma sul piano affettivo, Chopin è triste. Il suo cuore batte per una bella ragazza, Maria Wodzinska, sorella di due giovanotti che un tempo erano stati a pensione presso i suoi genitori a Varsavia. Quando l'aveva incontrata la prima volta, lei aveva appena undici anni. Ai suoi occhi, Maria rappresenta l'ideale femminile. Per lei compone il *Valzer op.*

3. All'epoca una corsa in *fiacre* costava mediamente un franco e il sarto più caro confezionava una redingote per centocinquanta franchi.

69 n. 1, che dedica a una certa "Mademoiselle Marie". In luglio, Chopin raggiunge i Wodzinski a Marienbad e chiede la mano di Maria. Per tutta risposta, la madre della ragazza gli consiglia di occuparsi della sua salute, che come tutti sanno è piuttosto malferma, facendogli dunque capire di dover aspettare, forse a lungo.

Lui aspetterà. A lungo. E invano.

Una sera d'autunno del 1836, quando entra nella grande sala dell'appartamento della contessa d'Agoult all'Hôtel de France, Chopin rimane quantomeno stupito dall'aspetto e dall'atteggiamento di George Sand. Non ha soltanto un nome da uomo, è anche vestita da uomo, e sta fumando la pipa!

Nelle sue *Mémoires*, Marie d'Agoult ne dà una bella descrizione:

Madame Sand era piuttosto bassa di statura, e i suoi abiti da uomo, che indossava con spigliatezza e non senza un certo vezzo virile, la facevano apparire ancora più bassa. Né lo sviluppo del petto né la forma dei fianchi tradivano in lei il sesso femminile. La redingote di velluto nero stretta sulla vita, gli stivali coi tacchi che fasciavano i piccoli piedi molto flessuosi, la cravatta che le stringeva il collo tondo e pieno non disturbavano affatto né la libertà del suo aspetto né la naturalezza del suo contegno, che insieme davano l'idea di una forza tranquilla, serena [...]. I suoi occhi, neri come i capelli, avevano nella loro bellezza qualcosa di molto strano. Sembravano vedere senza guardare e non si lasciavano penetrare: una imperturbabilità inquietante, una freddezza simile a quella dell'antica sfinge.

Nel 1836 la donna ha già trentadue anni e passa per "una dongiovanni". In effetti ha conosciuto molti uomini, e anche alcune donne. Nel febbraio del 1833, durante la stesura del suo terzo romanzo, *Indiana*, un'attrazione reciproca l'aveva spinta tra le braccia dell'attrice Marie Dorval, la quale si era abituata a trovare nel suo camerino «quella femmina stravagante che attendeva la sua preda fumando una sigaretta dietro l'altra».

La futura George Sand nacque a Parigi nel 1804, l'anno dell'incoronazione di Napoleone, al civico 15 di rue Meslay, III arrondissement. Il suo vero nome è Amandine-Lucile Aurore Dupin. Come scrive lei stessa in *Storia della mia vita*, sua madre, Sophie-Victoire Delaborde, era «una povera bambina della Parigi più vecchia», e il nonno materno, Antoine Delaborde, era *maître paulmier* e *maître oiselier*, ovvero venditore di canarini e cardellini sul Lungosenna.

Rimasta orfana in tenera età, Sophie-Victoire fu verosimilmente costretta a prostituirsi. Quando nel 1799 affronterà un viaggio fino in Italia per ritrovare il suo amante del momento, un militare di nome Collin, aveva già partorito una bambina, Caroline Delaborde. Nel settembre del 1800 Sophie conobbe Maurice Dupin de Francueil, ufficiale dell'esercito imperiale, nipote del maresciallo de Saxe. Lasciò subito Collin e divenne la sua amante.

Si sposarono il 2 giugno 1804 nel municipio del II arrondissement e appena un mese dopo venne al mondo la piccola Aurore. Scrive George Sand:

> Quando mia nonna [Marie-Aurore de Saxe] vide suo figlio sposare mia madre ne rimase avvilita; volentieri avrebbe sciolto nelle sue lacrime il contratto che sigillava quell'unione. Non fu la ragione a decretare una così fredda condanna; era piuttosto il suo cuore materno a imporre contrarietà, troppo spaventato dalle possibili conseguenze.

Quanto a Maurice Dupin, è già padre di un bambino di un anno, che però non ha voluto riconoscere. Si chiama Hippolyte, ed è frutto della relazione con una guardarobiera, Mademoiselle Chatiron. Ma questo Aurore lo scoprirà solo anni più tardi.

Il 12 giugno 1808 nasce un maschio, al quale viene dato il nome Louis. È cieco e particolarmente gracile. Ha solo due settimane quando i suoi genitori decidono di lasciare la Spagna per raggiungere Nohant. Da Madrid, Maurice Dupin informa sua madre: «Vorrei battezzare il piccolo Louis durante la festa di Nohant. Una bella occasione per suonare le campane e far ballare l'intero villaggio!» Il viaggio di ritorno è massacrante. Aurore e il fratellino hanno entrambi la febbre; si sono presi la scabbia, che si cura mischiando un po' di zolfo col cibo. L'8 settembre, un venerdì, il povero Louis muore dopo avere pianto per ore in braccio alla madre.

Qualche giorno più tardi la morte colpisce di nuovo la famiglia: Maurice Dupin si rompe l'osso del collo cadendo da cavallo all'ingresso di La Châtre, nell'Indre. Aurore ha solo quattro anni. Da quel momento crescerà in campagna, con la madre e la nonna paterna, Marie-Aurore de Saxe, a Nohant, nella tenuta di famiglia[4]. E lì scoprirà l'esistenza di un ragazzino che viene chiamato «il bambino della casetta»: Hippolyte.

Nella primavera del 1809 emergono forti disaccordi tra Marie-Aurore e Sophie-Victoire a proposito dell'educazione della bambina. Dopo lunghe e aspre discussioni viene infine trovato un compromesso ufficiale, che le due donne firmano davanti a un notaio. Il documento stabilisce che Marie-Aurore s'impegna a versare una rendita annuale alla nuora; in cambio, quest'ultima accetta che la suocera diventi la tutrice legale di sua figlia, che passerà dunque la maggior parte dell'anno a Nohant. Marie-Aurore affida la bambina a un precettore, Jean-Louis Deschartres, che fu quello anche di Maurice Dupin.

Stranamente, non è nel figlio della guardarobiera che Marie-Aurore ritrova i tratti e il carattere del defunto Mau-

4. Composta da un maniero e da circa duecento ettari di terreno nel cuore del Berry, la tenuta era stata acquistata nel 1793 da Marie-Aurore dopo la Rivoluzione francese.

rice, ma nella bambina. E sceglie di trattarla da maschio, di educarla come se fosse il primogenito erede del suo nome e della sua fortuna. Aurore prende simbolicamente il posto del padre morto. Una bizzarra situazione che con ogni verosimiglianza susciterà in lei quello che noi oggi definiremmo uno «sdoppiamento della personalità»: metà donna, metà uomo. Di fatto, chiamandola Maurice e vedendola esclusivamente come suo "figlio", la nonna le attribuì d'autorità un sesso maschile. Tutto ciò spiegherebbe il nome George adottato in letteratura.

Giunta all'età di quattordici anni Aurore viene portata dalla nonna a Parigi, al convento degli Agostiniani inglesi, dove trascorre tre anni. All'inizio del 1821, sentendo la salute declinare e le forze affievolirsi di giorno in giorno, la nonna pensa a una cosa soltanto: maritare la nipote ormai quasi diciassettenne. Un desiderio che non vedrà realizzato. Marie-Aurore si spegne il 26 dicembre 1821, lasciando alla nipote la totalità dei suoi beni.

Sepolta la nonna, riappare subito la madre, Sophie, che porta la figlia a vivere con lei nell'appartamento di rue Neuve-des-Mathurins, a Parigi.

Nell'aprile del 1822, durante un soggiorno in casa di amici di Maurice Dupin, James e Angèle Roëttiers du Plessis, vicino a Melun, Aurore conosce il barone François Casimir Dudevant, avvocato della corte reale. È «un giovane snello, elegante, dal viso allegro e dal portamento militare[5]», figlio naturale di un ex colonnello del Primo Impero ed erede di un patrimonio considerevole. Lo sposa il 17 settembre 1822, diventando così la baronessa Dudevant. Lei ha diciotto anni, lui ventisette. Aurore resta subito incinta, e il 30 giugno del 1823 partorisce un maschio cui dà il nome del nonno, Maurice.

5. George Sand, *Storia della mia vita*, Milano, La Tartaruga, 1994.

Il momento più bello della mia vita è stato quello in cui, dopo un'ora di sonno profondo seguito agli atroci dolori del parto, svegliandomi ho visto quel piccolo essere addormentato sul mio cuscino.

Purtroppo, tra lei e il marito presto iniziano a emergere dissapori. Casimir preferisce la caccia alla lettura, e gli stati d'animo di sua moglie lo lasciano indifferente.

Che fare dunque per rallegrare le ore della vita in comune nell'intimità di tutti i giorni? Parlare di politica occupa gli uomini in generale, parlare di vestiti dà gusto alle donne. Ora, in base a questi presupposti, io non sono né uomo né donna: sono una bambina.

Il 13 settembre 1828, la "bambina" partorisce una seconda volta. Una femmina questa volta: Solange.

I mesi passano e Aurore deve affrontare uno *spleen* sempre più ingombrante, un disagio esistenziale del quale non riesce a vedere la fine. Come fuggire da una situazione coniugale che le pesa ogni giorno di più?

Alla fine di luglio del 1831, a casa di amici d'infanzia, i Duvernet, incontra un giovane di diciannove anni che le piace subito. Si chiama Jules Sandeau, e sogna di fare lo scrittore. Diventano amanti. Accanto a lui, Aurore conoscerà la doppia gioia di una relazione amorosa e di una collaborazione letteraria. I due si stabiliscono sul quai Saint-Michel e scrivono insieme *Rose et Blanche*, che esce in dicembre col nome di J. Sand. Nell'estate del 1832 prende forma la stesura di un altro romanzo, *Indiana*, scritto però interamente da Aurore, senza la collaborazione di Jules, e si pone dunque la questione dello pseudonimo.

Scrive in *Storia della mia vita*:

Non m'interessava più di tanto quale nome dovesse comparire sulla copertina. In ogni caso, avevo deciso di mantenere l'anonimato. Una prima opera era stata da me abbozzata e poi rifatta e ampliata da Jules Sandeau, alla quale Delatouche aveva attribuito il nome di Jules Sand. Quel libro fece sì che un altro editore si facesse avanti per chiedere un secondo romanzo con lo stesso pseudonimo. Io avevo scritto *Indiana* a Nohant e pensai di consegnarlo con lo pseudonimo richiesto; ma Jules Sandeau, per modestia, non volle accettare la paternità di un libro al quale era del tutto estraneo. Tuttavia la cosa non poteva andare bene per l'editore. Per vendere un libro, il nome è importante; se uno pseudonimo funziona si tende a conservarlo, a puntare ancora su di lui. Ponemmo la questione a Delatouche, che la risolse con un compromesso. Il cognome, Sand, sarebbe rimasto invariato; avrei semplicemente assunto un nome diverso, che avrebbe identificato solo me. Scelsi immediatamente il nome George, solo perché tipico del Berry. Sconosciuti al pubblico, Jules e George sarebbero passati facilmente per fratelli o cugini.

Diventata famosa, George Sand si trasferisce al 19 di rue Malaquais con la figlia Solange, mentre il figlio Maurice, affidato a un precettore, resta a Nohant.

Qualche mese più tardi chiude la relazione con Sandeau. E nel dicembre del 1832, con l'uscita del secondo romanzo, *Valentine*, la sua notorietà cresce ulteriormente.

Verso la fine di giugno del 1833, nel corso di una cena letteraria nella quale lei, George Sand, è l'unica donna, conosce Alfred de Musset. Tra i due scrittori s'innesca subito una passione impetuosa che avrà il suo apice tra il dicembre 1833 e il gennaio 1834, durante un viaggio a Venezia. Quando Musset torna a Parigi (in marzo), lei si sistema in un quartiere popolare della città lacustre occupando alcune stanze della casa di Pietro Pagello, un giovane medico al quale, dal capezzale del suo amante in preda al delirio per la febbre alta, ha dichiarato per lettera tutto il suo amore.

Il 16 febbraio 1836 il tribunale sancisce la separazione dei coniugi Dudevant. Aurore Dupin recupera tutti i suoi beni e ottiene l'affidamento dei figli, Maurice e Solange.

Un mese dopo si sposta insieme a loro a Chamonix,

ospite di Marie d'Agoult e Franz Liszt, conosciuti giusto qualche mese prima.

Di ritorno a Parigi all'inizio di ottobre, la contessa d'Agoult prende un appartamento dotato di una grande sala per ricevimenti all'Hôtel de France in rue Laffitte, e manda Liszt alla ricerca di celebrità.

Tra queste, appunto, Chopin.

Stranamente, nonostante l'antipatia che ha provato nei confronti della scrittrice, qualche giorno più tardi, il 5 novembre, Chopin l'accoglie in casa sua insieme a Liszt e a Marie d'Agoult, al poeta Adam Mickiewicz, ad Albert Grzymala[6] e al compositore Józef Brzowski.

Il 9 novembre lo stesso gruppo, tranne Mickiewicz e Grzymala, si ritrova a cena a casa del conte Marliani, rivoluzionario italiano in esilio, diventato console di Spagna a Parigi. Marliani ha sposato una francese, Charlotte. Il giorno dopo eccoli tutti a casa di Chopin, e anche il 13 dicembre, con l'aggiunta di un nuovo invitato: Johann Peter Pixis, pianista e compositore tedesco.

Quella sera, George Sand era «vestita con una camicia bianca cinta da una larga fascia cremisi, e cremisi erano anche i risvolti e i bottoni della giacchetta bianca, dal taglio decisamente bizzarro. I capelli neri, divisi da una precisa scriminatura nel mezzo, erano trattenuti da un nastro dorato che le attraversava la fronte e che tuttavia lasciava cadere svariate ciocche ricciute sui lati del volto». E mentre la contessa d'Agoult si produceva in conversazioni piene di charme e di spirito, «George Sand, seduta sul divano accanto al caminetto, dava leggere boccate al suo sigaro e rispondeva con misura e compunzione alle domande che le poneva il vicino. Liszt, come sempre, catturava l'attenzione con la sua

6. Ex aiutante di campo del principe Poniatowski, esiliato in Francia in seguito alla rivoluzione polacca.

brillante dialettica, un fuoco di fila di facezie e riflessioni filosofiche, punteggiate dalle aspre osservazioni di Chopin».

Stanco di quella conversazione, Józef Brzowski chiese a Chopin e a Liszt di suonare. Loro si sedettero l'uno accanto all'altro al pianoforte, Chopin dal lato delle note basse; Pixis girava le pagine gettando di tanto in tanto uno sguardo beato verso Brzowski, che non aveva mai sentito niente di simile.

Poi Chopin offrì dei gelati, e Marie d'Agoult servì il tè. George Sand intanto restava «inchiodata al divano, sempre col sigaro acceso in mano; ogni tanto dava un'occhiata al suo interlocutore, ma i suoi occhi restavano pressoché fissi sulle fiamme che danzavano dentro il caminetto».

In meno di sei settimane, Chopin passò dunque una mezza dozzina di serate in compagnia di George Sand e, con ogni evidenza, la scrittrice più famosa d'Europa continuava a suscitargli un'impressione assai poco positiva: «Che persona antipatica, quella Sand» confidò una sera a Ferdinand Hiller[7] uscendo dall'Hôtel de France. «Sarà poi davvero una donna?» Confermò quell'impressione in una lettera ai genitori, aggiungendo che c'era in lei qualcosa di «quasi ripugnante». Si capisce facilmente che, anche al di là della sua fedeltà nei confronti di Maria Wodzinska, George Sand non corrispondeva affatto al suo ideale femminile.

Da parte sua, dopo la fine della relazione con l'avvocato Michel de Bourges nella primavera del 1837, la scrittrice non si dà pace del fatto di non trovare un nuovo amante. L'attore Pierre-Martinien Tousez, detto Bocage, lo scrittore Charles Didier, poi l'autore di vaudeville Félicien Mallefille, assunto sia come segretario sia come precettore di Maurice, si dividono a turno i suoi favori.

All'epoca del suo incontro con Chopin, George Sand è ancora legata a Mallefille; quanto a lui, sta ancora pensan-

7. Compositore, direttore d'orchestra e professore di musica tedesco.

do a Maria. Tuttavia, pian piano, lei inizia a interrogarsi sulla possibilità di una relazione col musicista. Ne parla a Albert Grzymala:

Amore da artista, amore da donna, da sorella, da madre, amore da religiosa, amore da poeta, non lo so. Ci sono [degli amori] che sono nati in me lo stesso giorno, senza essersi rivelati all'oggetto che li ispirava. Ce ne sono che hanno martirizzato la mia vita e che mi hanno portato alla disperazione, quasi alla follia. Ce ne sono che mi hanno tenuta per anni confinata dentro uno spiritualismo eccessivo. Ma tutti, tutti sono stati assolutamente sinceri.

Un'altra cosa la preoccupa: Chopin avrebbe preferito l'intesa dei cuori a quella dei corpi? «È concepibile per chi possiede un temperamento sincero un amore puramente intellettuale? Può mai esserci amore senza un solo bacio, e un bacio d'amore senza voluttà?» Ciò che attrae George Sand è sicuramente il talento di Chopin, ma anche, e soprattutto, la sua apparente fragilità.

Intanto il tempo passa.

Mentre la scrittrice torna nella sua tenuta di Nohant, il compositore, immerso nel fermento parigino, si distanzia dalla cerchia dell'Hôtel de France. E finalmente, nel gennaio del 1837, comincia a capire davvero, e forse anche ad accettare l'idea che "Mademoiselle Marie" si sta allontanando. Le lettere della ragazza sono sempre più impersonali, forse influenzate dai genitori. Bisogna anche dire che la salute vacillante di Chopin non li rassicura di certo, e ancor meno le voci che giungono loro dalla Francia in merito a certe sue relazioni con "donne scandalose".

Mentre lui continua ad aspettare con trepidazione le lettere dalla Polonia, tossendo e sputando, George Sand fa di tutto per avere sempre ospiti a Nohant per offrire svago alla sua tenera e sensibile amica Marie d'Agoult. Scrive a Liszt:

Dite a Mick [Adam Mickiewicz] che la mia penna e la mia casa sono a sua disposizione e che io lo adoro; a Chopin che lo venero; e a tutte le persone che vi sono care dite che lo sono anche per me e che sono le benvenute a casa mia qualora vogliano unirsi a voi nel farmi visita.

La contessa d'Agoult farà questo commento: «Chopin è un irresoluto, l'unica cosa permanente in lui è la tosse».

Nella primavera del 1837 Chopin sta ancora soffrendo per la frustrazione amorosa subita da Maria Wodzinska, che di fatto ha escluso qualunque prospettiva di matrimonio. Sprofondato nella depressione, una mattina decide di fare un pacchetto di tutte le lettere della sua adorata per poi scriverci sopra una sorta di titolo: *La mia tragedia*. Ma il gesto non basterà a cancellare il ricordo della ragazza, né a mitigare la sua pena.

E poiché nell'ultimo anno ha condotto un'esistenza da gran signore, anche le sue finanze si trovano in condizioni tragiche. Tanto che deve riprendere a dare lezioni, e a vendere le sue composizioni. Benché la sua vita sia troppo movimentata per offrire riposo e concentrazione, condizioni indispensabili per fare bene il suo lavoro, riesce ad abbozzare dei preludi, delle mazurche e alcuni notturni.

In quasi ventotto anni di vita, mai si era sentito così solo, così isolato, così alla deriva. Quanto all'aristocrazia francese, Chopin sapeva cogliere con lucidità il carattere superficiale dei propri rapporti con essa.

Nella primavera del 1838 iniziò a frequentare in maniera più assidua il salotto della contessa Charlotte Marliani, dove intorno alla metà di aprile ritrovò George Sand. Erano passati quindici mesi dal loro ultimo incontro. Cosa si dissero quella sera? Forse niente di particolare. Qualche settimana più tardi, esattamente l'8 maggio, si ritrovarono di nuovo, stavolta a casa del marchese Astolphe de Custine. Quella sera Chopin improvvisò al piano per ore, immerso nella penombra, i tasti illuminati appena dalla luce di qualche candela.

Suggestione del momento? Incanto generato dalla divina ispirazione del musicista? Mistero dei sentimenti? Comunque sia, fu esattamente quella sera che George Sand s'innamorò del compositore, e quindici giorni più tardi scriverà a Grzymala:

Sono rimasta un po' confusa, e anche un po' costernata dall'effetto che ha prodotto in me quel piccolo essere. Non mi sono ancora ripresa dallo stupore, e se fossi una persona piena d'orgoglio mi sentirei persino umiliata per il fatto di essere caduta in pieno nell'infedeltà del cuore proprio adesso che pensavo di essere ormai tranquilla e stabile per sempre.

Aveva solo trentaquattro anni, sei più di Chopin, ma aveva vissuto con tale intensità, e accumulato così tante esperienze che, forse, si sentiva in qualche misura stremata.

Un paio di mesi prima, Balzac l'aveva descritta così:

Le è venuto un doppio mento come quello di certi preti ben pasciuti, ma non ha un solo capello bianco a dispetto delle sue terribili disgrazie, né ha cambiato aspetto il suo colorito bruno, e i suoi magnifici occhi sono ancora splendenti; quando è assorta nei pensieri assume un'espressione un po' sciocca, ma questo, come le ho detto dopo averla osservata con curiosità, dipende dal fatto che l'intera sua fisionomia trae forza dagli occhi[8].

Gli occhi della Sand non mollarono Chopin per tutta la serata, e lui stesso si sorprese a contemplare la fumatrice di sigari, chiedendosi se quel fumo che l'avvolgeva non fosse alla fine solo una maschera dietro la quale nascondere la timidezza e la femminilità. Tuttavia, paradossalmente, l'attrazione che iniziava a provare lo inquietò, come testimoniano queste poche righe indirizzate a Grzymala:

8. Honoré de Balzac, *Lettres à Mme Hanska*, vol. I, Paris, Les Éditions du Delta, 1967.

Carissimo, devo assolutamente vederti oggi stesso, fosse anche in tarda serata... a mezzanotte o anche più tardi. Non temere, nessun impiccio per te, amico mio; sai bene che ho sempre apprezzato la tua sensibilità. Vorrei chiederti un consiglio, ecco, si tratta di questo.

Una settimana più tardi, il 14 maggio, il giorno prima di tornare a Nohant, George Sand andò con Delacroix a casa di Grzymala, a Parigi, e lì ebbe modo di ascoltare ancora Chopin al pianoforte, fino a notte inoltrata. Quando infine venne il momento di salutarsi, Chopin, tormentato nell'anima e contorto nell'esposizione, le fece capire che non voleva "sciupare il ricordo" della settimana precedente. La Sand ne concluse che il musicista considerasse l'amore fisico qualcosa di "malsano", constatazione che la lasciò alquanto stupita, dato che lei era invece andata a letto con quasi tutti gli uomini che aveva amato.

Tornò a Nohant a prendersi cura del figlio malato, e intanto a Parigi Chopin ricominciava a essere tormentato dal ricordo di Maria. È probabile che in quel periodo abbia dovuto affrontare un dilemma interiore: se ai suoi occhi Maria rappresentava la purezza e la rispettabilità, allo stesso modo George Sand incarnava la marginalità e il sesso. E la sua cronica indecisione, che lo rendeva incapace di compiere scelte precise, gli gravò talmente sull'anima che presto, e con grande angoscia, si rivolse ancora a Grzymala, il quale a sua volta scrisse a George Sand. Non sappiamo se Chopin venne messo al corrente del fatto che Grzymala avvertì la Sand di «non scherzare con Chopin»[9], ma di certo dovette spiegarle che il suo amico conservava ancora nel cuore il ricordo di un'altra.

9. È interessante notare che intorno al 1832 Alfred de Musset (1810-1857) iniziò la sua serie di *Commedie e proverbi* proprio con la commedia dal titolo proverbiale *Con l'amore non si scherza* (*N.d.T.*).

Lei gli risponde con una lunga lettera nella quale espone il suo pensiero e le sue intenzioni, e prega Grzymala di esprimere un giudizio in merito, giudizio che avrebbe assolutamente rispettato: «Credo nel vostro vangelo pur senza conoscerlo bene, perché so che, avendo un adepto come voi, dev'essere il più sublime di tutti i vangeli». Poi si mette ad analizzare le principali questioni con sguardo lucido:

Questa persona [si riferisce a Maria Wodzinska] che lui vuole o crede di dover amare, è disposta a renderlo felice oppure non può che aumentare il suo dolore e la sua tristezza? Non sto domandando se lui la ama, se è amato, se di più o di meno rispetto a me. Credo di sapere, grossomodo, attraverso ciò che accade in me, cosa stia succedendo in lui. Chiedo solo di sapere chi tra noi due lui deve dimenticare o abbandonare, per la sua pace, per la sua felicità, insomma per la sua vita, che mi sembra troppo vacillante e fragile per resistere a intensi dolori[10].

Puntualizza che esiste «una persona eccellente, *perfetta*, sia sotto il profilo del cuore che sotto quello dell'onore, che io non lascerò mai», ovvero il precettore dei suoi figli, il commediografo Mallefille.

Ma un po' più avanti ammette che le sue carezze sono diventate molto meno piacevoli, da quando lei è innamorata di Chopin. Aggiunge che Mallefille è malleabile come la cera («È una cera malleabile sulla quale ho posato il mio secchio [*sic*]») e che non ostacolerà nessuna decisione lei dovesse prendere. Infine suggerisce una soluzione, una sorta di compromesso, che rende bene l'immagine che lei ha di se stessa:

Credo che il nostro amore non possa durare se non nelle condizioni in cui è nato, il che vuol dire che di tanto in tanto, quan-

10. *Lettres de Chopin et George Sand, 1836-1839*, raccolta curata da Bronislas Edouard Sydow, Denise Colfs-Chainaye e Suzanne Chainaye, Palma de Mallorca, Editorial Clumba, 1969.

do un buon vento ci spingerà l'uno verso l'altra, faremo forse ancora una corsa tra le stelle, e poi ci lasceremo per tornare a camminare sulla terra.

Intendeva dire che Mallefille sarebbe rimasto il suo amante, che Chopin era libero di amare tutte le polacche che gli pareva e che lei avrebbe potuto «stringerlo castamente tra le braccia ogni tanto, ogni volta che lo vorrà la brezza celeste».

In realtà, lei era davvero innamorata di Chopin e non voleva più Mallefille. Quanto a Chopin, pur essendo molto attratto da lei, non sapeva bene cosa voleva.

Il 6 giugno George Sand arrivò a Parigi. I suoi ragionamenti e i suoi scrupoli cedettero in fretta il passo all'istinto naturale. Prese in affitto una mansarda non lontana dalla residenza dei Marliani, concedendosi così una certa libertà.

In agosto spedì Mallefille in Normandia con suo figlio per poter vedere Chopin quanto desiderava. Seguì un momento di felicità, e la Sand descrisse a Delacroix «il delizioso sfinimento dell'amore esaudito». Per poi aggiungere in settembre:

Vivo ancora nell'ebbrezza in cui mi avete lasciata. Non è apparsa neppure una piccola nube in questo cielo puro, non un solo granello di sabbia nel nostro lago. Comincio a credere che ci siano degli angeli travestiti da uomini.

E ancora:

L'amore innanzitutto, non è così? L'amore prima di tutto quando il suo astro è in piena luce; l'arte prima di tutto, quando l'astro declina.

All'inizio di settembre, la teoria della "brezza celeste" si trovò in conflitto con la realtà. Chopin si rivelava possessivo e geloso, e George Sand aveva sempre più difficoltà a gestire la sua relazione con Mallefille, ormai tornato a Parigi. Così decise di comunicare al commediografo che tra loro era finita, e lo fece senza mezzi termini, scatenando l'ira di Mallefille, evidentemente molto meno malleabile di quanto lei credesse. Secondo un aneddoto, un giorno lui si sarebbe piazzato davanti all'abitazione di Chopin in rue de la Chaussée-d'Antin e si sarebbe scagliato su George Sand nel momento stesso in cui lei uscì dal portone. La scrittrice riuscì a evitarlo per un pelo e a saltare al volo su un *fiacre*, allontanandosi dalla furia dell'amante rinnegato, il quale, per nulla pago, una sera giunse quasi a sfondare la porta del compositore, e in un'altra occasione avrebbe persino cercato di strozzarlo, non riuscendoci solo per il tempestivo intervento di Grzymala. L'unica certezza è che quando incontrò la coppia, Mallefille proferì le peggiori minacce con parole di fuoco, costringendo i due amanti a non mostrarsi più insieme fino alla fine di settembre.

Da tempo George Sand prevedeva di passare l'autunno e l'inverno in Italia. Adesso le minacce di Mallefille rendevano quel progetto più che mai opportuno. Tuttavia al posto dell'Italia venne scelta Maiorca.

Grzymala espresse qualche dubbio sulla convenienza di un simile viaggio. Chopin, come sempre, esitava. I suoi problemi polmonari facevano temere la tisi e l'ipotesi di lasciare Parigi per trascorrere sei mesi in un paese sconosciuto non lo entusiasmava granché. Ma allo stesso tempo non poteva rassegnarsi all'idea di lasciar partire George da sola, staccandosi dalla donna che ormai era diventata per lui così importante. Chiese in prestito del denaro, vendette in anticipo la serie quasi completa dei *Preludi*[11] e si mise d'accordo con Pleyel per farsi spedire un pianoforte.

11. In totale, la serie consiste in un *opus* di ventiquattro componimenti brevi, scritti ognuno in una tonalità differente.

Il 20 ottobre, Chopin trascorse la giornata a Saint-Gratien (Val-d'Oise) nella tenuta di uno dei suoi ammiratori, il marchese Astolphe de Custine. Appena il suo ospite se ne fu andato, Custine scrisse:

Il nostro Chopin si è messo in viaggio per Valenza, in Spagna, vale a dire per l'altro mondo. Non avete idea di come Mme Sand è riuscita a ridurlo in una sola estate! La consunzione si è impadronita del suo volto, della sua intera persona, e ne ha fatto uno spirito senza corpo. Ha suonato per noi, per congedarsi da noi, creando la suggestione che potete immaginare. Povero sventurato, non si accorge che quella donna possiede l'amore di un vampiro[12].

La sera del 7 novembre, la coppia s'imbarcò a Barcellona sul *Mallorquin*, che in tarda mattinata entrò nel porto di Palma di Maiorca. Si sistemarono subito in una piccola casa chiamata *So'on Vent*, "Sotto il vento", a tre chilometri da Palma.

Il giorno stesso Chopin scrisse a un amico, il pianista e compositore Julian Fontana:

Carissimo,
sono a Palma di Maiorca in mezzo a palme, cedri, cactus, ulivi, aranci, limoni, fichi, aloe, melograni... insomma a tutte le piante presenti nelle serre del *Jardin des Plantes*. Il cielo ha l'azzurro del turchese e il mare il blu del lapislazzuli; le montagne sono fatte di smeraldo e l'aria è limpida come in cielo. C'è il sole tutto il giorno e tutti vanno in giro vestiti come d'estate perché fa caldo. Di notte si sentono dei canti al suono di chitarre per ore intere. Ci sono balconi enormi, dai quali ricadono i pampini. I bastioni risalgono all'epoca degli arabi. La città, come anche tutto il resto in generale, riflette l'Africa. Insomma, qui la vita è magnifica!

12. Marquis de Custine, *Mémoires et voyages, ou lettres écrites à diverses époques*, Paris, Éditions François Bourin, 1993.

In una seconda lettera parla delle sue nuove composizioni e dei suoi... problemi di soldi:

Caro Julien,
ti invio i *Preludi*. Ricopiateli, tu e Wolff. Non credo che ci siano degli errori; darai le copie a Probst e l'originale a Pleyel. E porterai a Léo, che non ho avuto il tempo di ringraziare, i soldi di Probst, per i quali allego un biglietto e una ricevuta. Col denaro che ti darà Pleyel, vale a dire millecinquecento franchi, pagherai l'affitto fino al 1° gennaio – quattrocentoventicinque franchi – e darai gentilmente disdetta. Se fosse possibile affittare l'appartamento per marzo sarebbe l'ideale, altrimenti bisognerà tenerlo ancora per un trimestre. I mille franchi che ti resteranno li darai invece da parte mia a Nouguès. Chiedi il suo indirizzo a Jeannot ma senza parlargli dei soldi, perché sarebbe capace di circuire Nouguès e io non voglio che qualcun altro al di fuori di te e me ne sia al corrente. Nel caso in cui l'appartamento venisse affittato fa' portare una parte dei mobili a casa di Jeannot e il resto da Grzymala. Chiedi a Pleyel di scrivermi usando te come intermediario e digli che con Wessel ho chiuso. Prima del nuovo anno t'invierò la tratta per quest'ultimo.

Verso la fine di novembre, Chopin purtroppo si ammalò. I polmoni, sempre loro, la sua parte più debole. Vennero consultati più medici, che lo visitarono a turno. Lui scrive a Fontana:

Uno ha odorato il mio espettorato, l'altro mi ha percosso il torace per capire con precisione da dove arrivasse lo sputo, il terzo mi ha palpato ascoltando in che modo lo sputo salisse su dai bronchi... Il primo ha detto che morirò presto, il secondo che sto già morendo, il terzo che sono già morto.

In *Storia della mia vita*, anche George Sand evoca quei momenti.

Il povero grande artista era un malato detestabile. Pur sopportando la sofferenza con un certo coraggio, non riusciva a dominare l'inquietudine della sua immaginazione. Il chiostro della certosa era per lui un luogo pieno di fantasmi e di terrore, anche quando stava bene; non che lo dicesse, toccava a me intuirlo. Verso le dieci di sera, al ritorno dalle mie esplorazioni tra i ruderi con i miei figli, lo trovavo seduto al pianoforte, pallido, gli occhi stravolti, i capelli ritti sulla testa... Ci metteva qualche istante a riconoscerci, poi rideva con un piccolo sforzo e iniziava a farci ascoltare delle cose sublimi che aveva appena composto. O per meglio dire: delle visioni musicali straordinarie, a tratti strazianti, che lo avevano colto e pervaso quasi a sua insaputa durante quell'ora di solitudine, di tristezza e di terrore.

E aggiunge:

La sua creatività era piena di misteriose armonie della natura che nel suo personale mondo fatto di note lui traduceva in equivalenti sublimi, senza mai cadere in una ripetizione servile dei suoni esterni. La composizione di quella sera era piena di gocce di pioggia che risuonavano sulle tegole sonore, ma nella sua immaginazione, nella sua lirica, si erano tradotte in lacrime che dal cielo cadevano direttamente dentro il suo cuore. Il genio di Chopin è il più profondo e il più ricco di sentimenti e di emozioni che sia mai esistito.

Man mano il tempo divenne autunnale; i muri della casa assorbivano l'umidità come una spugna, e le condizioni di Chopin non poterono che peggiorare. A metà dicembre riprese la penna per scrivere a Fontana: «I miei manoscritti sonnecchiano, e io non riesco a dormire. Tossisco. Coperto di cataplasmi, aspetto la primavera o qualche altra cosa».

I tre medici che lo avevano tanto divertito avevano di fatto diagnosticato la tubercolosi e, obbedendo alla legge spagnola, lo avevano segnalato alle autorità. Appena saputa la cosa, il proprietario della casa li sfrattò e pretese anche un risarcimento per ritinteggiare a calce le pareti e sostituire i mobili: la legge stabiliva di bruciare qualunque cosa fosse stata toccata da un tubercoloso. La coppia e i bambini furono costretti a traslocare in un ex convento sconsacrato di Valldemossa, una certosa in mezzo ai monti nella quale occuparono tre stanze. «È il soggiorno più romantico della terra» avrebbe detto George Sand.

Ma giusto qualche settimana prima del ritorno della primavera, e proprio nel momento in cui Chopin stava riprendendo gusto alla vita, venne presa la decisione di andarsene il più presto possibile. Il motivo di una partenza così frettolosa rimane oscuro; le spiegazioni che ne dà George Sand a posteriori si contraddicono. In ogni caso, l'11 febbraio 1839, dopo cinquantasei giorni passati alla certosa di Valldemossa, si misero in viaggio per Palma. Quel tragitto fu una vera via crucis. La Sand aveva cercato di chiedere in prestito una carrozza per far scendere agevolmente Chopin dalle alture, solo che tutti erano al corrente della sua malattia e nessuno voleva essere costretto a bruciarla dopo che era stata usata da un tubercoloso. Chopin dovette affrontare quattordici chilometri di spaventose mulattiere su un vecchio carro sgangherato. Squassato dalla tosse continua, e sputando continuamente sangue, arrivò infine a casa di un amico che si era offerto di ospitarli fino alla partenza del *Mallorquin*.

Si imbarcarono il 13 febbraio.

La navigazione fino a Barcellona ebbe degli aspetti eroicomici. Il battello a vapore trasportava un centinaio di maiali, il cui odore ammorbante, unito allo stridulo coro di grugniti, diede la nausea a tutti. George Sand descrisse quella traversata in una lettera datata 15 febbraio 1839, indirizzata a Charlotte Marliani.

Arrivando a Barcellona, Chopin ebbe un'emottisi particolarmente violenta. Presero alloggio in un hotel, dove ancora una volta, nonostante il biancosegno di un medico francese, dovettero pagare in anticipo la biancheria e tutti gli oggetti che sarebbero poi stati bruciati o distrutti dopo la loro partenza. Ma in quella settimana la salute di Chopin migliorò nettamente, e il 22 febbraio poterono infine imbarcarsi su un bastimento francese diretto a Marsiglia.

La descrizione che lei fece del loro soggiorno a Maiorca in una delle sue opere è tragica ed esasperata.

A Maiorca eravamo soli, soli come in un deserto, e dovevamo conquistarci la sussistenza quotidiana facendo guerra alle *scimmie*; poi ci sedevamo tutti attorno alla stufa e ne ridevamo. Ma via via che l'inverno avanzava, la tristezza mi paralizzava nel petto ogni sforzo di allegria e serenità. Lo stato fisico del nostro malato continuava a peggiorare: il vento fischiava nella valle, la pioggia batteva sui vetri, la voce del tuono trapassava i nostri muri spessi e gettava le sue note lugubri tra i giochi e le risate dei bambini[13].

Il 24 febbraio, dopo una traversata senza incidenti, la nave raggiunse Marsiglia. Chopin venne affidato alle cure del dottor Cauvière, un amico dei Marliani. Il medico giudicò le sue condizioni decisamente gravi e gli proibì di continuare il viaggio. Così si sistemarono in un hotel. Chopin scrive a Grzymala:

Di notte George lavora molto e io dormo perché mi danno delle pillole di oppio. E al mattino lei dorme e io me ne sto tranquillo, tossisco e rifletto[14].

La convalescenza durerà quattro mesi; soltanto alla fine di giugno riusciranno a tornare a Nohant.

Di ritorno a Parigi nell'autunno del 1839, George Sand si trasferisce al 16 di rue Pigalle; Chopin tiene invece il suo appartamento al 5 di rue Tronchet, dove dà le sue lezioni.

Balzac scrive a Madame Hanska:

13. George Sand, *Un hiver à Majorque*, Paris, ed. Félix Bonnaire, 1842.

14. *Lettres retrouvées*, ed. Thierry Bodin, Paris, Gallimard, 2004.

George Sand abita in rue Pigalle al numero 16, in fondo a un giardino. Ha una sala da pranzo nella quale i mobili sono di quercia intagliata. Il piccolo salotto è color caffelatte e la sala nella quale riceve i suoi ospiti è piena di vasi cinesi magnifici, pieni di fiori. Ci sono pure un mobile giardiniera verde, anch'esso pieno di fiori, una credenza piena di oggetti curiosi, dei quadri di Delacroix e un suo ritratto fatto da Calamatta J. Il pianoforte è magnifico, verticale, massiccio, in legno di palissandro. Chopin ci sta seduto davanti tutto il giorno. Lei fuma solo sigarette e si alza sempre alle quattro; e alle quattro Chopin, che ha finito le sue lezioni, sale da lei passando per una scala dritta e ripida, detta da mugnaio.

Nell'ottobre del 1839 Chopin dà un concerto a Saint-Cloud, col pianista e compositore ceco Ignaz Moscheles, davanti a Luigi Filippo e alla sua famiglia. Nel 1841, dopo sei anni di assenza dalla scena pubblica, si decide a dare un concerto alla Salle Pleyel, non senza esitazioni e condizioni di ogni genere, che inducono George Sand a scrivere:

Una grande, grandissima notizia, è che il piccolo Chip Chip[15] darà un grrrrrrande concerto. I suoi amici glielo hanno così tanto ficcato in testa che alla fine si è lasciato persuadere [...] e non c'è niente di più buffo che vedere il meticoloso e irresoluto Chip costretto a non poter più cambiare idea. [...] Questo incubo chopinesco avrà luogo alla Salle Pleyel il 26 aprile. Non vuole cartelloni, non vuole programmi, non vuole un folto pubblico, non vuole che se ne parli. È spaventato da così tante cose che gli ho proposto di suonare senza candele e senza nessuno che ascolti, su un pianoforte muto.

Il concerto fu un trionfo.

Passarono tre anni, nel corso dei quali Sand e Chopin si divisero tra Parigi e Nohant.

15. Così lo aveva soprannominato la Sand in alcune sue corrispondenze, forse con riferimento al verbo *chipoter*, che ha più d'un significato, tra cui esitare, tentennare (*N.d.T.*).

Nel maggio del 1846, quando Chopin va a Nohant a finire alcune composizioni che ha cominciato, le tensioni sono aumentate e il loro amore è in piena crisi. Il forte disincanto della Sand nei confronti di quella relazione sentimentale che pian piano si è trasformata in una pesante catena non è affatto recente. Ad Albert Grzymala, suo intimo amico, scrive:

> Il male che rode quel povero essere nella mente e nel fisico mi uccide da tempo, e lo vedo andarsene senza aver mai potuto fargli del bene, perché la causa principale della sua tristezza è proprio l'affetto inquieto, geloso e ombroso che nutre nei miei confronti. Sono ormai sette anni che io vivo come una vergine con lui e con gli altri. Mi sono fatta vecchia prima del tempo, e anche senza sforzo né sacrificio, tanto ero stufa delle passioni, e disillusa senza rimedio.

E a quella "disillusione" si è aggiunto il comportamento dei suoi figli. A ventidue anni, Maurice ha deciso di regnare da padrone a Nohant e non sopporta più le ingerenze del musicista. Quanto a Solange, diciottenne, intrattiene col compagno di sua madre una relazione più che equivoca. Chopin è manifestamente attratto dal fascino della ragazza. Un insieme di fattori che rendono la vita quotidiana un calvario. Quando Chopin, stanco, lascia Nohant alla fine dell'estate, la relazione tra lui e la Sand è ormai agli sgoccioli.

A Parigi il compositore ritrova con piacere i suoi allievi e gli amici musicisti, tra cui il violoncellista Auguste Franchomme, per il quale compone alcune magnifiche sonate per violoncello e pianoforte.

Nell'estate del 1947, per la prima volta dopo Maiorca, Chopin non viene invitato a Nohant, e in lui si spezza definitivamente quell'illusione di famiglia che gli era diventata così necessaria, sia per vivere che per lavorare.

Un viaggio in Scozia non è che un rimedio disperato, che può solo accelerare la sua fine. Conosce un'aristocratica scozzese, Jane Stirling, che lo seguirà a Parigi, dove lui le darà delle lezioni di piano e lei diventerà la sua musa, la sua ispiratrice.

Esausto, Chopin rientra a Parigi il 24 novembre 1848, dove è costretto a sopportare la sfilata incessante di amici e di ammiratrici. Senza più forze, si decide a chiamare in aiuto sua sorella Louise. Nella primavera del 1849 si sistema in un appartamento più soleggiato sulla collina di Chaillot, al 64 di rue de Chaillot, molto vicino all'attuale Trocadero, ma all'epoca praticamente piena campagna.

Louise arriva il 9 settembre, insieme al marito e alla figlia. Constatando il progredire della tisi che consuma Chopin, la sua indigenza materiale, il suo sconforto affettivo, decide di restare a Parigi per occuparsi del fratello. George Sand le scrive per spiegarle con precisione la gravità delle condizioni del musicista; Louise non le risponde, e neppure parla al fratello della lettera, forse per timore che una ripresa dei contatti possa aggravare il suo stato. Per lei, nella vita di Fryderyk la Sand è sempre stata solo un'intrusa.

Da parte sua, George Sand non muove un dito. Si è murata dietro il silenzio, il risentimento, il disprezzo.

L'appartamento di Chaillot non è abbastanza caldo perché il malato possa passarci l'inverno. Chopin deve dunque trasferirsi di nuovo, stavolta al primo piano del civico 12 di place Vendôme. Louise lo aiuta a sistemarsi lì alla fine di settembre e si sforza di ricreargli un caldo ambiente familiare, badando bene a far sparire qualunque ricordo di George Sand. Ma appena preso possesso dell'appartamento, Chopin si aggrava sensibilmente, al punto che i diversi medici consultati dichiarano tutti di non poter fare nulla, lasciando quindi spazio a padre Jelowicki, un prete polacco fatto chiamare da Louise.

Nelle sue ultime ore Chopin è circondato da molte persone, forse troppe. La contessa Delphine Potocka è venuta da Nizza appositamente per cantargli delle arie italiane.

Magra, irrisoria consolazione. Jane Stirling è presente. I suoi amici polacchi e i suoi allievi si danno il cambio al suo capezzale. Louise si occupa di tutto. L'ultima notte Solange, la figlia di George Sand, è presente insieme alla madre accanto al moribondo. È lei che gli porge un bicchiere d'acqua. È stato lui stesso a chiederlo, con l'estremo fiato. Ma non ha la forza di prenderlo. Tende un'ultima volta la mano, per poi lasciarla cadere mollemente.

Fryderik Chopin muore così, nella notte tra il 17 e il 18 ottobre 1849.

Il 20 ottobre, Eugène Delacroix scrive nel suo diario:

Ho saputo, dopo pranzo, della morte del povero Chopin. Cosa strana: stamane, prima di alzarmi, quest'idea mi girava in testa. Mi è già successo altre volte di provare questo genere di presentimento. Una perdita immensa! E quante ignobili canaglie riempiono la piazza, ora che quell'anima così bella si è spenta!

Victor e Juliette
Victor Hugo e Juliette Drouet

2 febbraio 1833. Teatro della Porte-Saint-Martin

Seduto in prima fila, lo sguardo fisso sul palcoscenico, Victor Hugo si tirò su il bavero del cappotto e continuò a seguire la recitazione degli attori. La prima assoluta della sua ultima *pièce*, *Lucrezia Borgia*, si annunciava sotto i migliori auspici. Frédérick Lemaître era perfetto nella parte di Gennaro, e Mlle George – ne era sicuro – avrebbe trionfato in quella di Lucrezia.

Atto terzo, scena prima.

La principessa Negroni a Maffio, indicando Gennaro: «Signor conte Orsini, il vostro amico mi sembra alquanto triste».

Victor Hugo sobbalzò.

Era la prima volta che vedeva quell'attrice. Magnifica. Chi era? Quanti anni poteva avere, venticinque? Al massimo ventotto. L'ovale perfetto del suo volto era messo in rilievo da una meravigliosa capigliatura nera. E le sue piccole labbra sensuali sembravano create apposta per essere baciate.

Lo scrittore – nonché drammaturgo, poeta e disegnatore – si chinò verso Félix Harel, il direttore del teatro.

«L'attrice che interpreta Negroni, come si chiama?»

«Juliette Drouet. Ve ne avevo già parlato. Come la trovate?»

«Perfetta... Ditemi qualcos'altro su di lei».

«Ha recitato come comparsa in alcune *pièces* al teatro Royal du Parc a Bruxelles, poi il direttore del Vaudeville, probabilmente colpito dal suo fascino, come del resto tutti gli uomini che la incontrano, le ha affidato alcune parti secondarie. Infine è riuscita a farsi scritturare dal teatro dell'Odéon».

Harel continuò con un sorriso appena accennato: «Se posso permettermi, a giudicare dalla vostra espressione mi sembra che quella donna v'interessi... O sbaglio?»

Hugo eluse la domanda.

«Invece di parlare, ascoltiamola...»

Tornato a casa, lo scrittore aveva ancora gli occhi colmi della sua visione, e le sue labbra ripetevano dolcemente: «Juliette...» Va detto che Victor Hugo era un uomo di ardenti appetiti sessuali, incline a spogliare le donne in fretta, quantomeno col pensiero. E la perfezione fisica di quella Juliette raggiungeva il vertice dei suoi sogni più voluttuosi.

Si lasciò cadere nella poltrona vicina al caminetto. Aveva trentun anni, e la gloria gli andava incontro a grandi passi. Alcuni anni prima, esattamente l'8 giugno del 1822, il suo primo libro, *Odes et poésies diverses*, aveva conosciuto un tale successo che, dopo averlo letto, Luigi XVIII aveva accordato all'autore un assegno di milleduecento franchi, che andavano ad aggiungersi ai mille del ministero dell'Interno. Una fortuna, dato che la famiglia Hugo era stata rovinata dalla caduta dell'Impero, e Victor non era ancora ciò che sognava di diventare: Chateaubriand.

Alzando il viso, lo sguardo finì sul ritratto della moglie, Adèle Foucher. Da qualche tempo, Adèle non faceva più rima con *fidèle*, fedele. Aveva cominciato a tradirlo. E con chi? Con Charles Augustin Sainte-Beuve, quel giuda! Dieci anni di casto fidanzamento e poi altri dieci di matrimonio; vent'anni di vita in comune per arrivare a cosa? Essere fatto becco da uno dei suoi migliori amici! E Dio sa se lui l'aveva amata, Adèle. Anche lei lo aveva amato, sin dal primo sguardo. Si erano conosciuti da ragazzini, vicini di casa. Ma pur follemente innamorato, Victor aveva dovuto aspettare la morte di Mme Hugo, contraria alla loro unione; solo allora aveva finalmente potuto sposarla, a Saint-Sulpice, il 12 ottobre 1822.

Il 16 luglio 1823 Adèle aveva partorito il loro primo figlio. Ma il bambino, battezzato col nome di Léopold, come il padre di Victor, a causa delle condizioni di salute estremamente precarie era riuscito a sopravvivere solo fino al 9 ottobre. Alcuni mesi prima Victor aveva creato con Alfred de Vigny *La Muse Française*, una pubblicazione dall'esistenza effimera, e si era sistemato con la moglie in un mezzanino al 90 di rue de Vaugirard.

Poi era nata una femmina, Léopoldine, e in quello stesso periodo Victor aveva ripetuto il successo dell'*Ode sur la Mort du duc de Berry* pubblicandone una sull'incoronazione di Carlo X che gli era valsa la Legion d'onore. All'età di ventitré anni, una cosa mai vista!

Il 2 novembre 1826, Adèle partorì un maschio, cui venne dato il nome di Charles in onore del re, il protettore di Victor.

Con *Notre-Dame de Paris*, immenso successo editoriale, gli elogi erano arrivati a pioggia. «È lo Shakespeare del romanzo, è l'epopea del Medioevo» scrisse Lamartine. Un giudizio che altri non avevano condiviso: «Un'opera noiosa e vuota, piena di pretese architettoniche!» aveva esclamato Balzac, evidentemente roso dalla gelosia.

Dal mese di settembre del 1830, il matrimonio di Victor aveva iniziato a incontrare qualche difficoltà. Adèle, il suo grande amore, aveva perso il vitino da vespa; del resto non poteva essere altrimenti, dato che tra il 1828 e il luglio del 1830 aveva portato avanti ben due gravidanze, dando alla luce prima François-Victor e poi Adèle[1]. In totale, cinque

1. L'unica che sopravviverà all'illustre padre, ma la sua salute mentale, sempre vacillante, la obbligherà a vivere per molti anni in una casa di cura.

figli in sette anni! Non c'era dunque da stupirsi che si fosse un po' sformata. A ogni modo, stanca di dover perpetuare la razza degli Hugo, e trascurata dal marito sempre oberato di lavoro, la donna aveva deciso di non ottemperare più ai suoi doveri coniugali.

A favorire quella decisione, se non addirittura a determinarla, c'era il fatto che Adèle subiva il fascino di un vicino di casa, peraltro molto amico del marito, che abitava al 94 di rue de Vaugirard, a due passi dagli Hugo, e campava scrivendo critiche letterarie, romanzi mediocri e versi privi di stile: Charles Augustin Sainte-Beuve, per l'appunto. Hugo e Sainte-Beuve erano diventati amici da quando quest'ultimo aveva pubblicato una critica elogiativa della raccolta *Odi e ballate*. La cosa risaliva al gennaio del 1827. Victor aveva scoperto su *Le Globe* un paio di articoli, firmati semplicemente con le iniziali, che parlavano della nuova edizione delle *Odi*. Così si era presentato nella redazione del giornale per conoscere il nome dell'autore e potergli esprimere la sua gratitudine. Il critico era Sainte-Beuve, e da allora i due erano diventati amici.

Secondo Alfred de Vigny, Sainte-Beuve era piccolo e piuttosto brutto, e parlando faceva continue smorfie ossequiose, come una vecchia signora[2]. Secondo altri mancava di virilità, in pratica era quasi effeminato. «Non era impotente, ma in lui la ginnastica dell'amore si svolgeva con una tale difficoltà, un tale imbarazzo, un tale impaccio!»[3] Consapevole di essere brutto, non aveva mai guardato in faccia una donna, e sul piano sessuale aveva conosciuto solo prostitute. Evidentemente la cosa non scoraggiò affatto Adèle.

Sicuro del suo amico come lo era della moglie, Hugo non sospettava niente, anche se forse, vedendo che Adèle si

2. *Correspondances*, t. 2, Madeleine Ambrière (agosto 1830-settembre 1835), Paris, PUF, 1989.

3. Sainte-Beuve, nel *Journal des Goncourt*.

sottraeva alle sue avance e soffriva regolarmente di mal di testa al momento di andare a letto, qualche domanda avrebbe potuto porsela. Invece non se l'era posta, non aveva cercato di capire. Del resto non aveva tempo, lavorava come un forsennato; stava finendo una nuova opera teatrale, *Hernani*. Il 25 febbraio ci sarebbe stata la prima. Quella sera, il Théâtre-Français divenne il campo di una "guerra" tra i classicisti, fautori di una stretta gerarchizzazione dei generi teatrali, e la nuova generazione dei romantici. Questi ultimi – tra cui in prima fila c'era Théophile Gautier – si mostrarono entusiasti dell'opera, e lo scontro che innescarono col resto del pubblico è rimasto impresso nella storia della letteratura col nome di «Battaglia di Hernani».

Il giorno dopo il suo trionfo, Hugo dovette traslocare: la proprietaria era stanca del trambusto provocato dai cinque marmocchi dello scrittore. Si trasferirono in rue Jean-Goujon, vicino agli Champs-Élysées, che non erano ancora diventati di moda. Al contrario la zona, punteggiata qua e là di sporadiche abitazioni, era una distesa di spazi liberi dove molti andavano a farsi il proprio orticello. In mezzo a quei terreni semiabbandonati, la casa degli Hugo si ergeva come una sfida. In pochi anni la famiglia aveva accumulato una montagna di oggetti: mobili, quadri, disegni, libri, manoscritti… Bisognava trovare un posto per tutto, e si rivelò una vera impresa.

Da lontano, Sainte-Beuve immaginava la fatica e lo scompiglio di quel trasloco, struggendosi d'amore per Adèle.

Fino a quel momento, i coniugi Hugo lo avevano accolto con immutato calore: Victor era cordiale come un fratello, lei tenera come una sorella. E alla nascita di Adèle gli avevano subito chiesto di farle da padrino di battesimo. Lui, diffidente, aveva domandato a Victor se l'idea fosse sua. «No, è di Adèle» aveva risposto con franchezza l'interpellato, e Sainte-Beuve ne aveva segretamente gioito.

Ma l'ex vicino di casa non era più lo stesso di prima. Il

suo segreto doveva pesargli, e non aveva più la vivacità e l'apertura mentale di un tempo. Anche sul piano della cordialità e dell'affetto era diventato piuttosto parco. E le sue visite, prima così regolari, si fecero sempre più sporadiche.

Stupito da quella metamorfosi, Victor gliene chiese la ragione. Lui rispose in maniera evasiva, accampando scuse vaghe. Finché un giorno, esattamente il 7 dicembre 1830, confessò per iscritto il proprio sconforto.

Amico mio,

non ce la faccio più. Se sapeste come trascorro i giorni e le notti, e di quali contraddittorie passioni io sia preda, avreste pietà di chi vi ha offeso e mi augurereste la morte, senza biasimarmi e mantenendo su di me un eterno silenzio. Già mi pento di ciò che sto facendo, quest'idea di scrivervi mi appare insensata quanto tutto il resto, perché ovunque io mi giri ho l'impressione di scontrarmi con l'impossibile... Ma ormai ho iniziato e dunque vado avanti! Se sapeste – ahimè! – cosa provo ogni volta che il vostro nome giunge alle mie orecchie, ogni volta che mi viene riferita qualche novità, qualche notizia su Mme Hugo e su di voi; se sapeste in che modo tutte quelle giornate trascorse con leggerezza – le nostre passeggiate tra i campi, le visite alle Feuillantines e tutto quel che avevo sognato di una vita serena e fortunata accanto a voi –, se sapeste in che modo tutto ciò si scatena ogni notte in fondo al mio cuore, e a quale supplizio infernale io sia condannato, senza tregua, dalle tre del mattino sino a giorno fatto...

Quindi aggiunge:

Questo amore, Dio m'è testimone che io l'ho cercato unicamente in entrambi, nella duplice amicizia per voi e per Mme Hugo, e che ho cominciato ad arretrare, e a indignarmi con me stesso, solo quando ho creduto di scorgere la fatale ambiguità della mia immaginazione e del mio cuore. Se dunque ho smesso di farvi visita, è perché amicizie come la nostra non possono essere moderate: le si lascia vivere come sono, oppure si uccidono. Cosa potrei mai venire a fare ormai, a casa vostra, dopo che ho meritato la vostra diffidenza, dopo che tra noi si è insinuato il sospetto... Voi sareste inquieto, guardingo, e Mme Hugo non potrebbe neppure sfiorare il mio sguardo senza aver prima consultato il vostro»[4].

Curiosamente, Victor Hugo non aveva dato molto credito a quella lettera. Lui, il grande autore, lo scrittore di successo, si sentiva invulnerabile. Era mai possibile che Adèle potesse amare altri che lui? Assolutamente no! Sainte-Beuve scambiava i propri desideri per realtà.

Così gli aveva risposto con nobiltà d'animo:

Non seppelliamo la nostra amicizia: conserviamola santa e pura com'è sempre stata. Dobbiamo essere indulgenti l'uno verso l'altro, amico mio. Io ho la mia ferita, e voi la vostra: questo doloroso turbamento passerà. Il tempo cicatrizzerà tutto, e speriamo di poter trovare un giorno in tutto ciò unicamente delle ragioni per volerci ancora più bene. Mia moglie ha letto la vostra lettera. Venite a trovarmi, fatelo spesso, fatelo quando volete, e continuate a scrivermi[5].

Hugo era davvero inconsapevole? O ad agire in lui era piuttosto il desiderio di negare una realtà che avrebbe potuto ferire la sua vanità?

In ogni caso, se Adèle si era concessa quel tradimento, probabilmente lo aveva fatto perché, stanca di dover sostenere l'ardimento letterario del marito, e sfinita dalle molte gravidanze, aveva sperato di reinventare l'amore.

Tre anni dopo, nuovo trasloco, questa volta al secondo piano dell'hotel de Guéménée, in place Royale.

E Juliette?

4. *Lettres de Sainte-Beuve à Victor Hugo*, «La Revue de Paris».

5. *Correspondance de Victor Hugo*, t. 1, *1814-1848*, Paris, Albin Michel, 1947.

Già l'indomani del giorno in cui l'aveva vista sulla scena, Hugo aveva iniziato a darsi da fare per conquistarla.

Julienne Joséphine Gauvain era nata a Fougères, in Bretagna, il 10 aprile 1806. I genitori, entrambi sarti, erano morti dopo aver messo al mondo quattro bambini, due dei quali deceduti in tenera età. Finite in un orfanotrofio, Julienne e la sorella Renée furono presto adottate dallo zio, René Henri Drouet, guardiano di un deposito di artiglieria a Camaret. Julienne lo adorava, al punto che assumerà il suo patronimico. Nel 1814 René si era trasferito a Parigi con la moglie e aveva affidato Julienne alle religiose di Sainte-Madeleine. Sette anni più tardi la ragazza uscirà dall'istituto munita di quella solida educazione che i collegi dell'epoca impartivano alle ragazze senza distinzione, povere o benestanti che fossero. Da quel momento fino all'inverno del 1825, di lei non si sa più nulla. Cos'ha fatto in quei tre anni?

Comunque sia, ora si fa chiamare Juliette Drouet e posa nuda per Pradier, scultore alla moda di cui è divenuta l'amante. Un anno dopo partorirà una bambina, Claire.

Tutto la destinava nel modo più naturale alla commedia e al vaudeville. Prese lezioni per affinare il canto, e anche lezioni di acquerello presso Redouté, il celebre pittore di fiori.

Diventata Mademoiselle Juliette, aveva approfittato di un soggiorno a Bruxelles assieme al suo amante per farsi scritturare al Théâtre Royal du Parc, dove la sua bella voce, il volto affascinante e l'attraente décolleté le erano valsi gli elogi della critica. Quel primo successo le aveva permesso di tornare a Parigi e di entrare al Théâtre du Vaudeville. Dopo un centinaio di rappresentazioni, la sua fama si era consolidata; nel frattempo Pradier aveva ceduto il posto a un amante italiano, l'ambasciatore del Granducato di Toscana a Parigi, che a sua volta venne presto rimpiazzato da un principe russo, Demidoff, il quale, secondo le cronache del demi-monde, la ricopriva di gioielli. Tuttavia, la sfrenata passione per il lusso e l'incapacità di gestire i soldi avevano spinto la giovane a contrarre numerosi debiti, moltiplicando il numero dei suoi creditori.

In verità, la bella Juliette si era comportata come tutte le belle ragazze che bruciavano la propria esistenza sotto le luci della ribalta. Per emergere, per spiccare un po' di più rispetto alle altre, le attrici dell'epoca erano costrette a rivaleggiare in eleganza. Scarpe, abiti, acconciature, gioielli, nulla sembrava mai abbastanza per loro. Il 7 aprile 1832, colpevole di non aver pagato un'usuraia, una certa signora Ribot, l'attrice era stata condannata a garantire il rimborso di un debito di ottomila franchi. Ma la signora Ribot non era certo la sola! Juliette doveva dodicimila franchi a un orefice, mille franchi a un guantaio, seicento franchi a una lavandaia, duecentosessanta franchi a un parrucchiere, più vari altri debiti con sarte, avvocati e commercianti di tessuti; senza contare il Monte di pietà, dove regolarmente portava i suoi gioielli.

Per rimborsare tutti fu costretta a lavorare in maniera frenetica, spesso recitando in due *pièces* nella stessa serata, e totalizzando più di cinquecento rappresentazioni in due anni. Alla fine, per consolidare il successo, si era presa come amante Alphonse Karr[6], ottenendo così un trattamento di favore da parte dei giornalisti, che la coprirono di elogi.

2 febbraio 1833. Il sipario si è alzato. Juliette è entrata in scena. Di lei Théophile Gautier scriverà:

> Aveva solo due parole da dire e non faceva altro che attraversare la scena. Eppure, con così poco tempo e così poche parole, ha trovato il modo di creare un personaggio ammaliante, una vera principessa italiana.

La *pièce* è un trionfo. Harel scriverà a Hugo:

6. Giornalista e scrittore francese (1808-1890) (*N.d.T.*).

Il maggior successo economico ottenuto sotto la mia amministrazione è quello di *Lucrezia Borgia*. Gli incassi delle prime trenta rappresentazioni ammontano a un totale di 84.769 franchi. Nel corso della mia gestione, e oramai sono otto anni, nessun'altra opera ha mai raggiunto questa cifra e neppure ci è mai andata vicina[7].

Quella sera Hugo non si dirige verso il camerino di Mlle George, ma va a bussare a quello di Juliette. Lei apre, e lo sguardo bello e dolce dell'attrice incrocia quello intenso e commosso dell'autore.

Era tradizione, all'epoca, che durante il periodo di carnevale i teatri offrissero dei balli ai quali gli attori invitavano amici e conoscenti. Giovedì 14 febbraio, Juliette e Victor vanno insieme a uno di quei balli. Juliette è sorpresa. Victor si mostra molto meno intraprendente degli uomini che aveva conosciuto, come se non avesse il coraggio di lanciarsi, come se temesse di scivolare verso un abisso sconosciuto. Juliette, donna esperta, decide allora di assumersi l'incarico di liberare Victor dagli ultimi scrupoli. Il 16 febbraio gli scrive una lettera, che lui riceverà a casa sua il giorno dopo:

Carissimo Victor,
grazie per tutta la felicità che mi dai. Grazie della tua fiducia nel futuro. Già si è creata, tra le nostre anime, una santa alleanza che non può essere infranta. Se anche i nostri progetti non andassero a buon fine, ciò non dovrà scoraggiarci. Arrivederci, mio caro angelo, a domani, adorato Victor. Domani, la felicità. Domani percepiremo le nostre due anime sfiorarsi sulle labbra.

Passano tre giorni senza che accada nulla. Juliette non capisce. La sera del 19, martedì grasso, il ballo è nel foyer del

7. *Victor Hugo*, Alain Decaux, Paris, Éditions Perrin, 1984.

Gymnase, e sarà seguito da una cena. Hugo ha accettato l'invito, e chiede ancora a Juliette di unirsi a lui. Questa volta lei è decisa a rompere gli indugi. Lui verrà a prenderla e andranno insieme a quel benedetto ballo, d'accordo; ma poi, al ritorno, che diamine, dimostri di saper fare qualcosa!

Di qui l'ardente biglietto che invia a Victor:

Vieni a prendermi stasera da Madame K. Fino ad allora il mio amore mi farà essere paziente, ma stasera... Oh, questa sera sarà tutta per noi... E io sarò tua completamente.

Lui è arrivato, e ora sono lì entrambi, nel salone di Madame Krafft. In realtà, né lui né lei hanno voglia di andare a quel ballo. Chi dei due ha posto all'altro la semplice domanda che avrebbe determinato tutto il loro futuro? Lei, probabilmente. «E se non ci andassimo?» Poi lo ha trascinato nella sua stanza. «Questa sera è tutta per noi».

Otto anni dopo, lui le scriverà:

Ricordi, mia adorata? La nostra prima notte fu una notte di carnevale, la notte di martedì grasso del 1833. Davano, in non so quale teatro, non so quale ballo a cui dovevamo andare entrambi. (Interrompo ciò che sto scrivendo per rubare un bacio dalla tua bellissima bocca, e poi continuo). Nulla, nemmeno la morte, ne sono sicuro, potrà cancellare in me quel ricordo. In questo momento, tutti gli istanti di quella notte mi attraversano la mente, uno dopo l'altro, come stelle in transito davanti allo sguardo del mio cuore. Sì, tu dovevi andare al ballo, e non ci andasti, e mi attendesti [...]. In mezzo alla festa generale, noi abbiamo dato vita di nascosto a una dolce festa solo per noi. Parigi s'immergeva in un'ebbrezza forzata e finta. Noi soli conoscevamo quella vera. Non dimenticare mai, angelo mio, quei momenti misteriosi che hanno cambiato la tua vita[8].

8. *Victor Hugo-Juliette Drouet, 50 ans de lettres d'amour (1833-1883)*, éditions de Gérard Pouchain, Ouest-France, 2005.

Poi sedici anni dopo, il 20 febbraio 1849:

Non scorderò mai quella mattina in cui uscii da casa tua col cuore colmo di luce. Nasceva il giorno. Pioveva a dirotto. Le maschere, stracciate e sporche di fango, scendevano dalla Courtille gridando e riempiendo il boulevard du Temple. Erano ubriachi, e lo ero anch'io: loro di vino, io d'amore. Attraverso le loro grida, io udivo il canto che avevo nel cuore. Non vedevo tutti quegli spettri attorno a me, spettri d'una gioia morta, fantasmi di un'orgia spenta. Io vedevo te, dolce ombra raggiante nella notte, i tuoi occhi, la tua fronte, la tua bellezza, il tuo sorriso, inebriante come i tuoi baci. Quel mattino era gelido e piovoso in cielo, ma radioso e ardente nel mio cuore!

E il 7 marzo:

Vi amo, mio povero angelo, lo sapete bene, e tuttavia volete che ve lo scriva. Avete ragione. Bisogna amarsi, e poi bisogna dirlo, e poi bisogna scriverselo, e poi baciarsi sulla bocca, sugli occhi, ovunque. Voi siete la mia amatissima Juliette. Quando sono triste penso a voi come l'inverno pensa al sole, e quando sono allegro penso a voi come in pieno sole si pensa all'ombra. Vedete bene, Juliette, che vi amo con tutta l'anima. Sembrate giovane come una fanciulla, e saggia come una madre, e io vi abbraccio e vi avvolgo con tutto questo mio immenso amore. Baciatemi, bella Juju!

All'inizio di agosto scoppiano le prime burrasche.

Victor è geloso. Assilla la sua amante con domande assurde. Non è possibile che lei possieda in modo naturale una tale scienza dell'amore! Da chi ha imparato a distillare così audacemente simili delizie? Il suo passato lo tormenta. La prima volta che lui ha fatto allusione alle sue "turpitudini" lei ha provato un fremito d'indignazione, ma soprattutto si è sentita umiliata. La decima volta lo ha trovato insopportabile. Finché un giorno, furiosa dopo l'ennesima scenata, e ritenendo che lui avesse veramente passato ogni limite, ha preso tutte le lettere del suo amante, che conservava con riguardo in un cassetto del comò, le ha strappate in mille pezzi e infine, non ancora placata, le ha bruciate.

Litigano, ma poi si riconciliano tra le lenzuola.

Intanto Adèle ha finito per scoprire l'esistenza di Juliette, ma non fa scenate, non dice nulla. Lei ha Sainte-Beuve, dunque come potrebbe proibire a Victor di avere Juliette?

In quel periodo, Hugo comincia a scrivere *Marie Tudor*. E un giorno, cogliendo l'occasione dell'assenza di moglie e prole, gli viene la strana idea di far visitare a Juliette la casa in cui vive. Ma di fronte alla realtà di un'altra esistenza, ovvero quella di Victor e Adèle, dell'intera famiglia Hugo, la giovane dev'essersi sentita profondamente a disagio, perché commenterà:

Siete stato molto gentile ad avermi aperto le porte della vostra casa. Per me ha significato soddisfare molto più di una semplice curiosità, e vi ringrazio di avermi fatto conoscere il luogo in cui vivete, in cui amate, in cui pensate. Tuttavia desidero essere sincera con voi, mio adorato, perciò vi confesso che da quella visita ho riportato una terribile sensazione di tristezza e di avvilimento. [...] Affermare che in questo mio stato d'animo voi avete avuto un ruolo maggiore di quello che avete realmente rivestito non avrebbe senso; tuttavia devo dirvi, mio amatissimo, che mi sento la più miserabile delle donne.

Esasperata, e stanca di essere tormentata, Juliette minaccia di troncare e di andarsene con sua figlia. Ma sa di non poterlo fare: lo ama, e non può fare a meno di lui.

È facile capire, dalle sue lettere, quali tormenti produca in lei la morbosa gelosia dell'amante.

Mio diletto,
non posso fare a meno di ripensare alla profonda tristezza che hai mostrato anche stamattina, e ai dubbi che manifesti su tutto,

senza posa, riguardo alla sincerità del mio amore. [...] Oggi, per esempio, ho avuto la pessima idea di nasconderti la visita di un creditore, che si è fermato giù in portineria. Ho cercato nelle mie riserve di che pagarlo, a tua insaputa. Ciò che mi dici ogni giorno, e in ogni momento, che io non ti amo, mi fa pensare che tu abbia di me e del mio carattere un'opinione perversa, che le difficoltà della mia posizione possono forse rendere plausibile, ma non per questo è meno falsa, ingiusta e crudele. [...] Io ti amo istintivamente, senza secondi fini, senza una ragione precisa, buona o cattiva che sia. Ti amo col mio amore, ti amo col cuore, ti amo con l'anima, ti amo con tutte le mie facoltà di amare, e devi credermi, perché è così. Ma se non vuoi credermi, allora farò un ultimo tentativo, un ultimo sforzo per provartelo, avrò la triste soddisfazione di sacrificarmi del tutto per un dubbio assurdo e folle.

E ancora:

Bisogna tagliare la parte incancrenita, bisogna seppellire a ogni costo quel freddo cadavere che s'interpone tra i nostri baci. Poi, come i martiri, troveremo una vita celeste, una vita nuova da ricominciare insieme.

Grazie all'intercessione di Victor è rientrata alla Comédie-Française, ma non le hanno ancora affidato una parte. Passano le settimane, passano i mesi. Niente, nemmeno un piccolo ruolo marginale. Possibile che l'abbiano scritturata già con l'intenzione di non dare seguito al contratto?

Juliette dà sfogo alla rabbia e alla frustrazione.

Ora che la calunnia mi ha distrutta, in ogni senso; ora che sono stata condannata senza mai essere stata ascoltata, come lo sono stata nella tua *pièce*; ora che la mia salute e la mia mente si sono logorate in questa battaglia senza profitto e senza gloria; ora che vengo presentata all'opinione pubblica come una donna senza futuro, io non posso più vivere, non oso più vivere. Ecco, questa è la verità più vera: non oso più vivere. E questo timore ha fatto nascere in me l'idea del suicidio...

Per rasserenarla, Victor decide di farle fare un viaggio. Partono il 3 luglio 1834, raggiungono Jouy-en-Josas e sostano all'Écu de France, dove Hugo chiede la camera più bella. Ricordando quella notte d'estasi, Juliette scriverà:

Mio amatissimo Victor,
sono ancora colma di commozione per la nostra serata di ieri. In mancanza di un'amica e di un cuore che mi comprenda, nel quale io possa riversare la sovrabbondanza di gioia che provo, lo dico a te, lo scrivo a te: ieri, 3 luglio 1834, alle dieci e mezzo di sera, nell'albergo dell'Écu de France, a Jouy, io, Juliette, sono stata la più felice e la più fiera di tutte le donne del mondo; e voglio inoltre dichiarare che, fino a quel momento, non avevo mai provato in tutta la sua pienezza la felicità di amarti e di essere amata da te. Questa lettera, che ha la forma di un verbale, è in effetti un atto che attesta la condizione del mio cuore. Questo atto, scritto oggi, deve servire per tutto il resto della mia vita su questo mondo; il giorno, l'ora, l'istante in cui esso mi verrà ripresentato, mi impegno a ripristinare il suddetto cuore nelle medesime condizioni in cui si trova oggi, vale a dire colmo di un solo amore, il tuo, e di un solo pensiero, il tuo. Redatto a Parigi, il 4 luglio 1834, alle tre del pomeriggio.

Juliette

Post scriptum: hanno firmato in qualità di testimoni i mille baci coi quali ho coperto questa lettera.

Il 2 agosto 1834 la giovane donna, sfinita per le continue rimostranze dell'amante, decide per l'ennesima volta di porre termine alla relazione.

Amore e odio, odio e amore… Odio, perché Victor non sopporta più i debiti che lei continua ad accumulare di nascosto, e perché è costretto a perdere del tempo prezioso nel tentativo di sfuggire alla schiera di creditori che lo assediano nella speranza di essere pagati. E amore, perché quando pensa che lei potrebbe lasciarlo, ha davvero paura. E se lo lasciasse davvero? Se lui non avesse compreso fino in fondo la sua disperazione? Si precipita in rue de l'Échiquier, ma l'appartamento è deserto. Questa volta è vero, Juliette ha dato corso alla sua minaccia. Se n'è andata con la figlia a Saint-Renan, vicino a Brest, dalla sorella maggiore.

Hugo piomba subito in una disperazione infinita.

«Come fai a non vedere che tutto ciò che faccio, persino il male che ti faccio, è amore?» scrive alla fuggitiva. Poi fa il giro dei suoi editori per racimolare delle spettanze, circa un migliaio di franchi, e prende la strada per Saint-Renan.

Appena lo vede, Juliette gli cade tra le braccia, e l'uno e l'altra pronunciano le stesse parole: non si faranno del male mai più. Sulla strada del ritorno si prendono del tempo per stare insieme: Carnac, Auray, Vannes, Nantes, Angers, Amboise, Orléans, Étampes, Gisors, Saint-Germain. Arriveranno nella capitale solo alla fine del mese. È il primo grande viaggio da innamorati, il primo di una lunga serie in cui si ameranno ancora di più.

Durante il viaggio, Hugo scrive ad alcuni amici e alla moglie, spedisce lettere piene di fervore in cui si preoccupa per Toto (François-Victor) e per Didine (Léopoldine). Doppiezza? No. Vuole tenere insieme tutto, e crede di esserne capace. Probabilmente si rende conto che ciò che unisce Adèle e Sainte-Beuve non ha nulla di eterno.

Nel maggio del 1835 Juliette trasloca al 50 di rue des Tournelles, in un piccolo appartamento che Victor ha affittato per lei nel quartiere della Bastille, non lontano dalla sua stessa abitazione. Così ogni tanto potrà andare a trovarla senza perdere troppo tempo, senza rubarne troppo alla scrittura. Hugo continua a lavorare come un forsennato, con guadagni piuttosto sostanziosi.

Nondimeno, il suo rapporto col denaro non cambia. Nonostante l'ammontare dei diritti d'autore, che non faranno che crescere, Victor esercita ed eserciterà sempre uno stretto controllo sui cordoni della borsa. Per il momento è Juliette a farne le spese. Ogni mese lui le versa ottocento franchi, ma le proibisce qualsiasi gioiello eccentrico. Basta vestiti nuovi ogni settimana. Finite le serate costose in questo o quel ristorante.

«D'accordo» dice lei. «Se ho fame sorbirò un uovo, se ho sete berrò dell'acqua, se ho freddo mi rannicchierò sotto le coperte, e se sarò molto infelice penserò a te».

«E segnerai tutte le tue spese in questo quaderno» ribatte lui.

«Va bene» risponde lei, diventata ormai quasi una schiava.

Cosa fa Juliette? Come trascorre le lunghe giornate nel suo piccolo appartamento di rue des Tournelles, uscendo pochissimo per paura di cadere nella tentazione di fare spese inopportune? Scrive. Con la sua bella calligrafia ricopia in modo leggibile i manoscritti dell'amante, e gli scrive lettere interminabili. Poi prepara una cena che consumeranno insieme a lume di candela e rammenda le calze che lui le porta regolarmente. Le capita mai di ribellarsi? Sì, qualche volta, ma senza troppa convinzione.

Vedi, mio caro Victor, questa vita sedentaria, questa esistenza d'isolamento mi uccide. Mi consumo l'anima nel desiderio di te, consumo la mia vita in una stanza di dodici piedi quadrati. Io non agogno il mondo, né stupidi piaceri, ma la libertà, la libertà di agire, la libertà di occupare il mio tempo e le mie forze; ciò che desidero è non soffrire più, perché soffro tantissimo, e di continuo! Ti chiedo la vita! La vita come quella che hai tu. Insomma, come quella di tutti quanti!

E un istante dopo si morde le dita:

No, non ascoltare le mie geremiadi, tu sei per me l'uomo più nobile, più sincero e più generoso che vi sia al mondo.

E Adèle, in tutto ciò?

Adèle, che ha infine lasciato il suo amante, comincia a

mostrare segni d'impazienza. Non vuole più che il marito viaggi senza di lei, e propone:

Affitterò una casa non lontano da Parigi. Tu potrai viverci benissimo e andare in città solo all'occorrenza, del resto oggi le comunicazioni sono molto facili. Vedrai, staremo bene in campagna.

Lo fa davvero. Trova un appartamento ad Auteuil, al numero 1 di rue de Boulogne. Ma Victor lì farà solo atto di presenza.

Nel 1838 Auteuil è ancora un villaggio immerso nella campagna. Il 1838 è anche l'anno del capolavoro romantico di Victor Hugo, *Ruy Blas*.

Agosto 1839, partenza. Destinazione Bar-le-Duc, Nancy, Strasburgo, il Reno, Basilea, Zurigo, Losanna, Avignone, Marsiglia, Tolone... Per una sessantina di giorni Hugo non fa che girovagare lungo le strade di Francia, Germania e Svizzera, quasi due mesi – settembre e ottobre – trascorsi tra le braccia di Juliette, più che mai insaziabile d'intimi piaceri. «Mio caro e dolce Toto, invece di starmene qui a scarabocchiare parole d'amore al contrario, mi piacerebbe assai di più avvoltolarmi nel letto con voi alla rinfusa» gli aveva scritto lei dopo una notte di solitudine. Ora negli alberghi di Friburgo o di Beaucaire ha ogni possibilità di recuperare le notti perdute.

Lo testimonia questo consiglio: «Ti suggerisco di stare in guardia di fronte al mio grande amore, alla mia grande bocca e ai miei grandi denti, perché queste dimensioni spropositate servono solo per amarti meglio, per baciarti meglio e per mangiarti meglio, mio piccolo cappuccetto nero».

Il 26 ottobre 1839 fanno ritorno a Parigi.

E il giorno dopo Juliette non ne può già più.

Ho ancora sulle labbra il sapore dei baci dei nostri giorni e delle nostre notti, e sento ancora sulla mia mano il calore della tua...

Quant'è brutta Parigi, che non ha nulla per gli amanti che si amano come ci amiamo noi. Solo pioggia, sospetti e gelosia, vale a dire i tre flagelli più neri, più tristi e più freddi che affliggono il corpo e il cuore.

Come potrebbe immaginare che il suo grande amore sta per tradirla? Hugo è uno di quegli uomini che, di fronte all'abitudine, perdono in fretta lo slancio amoroso.

Il 7 gennaio 1841 Victor Hugo viene ammesso all'Académie française. Ci aveva già provato in precedenza altre due volte; la prima, il 13 dicembre 1839, gli erano mancati diversi voti, e due mesi dopo, il 20 febbraio, non ce l'aveva fatta per un pelo, cinque voti appena, essenzialmente a causa di un pugno di accademici guidati, tra gli altri, dal drammaturgo e librettista Étienne de Jouy, ostili al Romanticismo e che per tale ragione lo combattevano accanitamente. «Che vadano al diavolo quelle vecchie talpe!» aveva commentato irritata Juliette, che non sopportava i gusti troppo classici degli accademici. Il giorno dell'ammissione viene assegnata a Victor la poltrona numero 14, precedentemente occupata da Népomucène Lemercier, un uomo che peraltro aveva passato la vita a criticarlo.

Qualche tempo dopo, forse preso dai rimorsi, o presagendo che la sua innamorata stia per essere sostituita, Victor decide di fare un bel gesto. Le trova un nuovo appartamento in rue Saint-Anastase, con un giardino privato, e le comunica che da quel momento è autorizzata a uscire sola per Parigi, a patto, naturalmente, di non abbandonarsi a spese folli...

Juliette non crede alle proprie orecchie. Dopo dodici anni di semireclusione potrà passeggiare da sola per la città! Presto però comincia a porsi delle domande. Perché quella decisione? E se lui volesse staccarsi da lei?

Nell'aprile del 1843, Léopoldine, che ha ormai diciannove anni e si è trasferita a Le Havre da quando, due mesi prima, ha sposato Charles Vacquerie, figlio di un armatore, supplica il padre di trascorrere con lei parte dell'estate che si sta avvicinando. Hugo accetta, ma senza dirle che le concederà solo una giornata. Solo una, perché l'idea di negare ancora una volta a Juliette quella che lei chiama «la mia piccola felicità annuale» è fuori discussione.

Juliette scalpita, e Victor lo sa. Come conciliare l'inconciliabile? Teme le scenate di Juliette, ma piange alla sola idea delle lacrime di Léopoldine. E poi c'è un fattore che rende la questione ancora più complicata: una seconda amante è entrata nella sua vita. Si chiama Léonie Biard, e ha appena ventitré anni. Una spedizione scientifica sull'arcipelago delle Svalbard nel 1840, in compagnia del marito, l'ha resa celebre. E da quando l'ha incontrata nel salotto di Fortunée Hamelin, nell'autunno del 1841, Hugo se n'è invaghito pazzamente.

Così ora deve giostrarsi tra Juliette, Adèle, Léopoldine e... Léonie.

Il 9 luglio arriva a Le Havre. Léopoldine, pazza di gioia, si getta tra le braccia del padre. Ma appena sente che lui ripartirà all'alba del giorno dopo scoppia subito in lacrime e protesta, e tira fuori l'argomento supremo, che lo fulmina e lo meraviglia: è incinta. Di quanto? Tre mesi.

Nonostante le suppliche della figlia, la mattina dopo, all'ora prestabilita, Victor riparte. Dal canto suo, Juliette è invece convinta che rimarrà molti giorni presso la sua famiglia. Il 10 luglio 1843, infatti, gli scrive:

> Sono molto triste, Toto mio. Leggo e rileggo la tua lettera per trovarvi fiducia e coraggio, ma sono così triste che mi è persino impossibile dirti quanto. Prevedo che la felicità di stare con tua figlia ti terrà lontano da me ancora per molti giorni.

In realtà, Hugo è andato a raggiungere la sua nuova amante, e per qualche giorno offrirà a lei, a Léonie, le giornate rubate a Léopoldine.

Alla fine di agosto, quasi per riscattarsi, porta Juliette in Spagna. Ma la tragedia è in agguato e raggiunge i due amanti sui Pirenei, il 5 settembre. Hugo apprende la notizia leggendo casualmente un giornale, il *Siècle*: un articolo annuncia «la tragica morte di Léopoldine Vacquerie-Hugo e del marito Charles Vacquerie, periti nel naufragio della loro imbarcazione». La barca di Charles «si è rovesciata urtando un banco di sabbia chiamato dorso d'asino».

Lo scrittore ne rimane annientato. Juliette deve sostenerlo, per impedire che crolli. Quella tragedia gli ispirerà più avanti diverse poesie, in particolare *Demain dès l'aube*.

Da quel 5 settembre 1843, Victor Hugo non scriverà più nulla fino al suo esilio: né teatro, né romanzi, né poesia. Alcuni vedono nella morte di Léopoldine una delle ragioni della sua disaffezione verso la creazione letteraria. Altri la individuano invece nella sua passione per la politica, che gli offre una tribuna ben diversa.

Comunque sia, continua ad amare e a dividersi fra le sue tre donne, la moglie e le amanti. Come tutti gli amanti separati dalla vita, Léonie e Victor aspirano a passare una vera notte insieme, senza doversi rivestire in fretta, pensando di avere davanti l'eternità.

Quale spiegazione avrà dato Léonie al marito, la sera del 4 luglio 1845, quando gli comunica che non rientrerà prima della mattina dopo? In ogni caso, lui finge di crederle.

Quanto a Victor, da tempo non deve più fornire spiegazioni ad Adèle. E a Juliette? Le ha affittato una camera ammobiliata nel passage Saint-Roch, un vicolo dietro la chiesa con lo stesso nome, a pochi passi dall'abitazione dei Biard.

Allo spuntar dell'alba, qualcuno bussa con forza alla porta.

«Aprite, in nome del re!»

Victor Hugo s'infila in fretta i mutandoni; Léonie, terrorizzata, si nasconde sotto le coperte.

Un commissario di polizia con la fascia di riconoscimento fa irruzione nella stanzetta. È seguito come un'ombra da François Biard, pallido di collera.

«Vestitevi, Madame, e seguitemi!» esclama il rappresentante della legge. «Credo sappiate che l'adulterio è punito con la prigione».

Poi si rivolge all'uomo in mutande.

«Anche voi, Monsieur».

«No, io sono pari di Francia!» risponde Hugo.

Il commissario è in grande imbarazzo. I pari di Francia sono intoccabili. Se commettono un reato, solo gli altri pari possono stabilire il loro arresto.

Così viene portata via solo la povera Léonie, in lacrime.

Hugo scende le scale e si avvia di buon passo lungo rue Saint-Honoré. Quando arriva in place Royale è ancora mattina presto. Sveglia Adèle, cade in ginocchio davanti a lei e con la voce spezzata le racconta tutto. Chiede, prega, supplica il perdono. E Adèle, col suo grande cuore, lo tranquillizza. Non solo: gli promette che andrà di persona a casa del marito tradito per cercare di convincerlo a chiudere così quella storia disonorevole, senza ulteriori ripercussioni.

Poi Victor si chiude nel suo studio e si mette a camminare in lungo e in largo per ore, roso dai rimorsi. La donna che ama è in prigione per causa sua, e lui è libero! Intollerabile. Ma al dispiacere, man mano, si aggiunge la preoccupazione. Hugo è diventato un personaggio pubblico. La sua recente ammissione alla Camera dei pari e la sua nota confidenza col re hanno accresciuto ancora di più la già vasta celebrità prodotta dai successi letterari. Un pari di Francia, un membro dell'Académie colto in flagrante delitto da un commissario di polizia in una stanza ammobiliata! È possibile che la stampa non lo venga a sapere? Tutto quell'edificio costruito con così tanta pazienza fin dalla sua giovinezza, adesso rischia di crollare in un solo giorno. E poi, cosa dirà Juliette venendo a sapere del suo tradimento?

Non sappiamo se Adèle sia andata a trovare Léonie in prigione per escogitare insieme una strategia comune nell'interesse del "loro" Victor, o se abbia supplicato Biard di lasciar perdere; su questo dobbiamo limitarci a vaghe speculazioni. In ogni caso, il marito non denunciò formalmente la consorte, e Léonie venne liberata.

La frenesia sessuale di Hugo è tale da spingerlo a dichiarare: «Mi piacciono le donne giovani, non quelle vecchie: in amore non sono certo un *bouquiniste*».

Un'affermazione che non può non preoccupare Juliette, che si sta avvicinando ai quaranta. E se Léonie è ancora molto giovane, non per questo può dirsi serena. Léonie è insofferente, le rode di dover condividere con «la vecchia» l'uomo che venera. La vecchia sarebbe Juliette. «Che sciagura ho avuto in sorte» scrive, «quella di amarvi come vi amo, senza nessuna speranza di futuro».

Una sera passa davanti alle finestre dell'ufficio del suo amante. Dentro non c'è nessuna luce. Allora, poiché non ha il coraggio di salire, vaga piangendo per le strade di Parigi. Bisogna che decida! Che scelga! Sì, è venuto il momento: o lei o l'altra! Ma "l'altra", Juliette, ha più che mai bisogno di Victor, perché ha da poco perso sua figlia, la gracile Claire Pradier, vent'anni appena, i polmoni devastati dalla tisi. La giovane, che Victor aveva in qualche modo adottato, è rimasta soffocata dall'ennesimo e violento accesso di tosse.

Tre anni prima lui aveva perduto Léopoldine. Ora i due amanti condividono lo stesso dramma.

Pur restando un conservatore, Hugo è diventato repubblicano, e insieme al culto per la monarchia si è lasciato alle spalle anche la fede religiosa. L'arte pura, fine a se stessa, non gli basta più, e comincia a palesare idee precise sulla società. Già nella conclusione del libro *Il Reno*, un lungo racconto di viaggio, aveva cercato di risolvere il problema dell'equilibrio europeo proponendo di dividere l'Europa tra la Francia e la Prussia. Come Lamartine, aspira a entrare nell'agone politico.

La rivoluzione del 1848, che pone a capo del governo provvisorio Lamartine, allora all'apice della popolarità, fa di Victor Hugo, pari di Francia, un privato cittadino qualunque. Pur disorientato e un po' spaventato all'inizio, il poeta si riprende in fretta e intravvede persino sviluppi interessanti; ma rimane conservatore, e si tiene nell'ombra fino al 4 giugno dello stesso anno, quando, candidato in una lista reazionaria, viene eletto deputato della Seine all'Assemblea nazionale.

Tre anni dopo, in seguito al colpo di Stato del 2 dicembre 1851, si unisce ai rappresentanti repubblicani che tentano di sollevare il popolo e di organizzare la resistenza. Scrive proclami pieni di fervore, ma pochi operai rispondono al suo appello, e la resistenza viene presto soffocata. Hugo, che figura nelle liste di proscrizione, deve fare i bagagli. Andrà a Bruxelles. Perché Bruxelles? Perché Juliette gli ha fornito il nome di un'amica che potrà ospitarlo, ed è ancora lei che gli procura un passaporto falso, con il nome di Jacques Firmin Lanvin.

Il 14 dicembre arriva in Belgio, dove Juliette non tarda a raggiungerlo. Lei è al settimo cielo. Pensa che finalmente potrà condividere in modo completo la vita del suo amante, che vivranno insieme ventiquattr'ore al giorno, come marito e moglie!

Rimarrà presto delusa. Hugo esige residenze separate. Lui si sistema in un ampio appartamento al civico 16 della Grand-Place, proprio di fronte al municipio, mentre lei dovrà accontentarsi di un bilocale in una galleria aperta del passage des Princes. E per tenerla occupata lui le affida il suo ultimo manoscritto, un formidabile pamphlet dal titolo *Napoleone il Piccolo*, perché lo ricopi in modo leggibile.

Una sera, Juliette esplode. «Ne ho abbastanza di essere la tua segretaria e la tua massaia molto più che la tua amante! Senza contare che da due mesi in qua non mi hai nemmeno più toccata!» È un fuoco di paglia: presto, grazie al fascino persuasivo dell'amante, ritrova il sorriso.

Ma ecco che rispunta Léonie: è ancora innamorata, e minaccia di raggiungerlo a Bruxelles. A quel punto, preso dal panico, Victor fa una cosa incredibile: chiede alla moglie Adèle di andare a parlare con lei per dissuaderla dal mettere in pratica il suo progetto.

Mme d'Aunet ha intenzione di raggiungermi qui. Prevede di partire il 24. Va' subito da lei e falle intendere ragione. In un momento come questo, un gesto sconsiderato può avere conseguenze gravissime. Ho gli occhi di tutti puntati addosso. Vivo in modo pubblico e austero nel lavoro e nelle privazioni. [...] Perciò in questo momento è meglio non cambiare affatto questa situazione. Del resto ho l'impressione che tra non molto saremo a Parigi. Spiegale tutto ciò, sii gentile con lei e abbi riguardo della sua sofferenza. È una donna imprudente, ma possiede un cuore grande e nobile. Non farle leggere questa lettera; anzi, bruciala subito. Dille che le scriverò all'indirizzo che mi ha dato. Attenta ai colpi di testa.

Adèle, o potremmo dire "sant'Adèle", obbedisce. Léonie, scoraggiata, finirà per farsene una ragione e uscirà di scena. Ma Victor non si mostrerà ingrato nei suoi confronti, e quando lei si troverà in difficoltà finanziarie le darà una mano.

Ma presto, nell'aprile del 1852 – Hugo ha appena compiuto cinquant'anni –, il governo belga, temendo rappresaglie da parte di quello francese, ordina al poeta di lasciare il paese. Dove andare? Gli viene in mente l'isola di Jersey, perché «è una bellissima isola inglese, a diciassette leghe dalle coste francesi. Vi si parla francese, e la vita è a buon mercato. Tutti i proscritti dicono che ci si sta benissimo». Dunque, vada per l'isola.

Sul battello a vapore che il 1° agosto 1852 si dirige verso l'Inghilterra, e sul quale Victor è salito insieme al terzo dei suoi figli, Charles, viaggia anche una donna. Per Charles, come anche per il resto della famiglia Hugo, è un'estranea, ma quella donna è Juliette. Victor le ha dato un aut aut. Certo, lei lo accompagnerà sull'isola di Jersey, perché lui non saprebbe separarsi da lei; ma le convenienze esigono che lo raggiunga con un altro battello oppure che, se presente sullo stesso, nessuno si accorga che si conoscono. Nuova umiliazione e nuovo sussulto d'indignazione, che tuttavia passa in fretta, spazzato via dalla forza di un'abitudine ormai lunghissima.

Buongiorno, Victor mio, buongiorno. Farò tutto ciò che vorrai. Dal momento che il mio cuore non ha alcun interesse in questa faccenda, poco importa come e quando il mio corpo cambierà posto e da Bruxelles si trasferirà a Jersey. Perciò, mio caro Victor, non ho alcuna obiezione a partire assieme a te, perché tra il dolore di una separazione di ventiquattr'ore e l'amarezza di essere vicino a te ma come una perfetta estranea, il mio povero cuore davvero non saprebbe scegliere.

Quando arriva sull'isola anglo-normanna, il suo volto è gonfio e rugoso. Negli ultimi mesi è molto ingrassata. Victor la sistema nel piccolo appartamento di un cottage, Nelson Hall, mentre lui sceglie di affittare una grande casa affacciata sul mare, chiamata Marine Terrace. Juliette passerà la maggior parte del tempo a ricopiare la prosa e i versi che Victor le lascerà nelle sue fugaci visite.

Autunno 1855. Victor Hugo, avendo protestato contro l'espulsione di Félix Pyat e di altri due proscritti rifugiatisi a Jersey, riceve dal governo l'ordine di lasciare l'isola entro il 2 novembre: è stato dichiarato *persona non grata*. Così il 31 ottobre s'imbarca per l'isola di Guernesey in compagnia di François-Victor, il quarto figlio, e Juliette li accompagna, cosa per lei del tutto nuova. Due giorni dopo li raggiungerà Charles. Adèle ha dovuto restare a Jersey con la figlia Adèle, per il trasloco. Giunto sull'isola, Hugo acquista Hauteville

House, una casa abbandonata nella parte alta di Saint Peter Port. Quanto a Juliette, la sistema in una casetta chiamata La Fallue.

Passano dodici anni. Nel febbraio del 1867, Adèle, che non ne può più di deperire su quello scoglio in mezzo al mare, decide di tornare definitivamente a Bruxelles. Non sta bene, soffre di affanni che preoccupano i suoi familiari: il cuore, evidentemente. Inoltre un'emorragia alla retina le ha fortemente indebolito la vista, tanto che riesce a leggere a malapena. Parla spesso con i figli della propria morte. Loro protestano, ma lei sorride. Non ha paura. Ha un solo rimpianto: «È triste per me arrivare alla fine della vita proprio adesso che ho iniziato ad apprezzare le grandi opere, e morire quando finalmente mi sento intelligente».

Il 31 marzo 1867, un telegramma annuncia a Victor la nascita del primogenito di Charles e Alice, il piccolo Georges. Un nipote! Il 25 luglio assiste al suo battesimo nella chiesa di Sainte-Gudule, a Bruxelles. Ma il bambino morirà solo un anno più tardi, nella primavera del 1868, di meningite. Per fortuna la sorte bilancia quel lutto con una gioia: Alice è di nuovo incinta e Hugo vuole assistere alla nascita del nuovo bambino. Il 27 luglio lascia Guernesey insieme a Juliette, portando con sé una copia del romanzo *L'uomo che ride*. Sulla cartella che contiene il manoscritto ha annotato: «Manca solo l'epilogo». Place des Barricades. Tutta la famiglia è riunita. Adèle è arrivata da Parigi per rivedere i suoi. Ha un pessimo aspetto. Scrive al marito: «La conclusione del mio sogno è morire tra le tue braccia».

Il 16 agosto 1868 – ah, meraviglia! – un secondo piccolo Georges vede la luce.

Il 24 agosto Victor e Adèle fanno una passeggiata in calesse. Lei è felice, lui è molto tenero nei suoi confronti. Il giorno dopo, 25 agosto, annota: «Il piccolo Georges cresce bene. Ora succhia da entrambi i seni. Per molto tempo ha voluto succhiare solo dal sinistro. Tendenze democratiche». E spirito di un Hugo con ogni evidenza felice.

Ma poche ore dopo, intorno alle tre del pomeriggio, cambia tutto. Adèle cade a terra all'improvviso, vittima d'un colpo apoplettico. «Respirazione sibilante. Spasmi». Chiamati d'urgenza, i medici rilevano un'emiplegia diffusa, la paralisi dell'intera parte destra. Hugo e i figli la vegliano tutta la notte. Le vengono applicate delle sanguisughe. «La febbre diminuisce; impacchi freddi sulla fronte».

Il giorno dopo: «L'abbiamo cambiata di letto; stato comatoso». Vengono chiamati a consulto i tre medici più noti di Bruxelles: «Purtroppo non ci hanno dato molte speranze». E annota ancora: «Quando le parlo, mia moglie apre gli occhi e mi stringe la mano. E fa la stessa cosa coi figli».

Il dottor Allix, amico devoto che ha raggiunto gli Hugo appena saputo della disgrazia, è cupo in volto.

Il 27 agosto, alle sei e mezzo, Adèle si spegne.

Ho preso dei fiori che erano lì e glieli ho sistemati attorno alla testa. Ho messo anche un cerchio di margherite bianche, senza nasconderle il volto; poi ho cosparso tutto il corpo di fiori e ne ho riempito la bara. L'ho baciata in fronte e le ho sussurrato: «Che tu sia benedetta». Poi mi sono inginocchiato vicino a lei. Charles e Victor si sono avvicinati. L'hanno abbracciata piangendo e sono rimasti in piedi dietro di me. [...] Alle cinque hanno saldato la bara di piombo e avvitato quella di quercia. Prima che posassero il coperchio della bara di quercia, con una piccola chiave che avevo in tasca ho inciso nel piombo due lettere, V.H., proprio all'altezza della sua testa. Chiusa la bara, l'ho baciata. Ci sono ventidue chiodi sul coperchio. L'avevo sposata nel 1822. Prima di andarmene ho indossato il vestito nero, che non toglierò più.

Due anni dopo, esattamente il 4 settembre 1870, l'Impero crollava lasciando la Francia invasa e in preda a irreparabili disastri. Dopo oltre diciotto anni di esilio, Hugo poté finalmente tornare a Parigi tra l'acclamazione del popolo.

Nell'aprile del 1872 prende in affitto due appartamenti

sovrapposti al 21 di rue de Clichy. Pensando ai suoi reumatismi, lascia a Juliette il terzo piano.

Lo scrittore è ormai quasi ottantenne, e si potrebbe dunque supporre che abbia placato la propria natura passionale... Non è affatto così. Al contrario, mai era stato così focoso in precedenza, tanto che sarebbe impossibile elencare tutte le donne che soccombettero ai suoi assalti...

L'ultima della lunga serie si chiama Blanche. Il 27 giugno del 1878, dopo averla vista danzare nuda davanti a sé, Hugo torna a casa e crolla, vittima di un malore.

Il giorno dopo, al risveglio, dichiara di sentirsi benissimo; ma basta guardarlo per accorgersi del contrario. Nel pomeriggio, vista la bella giornata, Juliette suggerisce una gita in carrozza. Lui accetta, ma per strada si chiude in un completo mutismo. Lei si preoccupa, fa chiamare immediatamente i dottori Allix e Sée e, mentre li aspetta, fedele a una tradizione vecchia ormai più di quarant'anni, prende penna e foglio e gli scrive, pur essendo a pochi metri da lui.

Mio adorato Victor,
per tutta la passeggiata mi sei parso molto preoccupato, e anche un po' stanco. Sinceramente, mio diletto, io penso che tu ti affatichi oltre il possibile, e ciò che desidero di più al mondo è vederti prendere un po' di riposo. Sarò tranquilla solo quando sarai fuori portata da tutti quelli che non ti danno tregua.

Il campanello annuncia i medici. Prima di accompagnarli da Victor, Juliette li chiama in un angolo del salotto e a voce bassa confida loro che, nonostante l'età, il maestro si lascia andare spesso, in compagnia di giovani donne, a eccessi che potrebbero essere all'origine del malessere che l'ha colpito... I medici scuotono il capo e vanno a visitarlo. Nessun dubbio: Hugo ha avuto un collasso e bisogna prendere determinate precauzioni. Uno dei due si china su di lui e in tono sentenzioso lo avverte che, alla bella età di settantasei anni, non è affatto ragionevole dedicarsi alle stesse attività cui ci si dedicava a venti... Hugo sgrana gli occhi, è chiaro che non capisce. Allora il medico gli sussurra: «Le donne...»

A quel punto, lo scrittore mostra uno stupore sincero. «Allora, dottore, dovete riconoscere che la natura dovrebbe almeno avvisarci».

Decide di tornare sull'isola di Guernesey per un periodo di riposo. S'imbarca il 4 luglio, naturalmente accompagnato da Juliette, ma anche da un piccolo gruppo di amici e da quattro domestici.

L'aria di mare sembra rinvigorirlo pian piano, e il 10 agosto, per la prima volta dopo tanto tempo, si rimette a scrivere.

Juliette crede che il vecchio leone si sia definitivamente mutato in agnello, ma deve ricredersi. Il poeta ricomincia a lavorare, ma anche a scrivere delle lettere che le nasconde. Donne, ancora donne! E la sua gelosia raggiunge il parossismo, proprio perché si era convinta che non ce ne fosse più motivo. Certa che le prove del tradimento del suo vecchio amante si trovino in casa, vaga di stanza in stanza e fruga ovunque con puntiglio, apre gli armadi, rovescia i cassetti, esplora ogni più remoto nascondiglio. E non paga dei rimproveri a voce, il 20 agosto prende la penna.

Juliette a Victor, 20 agosto 1878, martedì mattina, ore cinque e un quarto.

La mia anima, orgogliosamente prosternata davanti alla tua, si rivolge all'uomo divino che tu sei, non al volgare e bestiale idolo di amori depravati e cinici che non sei affatto. La tua gloria, che abbaglia il mondo, illumina anche la tua vita. La tua alba è pura, e occorre che il tuo crepuscolo sia venerabile e sacro. A costo di ciò che mi resta da vivere, vorrei preservarti da certi errori indegni della maestà del tuo genio e della tua età. Tu lo sai quanto me e più di me, e soprattutto sapresti dirlo meglio. Ma questa non è una buona ragione perché io taccia, al contrario, e ti supplico in ginocchio di avere pietà di me, che continuo ad adorarti.

Giunge l'autunno, e con esso la calma. Poi, il ritorno a Parigi.

I quattro piani di rue de Clichy ormai sono troppi. Traslocano in una palazzina al civico 130 di avenue d'Eylau. La stanza di Juliette è al secondo piano, di fianco a quella del poeta, così magari potrà finalmente prendersi cura di lui a piacimento. Ma non lo fa. Non può. Ormai non lascia più il letto. Verso le sei di sera lui la chiama per la cena, stuzzicandola con l'idea che una bella fetta di arrosto non può che farle bene. «Qualche volta lei obbediva» racconta Alphonse Daudet, «e il suo spettro vestito di merletti partecipava al pasto con l'abituale affabilità. Altre volte, prostrata dai dolori, e nonostante tutta la sua buona volontà, doveva rinunciare. In quei casi, Victor Hugo brontolava e s'immusoniva».

Il 1° gennaio 1882 i "due vecchi" si scambiano gli auguri di buon anno da una stanza all'altra. Juliette riesce a inviare a Victor solo poche righe.

Mio adorato,
non so dove sarò l'anno prossimo a quest'ora, ma sono felice e fiera di firmarti oggi il mio certificato di esistenza in vita con queste sole parole: ti amo.

Lui:

Quando ti dico: che tu sia benedetta, è il cielo. Quando ti dico: dormi bene, è la terra. Quando ti dico: ti amo, sono io.

Lei è diventata una piccola cosa diafana. Non riesce più ad assumere alcun alimento.

Nel febbraio del 1883 cadono le loro… nozze d'oro. Victor regala a Juliette la sua foto con questa dedica: *Cinquant'anni d'amore, è il matrimonio più bello*. Lei è così debole che non riesce nemmeno a ringraziarlo. Vorrebbe scusarsi di stare così male, ma non ne è capace.

L'11 maggio chiude gli occhi per l'ultima volta.

Il giorno dopo, dalla finestra, il vecchio scrittore, che non ha avuto la forza di seguire il corteo funebre, guarda allontanarsi il feretro che porta via il suo grande amore. Lui, sempre così eretto, improvvisamente ha la schiena curva, e gli occhi rossi.

Si trascina fino alla scrivania e scrive queste ultime parole: «Sulla mia tomba dovranno porre, come una grande gloria, il ricordo profondo, adorato, combattuto, di un amore che fu colpa e che divenne virtù».

La follia creatrice
Auguste Rodin e Camille Claudel

Mia crudele amica,

la mia povera testa è malata, tanto che stamane non riesco nemmeno ad alzarmi.

Ieri sera ho fatto un giro in tutti i nostri soliti posti; ho camminato per ore, senza trovarti. Ah, preferirei morire, piuttosto che vivere questa interminabile agonia. Perché non mi hai aspettato al laboratorio? Dove sei? Dove vai? A quale dolore sono destinato? Ho dei momenti di amnesia, durante i quali soffro di meno, ma oggi l'implacabile dolore non molla la presa. Camille, mia adorata nonostante tutto, nonostante la follia che io sento sopraggiungere, e che sarà opera tua se mai essa progredisse... Perché non mi credi? Lascio la Mostra, abbandono la scultura. Se almeno potessi andare chissà dove, in un paese qualsiasi dove poter dimenticare... Ma non ne esistono! Ci sono momenti in cui credo davvero di poterti dimenticare. Ma un istante dopo avverto la tua forza, il tuo potere, il tuo dominio. Non ne posso più, non posso più lasciar passare un solo giorno senza vederti, se non al prezzo di un'atroce follia. È tutto finito, non lavoro più; sei come una dea funesta, e tuttavia ti amo con passione, con furore. [...] Lascia le tue mani dolci e gentili sul mio viso, affinché la mia carne sia felice e il mio cuore possa ancora sentir spandersi il tuo divino amore. Ah, quale ebbrezza mi coglie quando sono vicino a te! Se penso che ho ancora questa fortuna, e che invece mi lamento... E nella mia viltà penso di essere infelice, di essere finito. Finché ci sarà ancora un po' di speranza, anche una goccia soltanto, devo approfittarne la notte, e poi ancora la notte dopo. [...] Mia divina bellezza, fiore che parla, e che io amo, fiore intelligente, mia adorata, umilmente stringo in un abbraccio il tuo corpo delizioso[1].

1. Camille Claudel, *Corrispondenza*, Milano, Abscondita, 2005.

Così il grande Auguste Rodin si rivolgeva nel 1886 alla giovane donna che aveva cominciato come sua allieva e poi era diventata il suo amore, la sua passione, la sua amante, la sua follia: Camille Claudel.

Tutto ha inizio verso il 1882. Rodin all'epoca ha quarantadue anni, Camille appena diciotto. Lei è una ragazza splendida, lui è tarchiato, corpulento, ricorda in qualche modo il dio Efesto, il fabbro brutto e zoppo, del quale peraltro possiede la forza fisica. Per di più, è affetto da una timidezza morbosa. Parco nei gesti e nelle parole, occhiali a stringinaso per la miopia, si esprime con voce morbida, quasi femminile, in totale contrasto col fisico massiccio e pieno di vigore. Secondo Léon Daudet, che lo frequentava spesso: «Quando parlava, lo faceva a voce bassa, come se si trattasse di una confidenza; ma intorno a lui sembrava agitarsi un turbine ampio e intenso»[2].

Nel 1882 Rodin è uno scultore famoso, che pure ha conosciuto a lungo gli affanni e le angustie della povertà. Lei è un'artista agli esordi. L'uno e l'altra vivono la scultura nello stesso modo intuitivo, istintivo, ispirati entrambi dallo stesso amore travolgente per l'argilla. Lui viene da una famiglia modesta. Suo padre, Jean-Baptiste, di origini normanne, lavorava negli uffici della questura di Parigi. Sua madre, Marie Cheffer, veniva dalla Lorena.

Anche a causa della forte miopia, il giovane Rodin non è affatto uno studente brillante, tanto che in seguito avvertirà come una sorta di handicap la sua non perfetta padronanza del francese. Per tutto il santo giorno riempie di disegni le pagine dei suoi quaderni. Di studiare non gliene importa granché. Così, quando compie quattordici anni, ai genitori viene la saggia idea d'iscriverlo alla Scuola speciale

2. *Souvenirs des Milieux Litteraires, politiques, artistiques et medicaux fantômes et vivants - Devant la douleur, l'entre deux guerres, salons et journaux*, Paris, Nouvelle Librairie Nationale, 1920; Jean Amrouche, *Mémoires improvisés*, Gallimard, 2001.

di disegno, un'ottima istituzione dove pittori e scultori in erba ricevono una formazione professionale di tutto rispetto.

Nel 1857, a diciassette anni, forte di un talento riconosciuto dai suoi professori, Rodin fa il concorso per essere ammesso all'Accademia di Belle Arti. Supera la prova di disegno ma, incredibile, viene bocciato per tre volte di seguito in quella di scultura. Proprio la scultura, che è e sarà sempre la sua grande passione! Così non gli rimane che andare a studiare alla *Petite École*, come veniva chiamata all'epoca la scuola di Arti decorative che si trovava in rue de l'École-de-Médecine.

Camille Claudel nasce a Fère-en-Tardenois l'8 dicembre 1864. Suo fratello Paul verrà al mondo il 6 agosto 1868. Fin dall'età di dodici anni, la ragazza mostra una vera passione per l'argilla. Secondo Paul, l'ancora giovanissima Camille aveva stabilito che lui sarebbe diventato un poeta, la sorella Louise musicista, e lei scultrice.

Nel 1876 il padre viene trasferito con tutta la famiglia prima a Nogent-sur-Seine e poi a Wassy-sur-Blaise (Alta Marna). E nel 1881 i Claudel si spostano ancora, questa volta a Parigi. Pare sia stato su consiglio del suo amico Alfred Boucher, scultore affermato, che Louis-Prosper Claudel decise l'ennesimo trasloco, convinto che riguardo all'istruzione i suoi figli meritassero qualcosa di più delle scuole di provincia. Secondo altre fonti sarebbe stata invece la stessa Camille, già col piglio di una donna di polso, a imporre quello che sua madre più tardi definirà nientemeno che «un esilio».

A Parigi Paul avrà modo di frequentare il Louis-le-Grand, il più noto e prestigioso tra i licei della capitale. Quanto a Camille, che non può pretendere di entrare all'Accademia di Belle Arti, chiusa alle donne fino al 1897, dovrà invece accontentarsi di seguire le lezioni di Boucher all'Atelier Colarossi, in rue de la Grande-Chaumière. Boucher un giorno le presenta un uomo del quale ha la massima fiducia: Paul Dubois, artista famoso, medaglia d'onore al Salon des Beaux-Arts. Boucher aspetta con vivo interesse il giudizio dell'amico in merito alla sua giovane allieva, con la speranza che avvalori il proprio. Dubois dunque osserva una per una le sculture in argilla di Camille, e infine, sorpreso, esclama: «Ma voi avete preso lezioni da Rodin!»

Quella somiglianza così palese è dunque già un legame oscuro e sotterraneo tra i due futuri amanti, un legame tessuto prima di qualunque contatto, prima di qualunque scambio?

Camille ama subito Parigi: il suo fermento, le sue luci, la libertà che si respira lungo le sue strade. Parigi la incanta e la stimola. Parigi la inebria. In questo è l'opposto di sua madre, che invece detesta la capitale e considera i suoi due figli responsabili di quell'esilio. Si è trasferita lì solo per loro, per Camille e per Paul, con spirito di sacrificio; fosse stato per lei sarebbero rimasti tutti in provincia, nell'amata campagna che è stata costretta a lasciare.

Nel 1882, a diciotto anni appena compiuti, Camille affitta un laboratorio al 117 di rue Notre-Dame-des-Champs, nel quale presto accoglie altre scultrici, in particolare inglesi, tra le quali Amy Singer, Emily Fawcett e Jessie Lipscomb. Quest'ultima si sistema per qualche tempo a casa dei Claudel, pagando una pigione di duecento franchi al mese.

Camille inizia a esporre quasi subito, e a ciclo continuo. Viene presentata alla Mostra degli Artisti francesi tra il 1885 e il 1889. In seguito lei sceglierà invece l'Esposizione della Società nazionale di Belle Arti, dove le sue opere verranno esposte con la stessa assiduità. La sua vita e il suo lavoro sono tutt'uno.

Alfred Boucher, sempre presente, corregge di tanto in tanto il lavoro delle scultrici, fino al giorno in cui, ottenuto un premio prestigioso, deve partire per l'Italia. Così chiede al suo amico Auguste Rodin di sostituirlo. Lo scultore accetta: da un lato perché non è ancora nelle condizioni di poter trascurare il sia pur modesto salario che percepirà; ma anche perché ha un debito nei confronti di Boucher. Qualche anno prima, durante le polemiche sorte intorno a *L'Età del bronzo*, Boucher era stato uno dei difensori del maestro. La statua, esposta al Circolo artistico e letterario di Bruxelles, dava una tale impressione di essere viva che il suo autore, Rodin, venne accusato di aver fatto un calco su un modello vivente. Di conseguenza quell'opera non poteva essere considerata una vera opera d'arte, e Rodin si era visto screditato da diverse interpellanze formali che non riconoscevano il suo status di artista. Alla fine, grazie a un gruppo di scultori professionisti (tra i quali Boucher), che scrissero una lettera al direttore dell'Accademia di Belle Arti, venne scagionato da ogni sospetto.

Camille lo chiama Monsieur Rodin. Lui è il professore. Lei è Mademoiselle Camille. Nonostante l'evolversi della loro conoscenza, e della loro storia, si atterranno sempre a quell'iniziale rapporto di forze. "Mademoiselle Camille" è prima di tutto un'allieva e tale rimarrà, anche se Rodin riconosceva in lei un talento immenso. Dirà un giorno il maestro: «Le ho mostrato dove trovare dell'oro, ma l'oro che lei trova è cosa sua». Non gli serve molto tempo per riconoscere nella giovane la scintilla del genio, che lei conferma di avere scolpendo con sorprendente maturità.

Il laboratorio di Rodin, sulla porta del quale troneggia la lettera M di *Maître*, maestro, è vasto e affollato come l'atrio di una stazione, e altrettanto rumoroso. Diverse decine di persone, tra assistenti, modellisti e sbozzatori, si affaccendano eseguendo compiti precisi.

Varie ragazze intorno ai vent'anni lavorano liberamente in mezzo agli uomini. Alcune posano nude per figure di ben nota impudicizia. Seni, pance, natiche, membri maschili, tutto è esposto tranquillamente. È questo l'universo che Camille scopre alla scuola di Rodin. Lei non ci metterà molto a rendersi indispensabile. Già dopo alcune settimane, passate a impastare il gesso, le danno da scolpire dei piedi e delle mani. Presto la qualifica di "allieva" non fa più al caso suo, né può bastare "assistente". Sbozzatrice, semmai. Giorno dopo giorno Camille dimostra il suo talento cimentandosi col marmo, e il maestro può valutare spesso le sue capacità osservandola mentre lavora l'argilla a mani nude, o la pietra con lo scalpello.

In quel periodo, Rodin sta lavorando a un'opera titanica, *I borghesi di Calais*. Camille ci si dedicherà per mesi. Per quanto la loro collaborazione sia certa, la mano di Camille si confonde con quella di Rodin, e sarà così anche per altre opere dello scultore. Tuttavia la giovane artista non soltanto lavora per Rodin, ha iniziato anche a posare per lui. E Rodin non farà alcun mistero della nuova modella di cui sembra non stancarsi mai, e della quale esporrà con orgoglio, in diverse mostre, varie figure che la rappresentano.

Camille ha posato nuda? È verosimile. Tuttavia nulla, tra i numerosi nudi femminili scolpiti da Rodin, ha mai fatto pensare alle sue forme, alla sua anatomia.

Di certo Camille ha trovato in Rodin l'uomo che cercava. Un uomo che fosse allo stesso tempo un padre, un amico, e presto anche un amante. Da parte sua, Rodin le deve molto. Di sicuro per il tangibile intervento nella realizzazione di alcuni capolavori, ma anche per un'altra cosa, ancora più importante: una vera emulazione sul piano estetico. La relazione passionale che li unisce mescola ogni aspetto del lavoro creativo, dall'ispirazione alla realizzazione.

Quando le loro opere si uniformeranno fino a confondersi, quando l'uno s'identificherà profondamente nell'altra, allora Rodin potrà contemplare se stesso in lei come in uno specchio. Nelle creazioni della giovane donna, diventate come per illusione una sorta di riproduzione delle sue, Rodin potrà osservare il segno del proprio ingegno, l'impronta della sua stessa mano, l'irrompere del proprio desiderio. Attraverso Camille, Rodin amerà se stesso.

A lei affida la realizzazione di alcune parti delle sue sculture, in particolare mani e piedi. E lei, come ogni altro allievo, deve lavorare in base alle direttive del maestro. È la regola. Non può sottrarsi all'influenza di quel padre spirituale. Aderisce al suo stile, al suo modo di scolpire fino a identificarsi con esso, fino ad assumerne i contenuti.

Eccoli dunque, sono diventati amanti, anche se Rodin vive da oltre vent'anni con Rose Beuret, figlia di un coltivatore dell'Alta Marna, impiegata in una sartoria. Rose aveva iniziato a fargli da modella, poi era nata una relazione e nel 1866 gli aveva dato anche un figlio, Auguste Eugène Beuret, che Rodin non ha mai voluto riconoscere. Quanto a Camille, lei vive sola. Non che guadagni già abbastanza, dato che la vendita delle sue sculture non le basterebbe a pagarsi l'affitto; sul piano finanziario, è suo padre a sostenerla. Quando i rapporti con le sue amiche inglesi cominciano a raffreddarsi, decide di lasciare Notre-Dame-des-Champs per sistemarsi nel quartiere dei Gobelins, al 113 di boulevard d'Italie.

Rodin non tarda ad avvicinarsi a lei. Solo qualche mese più tardi prende in affitto nello stesso boulevard una bella casa del XVIII secolo che sorge al centro di un parco, che la gente della zona chiama *La Folie Neubourg*: Neubourg è il nome del suo ex proprietario, e Folie, nel XVIII secolo, designava le case di piacere allestite per accogliere ogni sorta di passione amorosa. Da quel momento, la sua esistenza si dividerà fra tre indirizzi: quello del suo laboratorio al Deposito del Marmo; rue de Bourgogne, dove risiedono Rose Beuret e suo figlio; e infine... boulevard d'Italie. Tre indirizzi e due donne che, se da un lato sopportano i suoi continui andirivieni, dall'altro sempre più apertamente manifestano il desiderio di vederlo scegliere l'una o l'altra.

Appena il tempo lo permette, i due amanti se la squagliano sull'isola di Wight o in Turenna. Soprattutto in Turenna. La prima volta che ci sono andati, Rodin aveva appena ricevuto una commessa per una scultura dell'autore della *Commedia umana*, il che gli aveva suggerito una buona scusa per Rose: «Ho bisogno di familiarizzarmi con i luoghi in cui ha vissuto Balzac». Lo *Château de l'Islette*, nei pressi di Azay-le-Rideau, diventa il loro punto d'attracco sicuro, e lì i due amanti soggiornano a più riprese tra il 1889 e il 1892.

Di notte lei dorme nuda, anche quando Rodin non c'è. «Dormo completamente nuda per credere che voi siete qui, ma quando mi sveglio non è più lo stesso». E con un post-scriptum supplica: «Non traditemi più».

Quelle fughe piene di sole e di sensualità costituiscono un'oasi nella vita di Camille. Ma sono momenti di felicità rari, parentesi bucoliche nelle quali d'improvviso lei, di regola cupa e tormentata, appare distesa, luminosa, quasi raggiante.

Quanto all'amore di Rodin, emerge con evidenza nelle lettere che scrive a Camille. È un amore pieno di ardore e di passione, e allo stesso tempo doloroso, che lo scultore esprime con sincerità e anche con umiltà, quasi a volersene scusare.

Per lui Camille è grazia e carnefice, il bene e il male insieme. Perché lei può decidere di allontanarsi, imbronciata o persino in collera; può punirlo sottraendogli la felicità della sua presenza, come nel 1886, quando trascorre apposta qualche settimana lontano da lui, in Inghilterra. Se lei si sottrae lui soffre, si lamenta, dice di non trovare più gusto né interesse nella vita. Camille vorrebbe essere il catalizzatore unico della sua attenzione, ma la cosa è pressoché impossibile: lui vive circondato da donne l'una più bella dell'altra, le allieve, le amiche, le modelle. La lista delle sue frequentazioni e delle sue conquiste è lunghissima. Peraltro, la maggior parte è di breve durata, essendo tutte legate alla frenesia di un'opera, alla violenta emozione dell'artista che confonde la sensualità della modella in carne e ossa con la statua che sta plasmando. Nella febbre del desiderio, lavoro e amore si mischiano facilmente.

Il 12 ottobre 1886, come spinto da un moto disperato, Rodin scrive a Camille una lettera che stabilisce un impegno ufficiale, una sorta di contratto. Le fa una doppia promessa, di un rapporto esclusivo e di fedeltà.

In futuro, e a partire già da oggi, 12 ottobre 1886, terrò come mia allieva soltanto Mlle Camille Claudel e favorirò e proteggerò lei soltanto con tutti i mezzi che avrò a mia disposizione e attraverso i miei amici, che saranno anche i suoi, soprattutto quelli più influenti. Non accetterò più altre allieve affinché non emergano per caso talenti rivali, per quanto io personalmente ritenga piuttosto rara la possibilità d'imbattermi in artiste altrettanto dotate per natura. All'esposizione, farò tutto il possibile per la collocazione e per i giornali. Non andrò più con una scusa qualsiasi a casa di Madame... alla quale non insegnerò più l'arte della scultura[3]. In maggio, dopo l'esposizione, partiremo insieme per l'Italia, dove resteremo almeno sei mesi, e sarà l'inizio di una relazione indissolubile che porterà Mlle Camille a diventare mia moglie. Sarò molto felice di poterle regalare una piccola statua di marmo, se Mlle Camille vorrà accettarla. Da qui a quattro o cinque mesi, da qui al mese di maggio, non avrò nessuna donna; in caso contrario, tutte le presenti condizioni saranno da ritenersi invalidate. Se la commessa da parte del Cile viene confermata, allora andremo in Cile invece che in Italia. Non assumerò nessuna delle modelle che ho conosciuto. Verrà fatta una fotografia a Mlle Camille presso lo studio di Carjat col vestito che lei indossava durante lo studio di nudo, un abito da passeggio e forse anche un po' da sera. Mlle Camille resterà a Parigi fino a maggio. Mlle Camille s'impegna a ricevermi nel suo atelier quattro volte al mese fino al mese di maggio. Rodin[4].

Pare che il "contratto" abbia avuto un principio di messa in atto, perché effettivamente Camille posò per il fotografo

3. Si trattava di una delle sue allieve, nei confronti della quale Camille si mostrava terribilmente gelosa.

4. Camille Claudel, *Corrispondenza*, Milano, Abscondita, 2005..

Carjat indossando un vestito simile a quello descritto nella lettera. Quanto alla promessa di "proteggerla e favorirla con tutti i mezzi a disposizione", Rodin la manterrà con irreprensibile perseveranza.

Camille s'indebita. Chiede in prestito dei soldi a suo padre, a suo fratello e anche a un amico, rimasto però sconosciuto. Più passano gli anni, più le sue lettere contengono rimostranze. E a forza di scarseggiare, i soldi diventano un'ossessione. Tanto più che per uno scultore è impossibile ridurre il tenore di vita senza privare la propria arte di ciò che la nutre, ovvero il marmo, il bronzo, l'onice e le patine varie. Non è possibile impoverirsi senza nuocere alle proprie sculture. Camille si priva di tutto per continuare a lavorare. Rinuncia persino a far parte di un circolo di artisti, su loro esplicita richiesta, perché non riesce a pagare la quota di accesso, una cifra per lei esorbitante.

All'inizio di febbraio del 1898, Rodin abbandona il XIII arrondissement. Tuttavia lascia nell'abitazione delle opere e diversi oggetti, che recupererà solo quattro anni più tardi.

È in quel momento che Camille, logorata da quella relazione che la consuma, e della quale non vede come uscire, decide di troncare. Dopo tanti anni di passione comune, alla fine ha preso coscienza che lui non la sposerà mai, e che nemmeno lascerà mai la sua vecchia compagna, Rose Beuret. Ha trentaquattro anni e vuole lavorare da sola, per conto suo. Un desiderio di indipendenza che dimostra anche il suo bisogno di affermarsi in quanto donna e in quanto artista, di farsi strada affinché le sue creazioni non siano più confuse con quelle di Rodin.

In un primo tempo abbandona l'atelier di boulevard d'Italie e ne affitta un altro in rue de Turenne; poi, dal gennaio del 1899, s'installa al 19 del quai Bourbon, sull'Iîle Saint-Louis.

Sul piano mentale, tuttavia, la fine di quella relazione non è un taglio netto. Al contrario, la rottura si trascinerà per diversi anni, come se fosse impossibile metterla in atto. E continuerà a porre Camille di fronte alla dolorosa impossibilità di rendere stabile l'amore con Rodin. Nondimeno, lei cerca di tagliare i ponti non solo con lui ma anche con tutto quel che potrebbe alimentare ulteriormente il suo dolore. Scrive a un comune amico:

Caro Monsieur,
vi prego di fare tutto il possibile affinché Monsieur Rodin non venga a trovarmi martedì. Non mi piace mostrare lavori non finiti, e meno ancora appena iniziati; ci sarà tempo di vederli quando saranno terminati. E poi per quale motivo dovrei far conoscere le mie idee prima che siano ben mature?

Se poi allo stesso tempo riusciste a inculcare con la dovuta delicatezza a Monsieur Rodin l'idea di non venire più a trovarmi, sappiate che mi fareste il piacere più grande che io abbia mai ricevuto. Monsieur Rodin sa bene che alcune persone maligne sono andate in giro a dire che le mie sculture in realtà sono state realizzate da lui; non vedo quindi alcun motivo per cui noi dovremmo agire in modo da accreditare una simile calunnia.

Se Monsieur Rodin mi vuole bene davvero può farlo benissimo, non gli costerebbe nulla, ed eviteremmo così di far credere che io debba alla sua ispirazione e ai suoi consigli la riuscita delle opere alle quali mi sto dedicando con tanta fatica.

Vi chiedo scusa, Monsieur, per essermi rivolta a voi in modo così diretto e franco. Vi rivolgo i miei più cordiali e sinceri saluti.

Evocando la fine di quella relazione, Paul Claudel scrive:

La separazione era inevitabile e il suo compimento, affrettato da parte di mia sorella con incredibile forza di carattere e non senza un certo crudele sarcasmo, non tardò ad arrivare. Camille non poteva garantire in eterno al grand'uomo la totale sicurezza di abitudini e di amor proprio tipica di una vecchia amante, ovvero ciò che lui di fatto si aspettava da lei. E d'altro canto, per loro, ovvero per due geni di uguale potenza espressiva, ma di diverso ideale, sarebbe stato impossibile condividere a lungo lo stesso laboratorio e la stessa clientela. Nondimeno, da questo punto di vista, se il divorzio era per lui una necessità, per mia sorella fu la catastrofe totale, profonda, definitiva [...]. Aveva puntato tutto su Rodin, e perdendo Rodin perse dunque anche tutto il resto. Il bel vascello venne sballottato per un po' tra onde amare, per poi affondare con tutto il suo carico[5].

Secondo vari testimoni, Rodin patì enormi sofferenze in seguito all'allontanamento di Camille, al punto da mettersi a piangere davanti a Edmond de Goncourt, che riporta l'episodio nel suo diario; di lamentarsi e sfogarsi con Eugène Morand giungendo a dire: «Camille è pazza»; di far preoccupare lo scultore Émile-Antoine Bourdelle: «Quando lei se n'è andata, Rodin ha provato un dolore così grande che i suoi amici hanno temuto per la sua vita».

Nonostante la fine della relazione, divenuta effettiva nel 1898, lui le dà una mano in più occasioni, approfittando del suo ascendente presso quei critici che gli rivolgono un'ammirazione senza limiti, e che sono pronti a lodare qualunque artista sbocciato sotto la sua influenza. Camille resta per lui la donna amata. Non solo non la dimentica: si affligge, impotente, nel vederla agire a dispetto di ogni buon senso, chiudendo l'una dopo l'altra tutte le porte, anche a quelli che non senza fatica cercano di restare suoi amici.

Pian piano lei, così fresca e così attraente, si trasforma in una morta che cammina. In quello che è diventato il suo antro non ci sono mobili, al di fuori di un letto e di una poltrona sfondata. Il lavandino è spesso ingombro di piatti sporchi e l'ambiente, non pulito da tempo, è invaso da una polvere spessa e unta che ricopre tutto. Si cammina su un vasto tappeto di frammenti di gesso e cocci di bottiglia che scricchiolano sotto i passi. E lei, che si è lasciata andare,

5. Paul Claudel, *Mia sorella Camille*, San Giuliano Terme, Felici, 2003.

somiglia alla sua casa. Indossa un vecchio cappotto di velluto grigio che le conferisce un aspetto da regina decaduta. Non se lo toglie mai, nemmeno per scolpire, perché nel suo laboratorio, umido e riscaldato a malapena, fa un freddo cane. Sulla testa, non avendo più denaro per comprarsi un copricapo vero, si avvolge un foulard dal quale spuntano ampie ciocche di capelli unti. Camille è ingrassata parecchio, è pressoché obesa. Il volto, gonfio e col doppio mento, ha perso del tutto il suo bell'ovale. La carnagione, un tempo candida come il latte, ha ora un colorito cereo. Ha quarant'anni, ma sembra già vecchia. E tuttavia la ribelle vivacità dello sguardo è ancora quella di un tempo, è rimasta identica.

Quando rientra dal suo terzo soggiorno in Cina, nel settembre del 1909, Paul Claudel, che non vede la sorella da tre anni, rimane sbalordito dal suo cambiamento. Nel suo diario registra in poche righe asciutte i guasti di quella trasformazione: «A Parigi, Camille pazza, brandelli di tappezzeria pendono dai muri, una sola poltrona scassata e sfondata – orribile realtà. Lei enorme, sudicia, parla incessantemente con voce monotona e metallica». È ciò che lo colpisce di più, quella voce, nella quale non riconosce più la personalità della sorella. «Era completamente cambiata» scriverà all'abate Daniel Fontaine, senza entrare nei dettagli e senza lasciar trasparire la minima compassione.

Quattro anni prima aveva confidato la sua preoccupazione all'amico Gabriel Frizcau, uno dei pochissimi ai quali abbia scritto la parola fatale: «malata».

In realtà, con gli anni Camille ha sviluppato in modo evidente quello che i medici definiscono delirio di persecuzione. Lei si vede vittima, aggredita da tutte le parti, perseguitata da un mucchio di gente, praticamente da tutti, perché tutti nutrono malevolenza e invidia verso il suo talento. È convinta di essere sfruttata, che si tragga indebito profitto dalla sua povera esistenza. E in mezzo a quella moltitudine di gente che le vuole male, lei ha identificato il capo di tutti, il suo principale carnefice, ed è forse persino inutile citarne il nome: Auguste Rodin. Sospettosa, diffidente, perennemente sulla difensiva, Camille si chiude in se stessa. A partire dal 1906, volontariamente ritiratasi dal mondo, costruisce intorno a sé la propria prigione e inizia a distruggere le opere che giudica sbagliate o venute male. Demolisce a martellate le sue sculture. I gessi vengono sbriciolati quasi con perizia e si aggiungono al bianco tappeto di detriti e polvere che copre il pavimento. I pezzi più grossi li fa sotterrare, come fossero cadaveri, da un paio di carrettieri.

Per esempio il *Perseo e la Gorgone*. Nel gruppo scultoreo *L'Età matura*, Camille Claudel aveva già offerto al mondo uno specchio della sua devastante rottura con Rodin. In *Perseo e la Gorgone*, quello specchio è diventato più deformante, e ancor più straordinario e terribile. Appoggiandosi di nuovo su un mito capace di dare forma al suo dramma intimo, Camille Claudel ha prestato i propri lineamenti alla Gorgone che viene decapitata da Perseo, «colui che uccide senza guardare». Nulla è più terribile di quella testa mozzata che, atterrita, prende coscienza nel riflesso dello specchio tanto della propria follia quanto della propria morte. C'è tutto l'orrore di un essere che precipita nel vuoto, nel nulla, in modo irrimediabile. Per fare «un sacrificio umano» – sono le sue stesse parole – Camille Claudel ha distrutto il gesso di quell'opera, della quale noi posteri possediamo soltanto una foto che mostra lei, ostile, incattivita, di fronte alla sua scultura, che appare di dimensioni più grandi del naturale. L'artista la osserva come chiedendosi chi dei due si dimostrerà superiore sul piano della violenza distruttiva. Di fatto, attraverso quella creazione, lei mostra la distruzione stessa in piena azione, ovvero nell'istante del suo compimento. Quella fotografia annuncia tristemente il suo definitivo decadimento.

Dopo la fine della relazione con Rodin, Camille è quasi sempre malata, costretta a letto da dolori persistenti e disturbi di varia natura. Diventata astiosa, comincia a inviare lettere piene d'ingiurie, persino accompagnate da immondizia, non soltanto a Rodin ma anche a un funzionario delle Belle Arti, da lei ritenuto troppo indolente.

Di natura probabilmente psicosomatica, anche se all'epoca certo non esisteva tale definizione, i suoi disturbi sono autentici segnali di sconforto emessi dal corpo. Il suo stato nervoso non farà che peggiorare nel corso degli anni. Tuttavia, per quel che riguarda il suo caso, esiste una sola certezza medica: si tratta di delirio di persecuzione, appurato con rigore clinico. Diagnosi: demenza paranoide. I medici parleranno di «psicosi cronica sistematizzata».

Una giornata difficile per i Claudel: hanno consultato dei medici, probabilmente anche dei legali, e tutti insieme sono giunti alla necessità di internare Camille in una casa di cura. Casa di cura? Vediamo di non cadere nelle ipocrisie del vocabolario. Era così che venivano chiamate all'epoca le cliniche e gli ospedali psichiatrici. «Case di cura», oppure «case per alienati», o anche «case speciali». A ogni modo, la gente preferiva chiamarli «manicomi». E una legge del 30 giugno 1838, esattamente all'articolo 8, permetteva di mettere una persona in uno di quegli istituti anche contro la sua volontà. Per farlo bastavano due condizioni: produrre un certificato medico e compilare il modulo di richiesta di internamento volontario. Quest'ultimo doveva essere firmato da un membro della famiglia oppure, in mancanza di un parente stretto, da uno più o meno prossimo. Quella legge, molto controversa, detta "dell'internamento volontario", semplificava l'iter dell'internamento d'ufficio che prevedeva l'intervento delle autorità di polizia.

Venerdì 6 marzo 1913, Paul incontra il direttore di Ville-Évrard, istituto medico della regione di Parigi, nel comune di Neuilly-sur-Marne, che oggi si trova nel dipartimento di Seine-Saint-Denis. Il direttore chiede che sia fatta una modifica sul certificato; Paul lo invia subito al dottor Michaux, chiedendogli di occuparsene il più in fretta possibile, e già il giorno dopo, sabato 7 marzo, quest'ultimo firma il testo definitivo. La mattina del 10 marzo, intorno alle undici, due uomini entrano con la forza nell'atelier del quai Bourbon e portano via di peso l'atterrita Camille. Un'ambulanza è in attesa davanti alla porta.

Quello stesso giorno viene visitata dal dottor Truelle, primario della casa di cura Ville-Évrard. Sarà lui a seguirla per tutto il periodo del ricovero, e nel corso di quella prima visita prende nota di alcune frasi pronunciate da Camille.

Sono arrivata qui poco fa, in automobile. Mi hanno fatto passare dalla finestra. È un rapimento.

Sono stati la mia famiglia e Rodin, lo scultore, a volerlo.

Il diluvio risale a tremila anni fa o anche prima.

Rodin voleva costringermi a lavorare nel suo atelier.

Il lavoro che facevo serviva ad avere un'immaginazione migliore. Lui è sprovvisto d'immaginazione. Aveva bisogno di immaginazione.

Io lavoravo, facevo delle modellature, senza rendermi conto che poi lui le faceva diventare sue.

Rodin ha guadagnato milioni sfruttando il mio lavoro. Eppure non è stato lui a fare *Il pensatore*. Lo ha copiato da Carpeaux, e il *Victor Hugo* lo ha copiato da un quadro del Louvre.

Mi avvelenava col curaro e con l'arsenico.

Andai nel suo atelier a diciotto anni. Lui mi picchiava, mi tirava dei calci.

Me ne sono resa conto solo nel 1907. Lui condiziona e avvelena tutti i membri della mia famiglia.

Me ne sono lamentata con chiunque, ma lui controlla e tiene in pugno tutto e tutti, compreso il ministero della Giustizia.

È un sadico e un pazzo. Violenta le ragazze. È già stato condannato una prima volta mille anni fa.

Nel 1913, l'istituto di Ville-Évrard è diviso in tre parti: un manicomio per gli indigenti, il reparto speciale che ospita gli alcolizzati del dipartimento della Senna, e la casa di cura.

Quest'ultima era a sua volta suddivisa in tre diverse classi. I dormitori della terza classe accoglievano fino a una dozzina di ospiti, quelli di seconda solo tre o quattro ciascuno; quanto ai privilegiati della prima, per loro era prevista una camera singola, dotata di un letto, un tappeto e mobili personali. E c'era persino una classe speciale con tanto di domestici.

Le cure erano essenzialmente costituite da tisane, idroterapia (i bagni potevano durare ore), elettroterapia (non elettroshock, solo campi magnetici), celle di contenimento, camicie di forza. Le famiglie potevano chiedere di vietare le visite ai parenti ricoverati e a volte la posta veniva trattenuta dal medico.

La madre di Camille, Madame Claudel, vieta qualunque visita e ogni genere di scambio epistolare. E scrive al medico della figlia di non sentirsi pronta per un incontro, di averne anzi molta paura, sapendo già che Camille le lancerebbe contro ogni sorta di rimproveri e ingiurie. Di fatto, non andrà mai a trovare la figlia a Ville-Évrard.

Il 10 giugno 1913 Camille Claudel pesa sessantasei chili.

Una nota dell'infermiera di guardia datata 17 giugno c'informa che «Camille Claudel è calma e se ne sta sempre da sola in giardino». Trascorre l'intera giornata senza fare nulla. A volte parla della sua famiglia, riservandole parole d'affetto. Ha uno strano modo di pettinarsi, mette foglie e fiori sui capelli; non ha molta cura di sé, né dimestichezza con la pulizia, ma si alimenta bene.

Il 21 luglio Madame Claudel ribadisce al medico di non avere intenzione di andare a trovare sua figlia. Non se la sente, ha ancora troppo timore di dover assistere a una scenata atroce. Sa che a Camille non farebbe piacere vederla… «Ma sono felice di sapere che lei è lì, così almeno non può nuocere a nessuno».

L'8 settembre Camille pesa sessanta chili, nonostante l'alimentazione sia buona e costante. Il medico pensa a una cattiva masticazione.

Il 14 ottobre Camille scrive al dottor Truelle:

Dottore,
parecchio tempo fa vi ho chiesto di far venire una persona della mia famiglia. Sono ormai più di nove mesi che sono immersa nella più orribile disperazione. Mi hanno portata via dal mio laboratorio e da tutte le mie cose. Ho assolutamente bisogno di vedere una persona amica. Spero non me lo vogliate negare. Gradite i miei ossequi.

Nell'aprile del 1914 viene registrato che la malata afferma ancora di essere perseguitata da Rodin e insiste nel dire che lo scultore è l'unico responsabile del suo internamento. Inoltre diffida del cibo: sospetta che ci sia dentro del veleno per farla morire più in fretta.

Rodin ha senz'altro appreso dalla stampa dell'internamento di Camille. Vittima di una emiplegia, non esce praticamente più dalla sua villa di Meudon e mostra già i primi segni di rimbambimento; tuttavia rimane così colpito dalla notizia che decide d'intervenire. Ma deve farlo di nascosto, perché teme lo sguardo sospettoso di Rose. Ha da poco troncato la relazione con la duchessa di Choiseul, Claire, sua ultima amante ufficiale, ma non per questo ha rinunciato alle muse e alle donne in generale, soprattutto se sono giovani e provviste di un bel corpo. Nondimeno, Camille continua a occupare nel suo cuore un posto di assoluto rilievo. Vorrebbe farle avere del denaro per rendere un minimo più dolce quella che lui definisce non a torto la «geenna». Riuscirà a inviarle cinquecento franchi in modo anonimo solo nel giugno del 1914, usando come sponda la Cassa dello Stato.

Negli ultimi giorni del mese di agosto del 1914, a causa della guerra – la battaglia della Marna si svolge ad appena venti chilometri da lì –, la prefettura della Senna ordina l'evacuazione nel Sud della Francia degli ospedali di Ville-Évrard e di Maison-Blanche.

Quando lascia l'ospedale di Ville-Évrard, Camille Claudel ha perso venticinque chili rispetto al giorno in cui vi ha messo piede.

I malati paganti vengono accompagnati verso i manicomi di Montdevergues e di Pierrefeu. Degli altri, sessanta non trasferibili vengono inviati alla Salpêtrière, cinquanta partono per il manicomio di Auxerre, e oltre cinquecentosettanta vanno nei manicomi delle Bouches-du-Rhône e del Varo.

Dopo cinque anni di ricovero a Montdevergues, i medici constatano nella paziente Camille Claudel una diminuzione e un diradamento delle manifestazioni paranoiche, ma ciò non è sufficiente per Madame Claudel, che si rifiuta di farla tornare a casa e supplica il direttore della struttura di tenerla ancora ricoverata. Perché di sua figlia lei ha paura: «Ci detesta ed è pronta a farci tutto il male che potrà».

Quanto all'idea di spostarla, di accorciare la distanza da Parigi trasferendola al Sainte-Anne o alla Salpêtrière, come i medici di Montdevergues raccomandano, la semplice prospettiva produce in Madame Claudel una profonda angoscia, che la induce a opporsi con la più grande fermezza all'ipotesi di un riavvicinamento.

20 ottobre 1915

Signor Direttore,

ho ricevuto ieri una nuova lettera da parte di mia figlia C. Claudel con la quale m'informa di essere molto infelice ed esprime il desiderio di essere trasferita all'ospedale Sainte-Anne di Parigi. Mi chiedo con la più grande inquietudine come sia riuscita a farmi pervenire delle lettere attraverso intermediari diversi dal medico o da voi stesso. Sono davvero estremamente preoccupata, perché allora mia figlia può scrivere anche ad altre persone, che si serviranno delle lettere per alimentare l'ignobile campagna contro di noi che va avanti ormai da due anni.

Non intendo in alcun modo tirarla fuori dal vostro istituto, dove peraltro fino a poco tempo fa diceva di stare volentieri. Non intendo farle cambiare istituto ogni sei mesi; quanto a riprenderla a casa con me, o anche a farla tornare a casa sua, dove viveva un tempo, mai, mai...[6]

Anche dopo la morte di Madame Claudel, che avverrà nel 1929, Camille resterà comunque a Montdevergues per volontà del fratello e della sorella, che lei supplicherà invano affinché la facciano uscire.

Il 29 gennaio 1917 Rodin, ormai quasi ottantenne, si decide a sposare a Meudon la compagna Rose Beuret, dopo cinquantatré anni di vita in comune. Appena in tempo. Il mese seguente lei morirà di polmonite, all'età di settantatré anni. Rodin la seguirà solo nove mesi più tardi.

Fino alla fine della sua vita, Camille resterà convinta che lo scultore abbia lasciato precise disposizioni per continuare a perseguitarla anche dopo la sua morte.

Eppure, in una lettera datata 3 settembre 1932, Blot, suo gallerista e fonditore, le scrive:

Un giorno in cui Rodin mi fece visita, lo vidi bloccarsi all'improvviso davanti a un vostro ritratto, contemplarlo, accarezzare dolcemente il metallo e piangere. Sì, piangere. Come un bambino. Sono quindici anni ormai che è morto. In realtà, non ha mai amato altre donne all'infuori di voi, Camille, oggi posso affermarlo. Tutto il resto – quelle avventure patetiche, quella ridicola vita mondana, lui che dentro l'anima restava un uomo del popolo – era lo sfogo di una natura eccessiva. Oh, lo so bene, Camille, che lui vi ha abbandonata, e non intendo giustificarlo. Avete sofferto troppo a causa sua. Ma non ritiro niente di quel che ho appena scritto. Il tempo rimetterà le cose al loro giusto posto [...].

6. Reine-Marie Paris, *Camille Claudel*, Paris, Pagine d'Arte, 2012.

Camille muore il 19 ottobre 1943 in seguito a un'emorragia cerebrale.

Né Paul, né sua moglie, né uno solo dei loro numerosi figli assistono alla sua inumazione, che si svolge appena ventiquattr'ore dopo. Come la maggior parte dei morti di Montdevergues, che hanno il loro spazio riservato al cimitero di Montfavet, viene seppellita nel campo numero 10 in una tomba anonima con sopra una croce e un semplice numero: 1943-392.

Per te costruirò l'eterno
Shah Jahan e Mumtaz

Agra, gennaio 1612

L'alba sta riversando le sue prime luci sulle mura della capitale dell'Impero Moghul, costruita sulle rive dello Yamuna, uno dei sette fiumi sacri dell'India.

Arjumand è già vestita e pronta per uscire. Le batte forte il cuore, perché ha ormai compiuto diciott'anni e, per la prima volta in assoluto, accompagnerà sua madre al Meena, il bazar reale, il mercato del venerdì dove le donne dell'harem vanno a rifornirsi di unguenti, profumi e sete pregiate. Di regola gli uomini non sono ammessi; qualora uno venisse trovato all'interno del bazar, il boia gli taglierebbe le mani. Ma in certi giorni speciali, come oggi, il mercato apre le porte a tutti, anche agli uomini, ai poveri come ai ricchi, persino alle cortigiane.

Per Arjumand sarà l'occasione di penetrare nella cinta del Lal Quila, il Forte Rosso, un'immensa fortezza nella quale sorgono due palazzi: quello del defunto Akbar e quello di suo figlio Jahangir. Da molto tempo Arjumand sogna di scoprire l'universo misterioso che si nasconde dietro le alte mura di arenaria, anche se i suoi genitori l'hanno avvertita: il mercato reale si tiene nella corte, non nel palazzo di Jahangir, dunque ben lontano da ori e splendori.

Fa lo stesso. Valicare la cinta è già sufficiente a renderla felice. Vista l'occasione ha indossato il suo vestito più elegante, e sui capelli color ebano ha sistemato lo scialle più bello.

Superata la maestosa porta del forte, madre e figlia raggiungono il grande perimetro dove altre venditrici le hanno precedute; una volta raggiunto il posto loro assegnato, Arjumand sistema con cura i cavalletti, poi vi dispone sopra una tavola di legno e la ricopre con una tovaglia ricamata. Infine, man mano che la madre li prepara, allinea su un vassoio i *mishris*, ovvero dei piccoli cristalli di zucchero.

«Madre, pensate che la zia verrà a salutarci?»

«È poco probabile. Come tutte le mogli dell'imperatore, Nur Jahan è molto occupata».

Quando la sfera del sole sorse al di sopra delle mura, l'immenso portone di bronzo del palazzo si aprì per far uscire le donne dell'harem. Pian piano l'atmosfera si fece molto allegra: si parlava, si scherzava, si rideva. Ben presto, eccitate dalla musica e dalla danza, le cortigiane, di solito così riservate, cominciarono a rivolgersi agli uomini soli. Dal canto loro, i giovani dell'aristocrazia rivaleggiavano in certami oratori a base di versi poetici e rime argute, puntando ad attirare l'attenzione delle ragazze.

D'un tratto la folla s'immobilizzò, ogni conversazione si spense, lasciando il posto al silenzio.

Era giunta un'imponente portantina sorretta da vari schiavi, che la deposero a terra con precauzione. Le cortine si aprirono, e un istante dopo apparve un giovane sulla ventina. Un grido di ammirazione percorse la folla, e un nome affiorò sulle labbra di tutti: Khurram...

Sì, era davvero lui, Khurram, il principe ereditario, figlio di Nur el-Din Mohammad detto Jahangir, l'imperatore, «il Possessore del Mondo».

Il giovane principe gettò uno sguardo intorno, poi iniziò a camminare osservando distrattamente le bancarelle, fermandosi a tratti e rispondendo con un cenno gentile al saluto di quelli che si meravigliavano della sua presenza. Finché incrociò gli occhi ardenti di Arjumand.

Qualcuno gli parlò, ma le parole furono coperte dai battiti del suo cuore.

La giovane stava in piedi dietro il suo banco; lui poteva

vederne il viso solo in parte, ma ciò era bastato per rapirlo.

Da parte sua, anche Arjumand pareva altrettanto turbata. Quel giovane rappresentava tutto ciò che lei aveva sempre sognato. Non era soltanto bello, emanava la nobiltà più autentica, quella del cuore. Con un gesto impulsivo si coprì il volto con lo scialle, per mascherare il rossore che le aveva coperto le guance.

Khurram fece un passo verso il banco e indicò i *mishris*.

«Quanto per tutti?»

«Duemila rupie».

Sentendo quel prezzo, la madre di Arjumand fu sul punto di svenire: duemila rupie? Sua figlia era forse impazzita?

Tuttavia la somma non parve turbare granché il principe, che infilò una mano dentro la tasca della tunica e tese alla giovane una manciata di monete d'oro.

«Ecco» le disse.

Arjumand non poté fare a meno di scoppiare a ridere.

«Signore, io stavo scherzando! Che cosa pensavate di comprare?»

«Dei... diamanti. Perché?»

Lei rise ancora di più.

«Oh, no davvero! Sono dei banali *mishris*... Zucchero di canna!»

Khurram rimase interdetto per un istante, poi scoppiò a ridere a sua volta.

«Dei *mishris*! Per duemila rupie!»

Adesso le loro risa si univano fino a sciogliersi l'una nell'altra, quasi eclissando le prime nuvole che annunciavano la pioggia.

D'un tratto il principe tacque, e la sua espressione si fece grave.

Sorpresa, Arjumand tacque a sua volta. Cos'era successo?

Ci mise qualche istante a capirlo. Senza che se ne fosse accorta, lo scialle le era scivolato sulle spalle, rivelando di colpo i capelli e l'intero viso.

Khurram rimase abbagliato: mai aveva incontrato una tale bellezza, una simile perfezione.

«Come ti chiami?» chiese con voce roca.

«Arjumand. Arjumand Banu Begam».

«E a quale famiglia appartieni?»

La giovane lo fissò con un accenno di malizia.

«Un po' anche alla vostra, mio signore».

Khurram sgranò gli occhi.

«Mio padre è Asaf Khan» proseguì Arjumand, «fratello di Nur Jahan».

«Nur Jahan?»

Nur Jahan era la moglie dell'imperatore, una donna tanto bella quanto intelligente. Figlia di un emigrato persiano, a diciassette anni aveva sposato un avventuriero, Sher-afghan, che aveva ottenuto un impiego amministrativo a Burdwan, nel Bengala, agli inizi del regno di Jahangir. Correva voce che l'interesse dell'imperatore per la giovane donna fosse stato la vera causa della morte di suo marito. È probabile. Fatto sta che un giorno Jahangir accusò Sher-afghan di «avere un istinto ribelle» e lo fece squartare. Quattro anni dopo ne sposò la vedova e le diede il nome di Nur Jahan, "Luce del Mondo".

L'ambizione della giovane si rivelò molto presto sfrenata. Grazie alla notevole influenza che esercitava sull'imperatore riuscì a far assumere al padre e al fratello ruoli importanti nella corte, e a dare in sposa sua figlia al più giovane dei figli di Jahangir, il principe Shahryar, uno dei numerosi fratellastri di Khurram.

«Dunque saremmo un po' parenti» osservò il principe.

«Cugini acquisiti, in effetti».

Lui la contemplò ancora per un momento in silenzio.

«Chissà, forse siamo destinati a rivederci...» sussurrò infine in tono sibillino.

E si allontanò.

Una foresta di candele illuminava la stanza dell'imperatore.

Khurram entrò e salutò il padre giungendo le mani davanti al petto.

«Namasté»[1].

«Hai chiesto di vedermi?» chiese il sovrano.

Il principe articolò un timido sì. Suo padre lo aveva sempre intimorito. In affetti Jahangir aveva una personalità che si sarebbe potuta definire a dir poco complessa. Sapeva mostrarsi un uomo affabile, amante della natura, cultore della giustizia. Davanti alla porta del palazzo aveva fatto appendere a una colonna di pietra una catena formata da tante piccole campanelle, che ogni cittadino poteva scuotere per chiedere riparazione a un torto. Era anche capace di commuoversi nel vedere gli elefanti rabbrividire, d'inverno, quando venivano lavati con l'acqua fredda. Eppure allo stesso tempo tramava delitti dei quali poi si vantava senza alcun rimorso, e gli piaceva veder frustare a morte coloro che gli erano sgraditi. Il suo entourage aveva concluso che quel singolare atteggiamento fosse dovuto alla sua dipendenza dall'oppio. Del resto non era un segreto per nessuno: Jahangir era un oppiomane da tempo.

«Sì, padre» ribadì Khurram. «Un giorno mi avete parlato delle donne, e del potere che esse esercitano su noi uomini. Quel potere io l'ho provato oggi, in tutta la sua forza. Stamattina, al mercato, ho incontrato una ragazza, più bella della più perfetta bellezza, e il mio cuore è volato verso di lei. Io... l'ho riconosciuta».

«Riconosciuta?»

«Sì, è lei. Tra tutte le donne che io posso incontrare, oggi o in futuro, è lei quella che il destino ha scelto per me».

«E qual è il suo nome?»

«Si chiama Arjumand Banu Begam, figlia di Asaf Khan.

1. Alla lettera, m'inchino davanti a voi.

È la nipote della favorita tra le vostre mogli, la regina Nur Jahan».

Jahangir annuì.

«Questa è una buona cosa: di sangue nobile e imparentato col nostro. E qual è la tua intenzione?»

«Sposarla, se voi me ne concedete il permesso».

L'imperatore rimase in silenzio per qualche secondo.

«No» rispose infine.

Khurram impallidì.

«Non subito» aggiunse l'imperatore.

«Ma perché, padre? Ciò che io provo non è amore?»

«In effetti sembra proprio amore, anche se è troppo presto per esserne sicuri. Tuttavia è necessario che tu rispetti la nostra tradizione. L'imperatore ha il dovere di possedere un harem, e dunque numerose donne. Ora, se sposi questa donna in prime nozze, io temo che, accecato dalla passione, tu poi non voglia sposarne altre, e questo non è ammissibile».

«Padre, in questo modo voi m'infliggete una tortura che non so se sarò in grado di sopportare».

«Abbreviare questa tortura dipende solo da te, prendendo moglie al più presto. Dopodiché potrai agire come preferirai. Il mio scopo non è allontanarti dal tuo amore, ma fare in modo che tu rispetti le nostre tradizioni, che sono sacre. Sappi che ciò che tu hai provato oggi, molti muoiono senza averlo mai conosciuto. Ringrazia dunque Allah di questo dono, e fanne buon uso».

Abbreviare questa tortura dipende solo da te, prendendo moglie al più presto.

Khurram prese il padre alla lettera.

In poche settimane sposò una dopo l'altra Kandahari Begam e Akbarabadi Mahal, due donne di "buona famiglia". Forse Khurram non le aveva nemmeno guardate. Che fossero belle o brutte, basse o alte, grasse o troppo magre, per lui era lo stesso, del loro aspetto non gliene importava nulla. Una sola donna al mondo contava per lui: Arjumand.

Agra, 10 maggio 1612

La madre e le sorelle l'avevano vestita con un magnifico sari color zafferano, le avevano truccato gli occhi col kajal e messo in risalto le labbra col rosso carminio. Poi, tra i capelli, all'altezza del settimo chakra, avevano tracciato il *sindoor* con una polvere vermiglia. Avrebbe dovuto conservarlo fino alla morte.

Rimaneva solo da attendere con pazienza l'arrivo della delegazione incaricata di condurla a palazzo. Dopo lunghi minuti – gli ultimi e, come spesso accade, i più duri da sopportare – Arjumand fu sottratta alle sue riflessioni da un rumore di passi. Asaf Khan era apparso sulla porta. Andò verso la figlia e l'abbracciò teneramente.

«Arjumand, l'uomo che oggi viene a prenderti è colui che ti sottrae a noi. Spero che saprà renderti felice. Quanto a te, sforzati di essere una nobile sposa, la migliore delle compagne, e dà a tuo marito una numerosa e bella discendenza».

La giovane fissò la madre e le sorelle con un nodo in gola.

«Ovunque io sarò, sarò sempre vicina a voi e...»

Dei colpi alla porta la interruppero.

Asaf Khan andò ad aprire.

La scorta era pronta.

Davanti alla casa, due file di cavalieri stavano allineate su entrambi i lati dell'ingresso, formando uno schieramento d'onore. In fondo si scorgeva il principe, seduto in una portantina posata a terra. Intimidita, e tuttavia determinata, Arjumand si mosse lentamente verso di lui. Più si avvicinava al futuro marito, più diventava cosciente che non si trattava di un sogno.

Quanto a Khurram, finalmente sentiva svanire il peso

dell'attesa. La divorava con lo sguardo, colmo di ammirazione per l'armonia delle forme che indovinava sotto il drappeggio del sari. Di lì a poche ore quel corpo sarebbe stato suo.

Quando lei si sedette sulla portantina, alla destra del futuro marito, lui sussurrò: «Non voglio mai più essere separato da te...»

«E io te lo giuro: noi due saremo uniti per sempre...»

Khurram fece segno al corteo di mettersi in moto.

Lungo tutto il percorso decorato di fiori fino al palazzo, la folla, fitta ovunque, non smise un attimo di acclamarli. E al momento di entrare nel Forte Rosso, Arjumand ebbe l'impressione di sentire ancora le risate che avevano accompagnato il loro primo incontro.

«Quanto per tutti?»

«Duemila rupie».

E strinse più forte la mano di Khurram.

Dopo averla aiutata a scendere dalla portantina, Khurram condusse l'amata verso un'immensa sala nella quale li attendevano gli invitati. Si distinguevano l'imperatrice Taj Makani, madre di Khurram, e, leggermente in disparte, Nur Jahan, la favorita dell'imperatore.

In fondo alla sala, su una pedana di marmo bianco, Jahangir osservava la coppia che avanzava lungo il corridoio centrale. Quando i due sposi s'inchinarono davanti a lui disse: «Figli miei, l'amore è il mistero della vita. Le sue vie possono rivelarsi impervie e faticose, ma voi seguitele comunque, poiché nessuno può giungere all'alba senza attraversare la strada della notte. E ora pronunciate i vostri voti».

«Padre» cominciò Khurram, «desidero diventare il marito di Arjumand Banu Begam, e proteggerla e amarla fintanto che vivrò».

Il principe fece segno a uno schiavo di porgergli una collana di pietre preziose, che allacciò al collo dell'amata.

«Arjumand» continuò, «tu sarai la meraviglia del mio

palazzo, perciò da questo momento ti chiamerai Mumtaz Mahal, "la Preferita del Palazzo"».

«Io giuro di amarti fino alla morte» disse a sua volta la giovane, «di prendermi cura della nostra casa e di darti una discendenza della quale sarai fiero».

Il principe prese la mano della sposa, mentre il re dichiarava solennemente: «In nome di Allah, il Clemente, il Misericordioso, ora siete marito e moglie. Che Egli benedica la vostra unione!»

Khurram fece un passo avanti e depose un bacio sulle labbra di Mumtaz. Il primo bacio della loro storia...

La notte aleggiava sul palazzo.

Sentire il calore di Khurram, e la sua bocca sulle guance, sugli occhi, sulla fronte, fece cadere le ultime paure di Mumtaz.

«Insegnami l'amore» disse piano.

Le bocche si unirono, e si unì la loro pelle, e il battito dei loro cuori.

Dalla finestra un raggio di luna illuminava i due corpi nudi.

Lui gridò: «Ti amo... ti amo...!»

Ma la giovane sposa non lo udì, perché i sensi non le appartenevano più.

Lei che non aveva mai fatto l'amore si sorprese a gemere, a flettersi, dominata dal piacere. Si abbandonò a lui completamente, abbeverandosi a fonti mai neppure immaginate. In quel lungo abbraccio si rivelavano pian piano in lei gioie insospettate, e vampe liquide, febbrili, un intero mondo fino a quel momento nascosto nei segreti della sua carne. E il viaggio dentro quel mondo era magnifico. D'un tratto il velo si strappò. Mumtaz inarcò il corpo con violenza e si morse le labbra, come a voler trattenere il piacere. Nessuna sofferenza, nessun dolore, solo felicità. Khurram era dentro di lei, e il suo ventre, un mare vergine, lo accolse come si accoglie il ritorno di un antico amante. Si presero ancora, e ancora. Fino al termine della notte, fino a quando il primo raggio di sole scivolò dentro la camera.

1° ottobre 1617

«Entra, figlio mio!» ordinò Jahangir.

Khurram obbedì.

«Come sta Raushanara Begam, la mia piccola perla?»

«Benissimo, padre. La vostra nipotina sta mirabilmente».

«Tra poco compirà un mese, vero?»

«Sì, tra due giorni».

«Permettimi di felicitarmi per la fertilità che tu e Mumtaz avete dimostrato».

Contò sulle dita.

«Due femmine, Huralnissa Begam e Jahanara Begam; un maschio, Dara Shikoh; un altro maschio, Mohammad Shuja, e adesso una femmina».

«Il merito è tutto di Mumtaz, è il suo ventre che porta la vita».

«Ma sei tu che la semini. Ora però ascoltami attentamente. Tu conosci la nostra situazione. Per tutti questi anni ho combattuto, riportando numerosi successi militari. Cinque anni fa ho soffocato la rivolta degli afghani del Bengala, e grazie alla mia politica di conciliazione sono riuscito a reintegrarli definitivamente nell'Impero. Così pure sono riuscito a convincere i Rajpur[2], accordando loro una pace generosa. Da allora credevo che l'epoca degli scontri fosse finita, e che la pace avrebbe regnato per sempre. Non è così, purtroppo. Da qualche tempo è comparso un nuovo nemico...»

«Amar Singh...»

2. Abitanti del Rajastan.

«Proprio lui. Il Maharaja di Mewar[3] ha giurato la nostra rovina. Mi hanno informato che ha appena occupato Ahmadnagar, e non è possibile lasciare tale gesto impunito».

L'imperatore prese fiato, poi continuò: «Partirai tu, sarai il mio braccio armato. Ti affido la missione di riconquistare la città e di distruggere quel miscredente. Hai la mia piena fiducia».

Khurram accolse quelle parole con fierezza, ma anche con una certa inquietudine. Da qualche mese si era accorto che la favorita, Nur Jahan, tramava nell'ombra. Stava preparando un colpo di Stato? Aspirava a mettere sul trono suo figlio Shahryar, il fratellastro di Khurram? Non era chiaro, e tuttavia vari segnali parevano minacciare una tempesta. Oltretutto Nur lo detestava, e Khurram la ricambiava con pari fervore. Lasciare il palazzo significava lasciare campo libero a lei e ai suoi intrighi, ma non aveva scelta: la presa di Ahmadnagar metteva in pericolo l'Impero.

«Bene, padre» disse. «Agirò secondo la vostra volontà. E vincerò, con l'aiuto di Allah».

Mumtaz lo fissò seria.

«Dunque parti...»

«Sì, amore mio».

«Per quanto tempo?»

«Lo ignoro. Questa campagna militare rischia di durare a lungo. E sto male. L'idea di lasciarti sola, di abbandonarti, mi fa male».

«Ma tu non mi abbandonerai».

«Sono costretto a farlo, purtroppo».

«Hai forse dimenticato che ci siamo promessi di non separarci mai? Io parto con te».

Khurram indietreggiò bruscamente.

3. Regione dello Stato del Rajastan, nella parte occidentale dell'India.

«Ti rendi conto di quel che ti aspetta? Non si tratta di un viaggio di piacere, ma di una guerra».

«Lo so» rispose Mumtaz. Poi ripeté con determinazione: «Io vengo con te. Sapere che ti sono vicina ti renderà invincibile, vedrai».

Sbalordito dal coraggio della moglie, e colpito dalla forza del suo amore, Khurram acconsentì.

Non sapremo mai quale fattore fu più determinante per conseguire la vittoria, se l'intrinseca forza dell'esercito o la presenza di Mumtaz accanto al suo comandante; l'unico fatto certo è che, dopo nove mesi di aspri combattimenti, il 3 novembre 1618 Amar Singh fu costretto a capitolare, e Ahmadnagar venne riconquistata.

Mentre stava festeggiando l'avvenimento coi suoi soldati, Khurram venne informato che la moglie stava per partorire. Appena ebbe varcato l'ingresso della tenda in cui si trovava Mumtaz, il vagito di un neonato spezzò il silenzio della notte.

«È un maschio» annunciò la levatrice.

«Allah lo benedica!»

Khurram depose un bacio sulle labbra di Mumtaz.

«Spero che tu non abbia sofferto troppo».

«Sia resa grazia ad Allah: la gioia di mettere al mondo nostro figlio ha soffocato il dolore».

Il principe prese il bambino tra le braccia e disse: «Ti chiamerai Mohinnudin Aurangzeb».

Poi lo rimise delicatamente sul petto di Mumtaz.

«Che Allah ti benedica» mormorò.

Di ritorno ad Agra, Khurram venne accolto da trionfatore.

Il padre, commosso, gli conferì il titolo di Shah Jahan, "Re del Mondo", e aumentò il suo appannaggio.

Il principe e la moglie poterono finalmente vivere con pienezza il loro amore, un amore che cresceva di giorno in giorno. Nulla pareva in grado di scalfirlo o di renderlo più fragile, di certo non gli intrighi di Nur Jahan, e neppure l'usura del tempo. Solo le donne del suo harem ne soffrivano: mai un signore le aveva così trascurate.

Ma nessuna felicità dura in eterno. Quattro anni dopo, nel luglio del 1622, mentre Mumtaz partoriva Suraya Banu Begam, il suo ottavo figlio[4], una notizia funesta fece tremare il regno: la fortezza di Kangra, sull'Himalaya, era stata conquistata. Kandahar era caduta sotto i colpi di Shah Abbas, il valente sovrano della Persia.

Di nuovo Jahangir ordinò a suo figlio di prendere in mano le armi.

«No, padre!»

L'imperatore lo squadrò come se lo vedesse per la prima volta.

«No!» ripeté colui che ormai veniva chiamato solo Shah Jahan. «Sono sfinito, esasperato dall'ostilità della vostra favorita, Nur Jahan, e dai suoi intrighi. Del resto, se non fosse per le nostre divisioni interne, di cui lei è interamente responsabile, Kandahar non sarebbe caduta. Certo voi non ignorate che è stato proprio il figlio di Nur, il mio fratellastro Shahryar, a rendere possibile quella catastrofe, grazie alla sua mancanza di coraggio».

«Come osi? Sai che potrei farti mettere a morte per la tua ribellione?»

Shah Jahan lo fissò: quel vecchio di cinquantatré anni, malato e logorato dall'oppio e dall'alcol, non gli faceva più paura.

«Se vi rimanesse un'oncia di saggezza, sarebbero piuttosto la vostra regina e Shahryar quelli che dovreste eliminare!»

Mumtaz era livida.

«Amore mio, sai cosa rischi? Hai appena firmato la tua

4. Il 18 dicembre 1619 aveva partorito Ummid Baksh.

condanna a morte, e anche la mia e quella dei nostri figli».

«Nessuno vi torcerà mai un solo capello. Partiremo. Dispongo ancora di un pugno di fedeli che detestano la regina perfino più di me. Ci batteremo».

«Contro tuo padre?»

«Sì, e senza nessuno scrupolo. Mio padre ormai non è altro che un fantasma».

Nonostante le proteste della moglie e gli sforzi per fargli intendere ragione, Shah Jahan si ribellò apertamente, e così facendo aprì per sé e per i suoi le porte dell'inferno.

Gli anni successivi furono una continua sequela di scontri e di sangue versato, fino a quando, nel 1623, il principe ribelle e il suo piccolo esercito vennero decimati vicino a Delhi dall'esercito imperiale, comandato da un brillante generale di nome Mahabat Khan.

Cominciò così per Shah Jahan il tempo dei vagabondaggi, con l'unica consolazione dell'amore incondizionato di Mumtaz. Due anni, due lunghi anni, segnati dalla nascita di un nuovo maschio, Murad Baksh, nato nel 1624.

Ma la collera degli uomini è come quella della natura: viene il giorno in cui la tempesta si placa e la quiete reclama i suoi diritti. Verso la metà del 1625, Shah Jahan si riconciliò col padre, e questa volta tutti gli abitanti di Agra furono convinti che si fosse aperto un periodo di pace e di serenità. Così dimostrarono di conoscere male la favorita dell'imperatore. Il successo di Mahabat Khan aveva suscitato la gelosia di Nur Jahan e di Shahryar. Madre e figlio complottarono in modo così palese e insistente che i loro intrighi finirono per esasperare il generale, il quale decise di farla finita una volta per tutte con quella coppia infernale. Attraverso un audace colpo di mano catturò la favorita e l'imperatore e li chiuse in prigione. Shah Jahan lo lasciò fare. Tuttavia, Dio sa come, la favorita riuscì a fuggire e a unirsi a un esercito di seguaci. Fu tutto inutile. Era il 28 ottobre 1627. Durante la notte, l'imperatore Jahangir si spense nella sua cella, e il generale Mahabat Khan si riconciliò spontaneamente con Shah Jahan. Il giorno dopo il principe venne proclamato imperatore e si affrettò a spedire all'altro mondo tutti i suoi potenziali rivali, Nur Jahan e suo figlio Shahryar per primi.

«Ti amo, mia prediletta, e allo stesso tempo temo di non amarti abbastanza rispetto all'amore che meriti».

Mumtaz Mahal si rannicchiò contro il marito. Aveva trentaquattro anni, e il suo corpo non era più perfetto come un tempo. Otto gravidanze avevano avuto ragione della sua armonia, e ora stava per mettere al mondo il nono figlio. Eppure, stranamente, Shah Jahan trovava nei suoi seni non più sodi e nel suo ventre sformato ragioni sempre nuove per commuoversi e per intenerirsi. Non un solo giorno era trascorso senza che avesse benedetto il cielo per quell'amore.

Dal canto suo, Mumtaz continuava a respirare attraverso il marito, e a vedere il mondo solo attraverso i suoi occhi.

Avrebbero voluto vivere per tutta la vita insieme, inseparabili, chiusi in una stanza, isolati dal resto del mondo, ma ciò era evidentemente impossibile. Prima di essere un marito, Shah Jahan era l'imperatore. E l'Impero fu presto oggetto di nuovi attacchi, questa volta da parte dei coloni portoghesi del Bengala. Un secolo prima avevano beneficiato di un decreto imperiale che consentiva loro di stabilirsi in quella regione, ma da qualche tempo si comportavano in modo inammissibile, pretendendo d'imporre tasse sui commercianti indiani e sul tabacco. Era troppo!

Shah Jahan iniziò col dare incarico al governatore del Bengala di punire i portoghesi che vivevano nella regione, poi entrò in guerra di persona.

Mumtaz lo seguì.

Insieme, inseparabili, valicarono montagne, dormirono sotto le stelle, conobbero fuoco e sangue, violenza e morte. Per giorni, per notti, per anni. E con altre nascite: Daulat

Afza, Husnara Begam, Gauhara Begam... Ma la tragedia era in agguato.

Il 16 giugno 1631 l'esercito si era accampato a Burhanpur, nella regione del Dekkan, e Mumtaz dormiva vicino al marito nella tenda imperiale. Si avvicinava la fine della sua quattordicesima gravidanza. Improvvisamente lanciò un grido di terrore, strappando Shah Jahan al sonno.

«Che c'è, amore mio?» chiese l'imperatore tirandosi su di scatto.

«È orribile: ho sognato che morivo dando alla luce un figlio».

Lui tentò di tranquillizzarla, accarezzando teneramente il suo ventre rotondo.

«I tuoi parti sono andati tutti bene: perché il prossimo dovrebbe essere diverso?»

«I sogni sono premonizioni. Allah ci parla attraverso di loro, forse ha cercato di avvertirmi».

«Allah annuncia forse a coloro che devono morire l'arrivo dell'angelo della Morte? Io non credo. È solo un attimo di angoscia».

Mumtaz lo guardò con aria grave.

«Khurram, voglio che tu mi prometta tre cose. Quale che sia l'esito di questo parto, tu non avrai altri figli, né con me né con altre donne».

«Te lo prometto».

«Ti occuperai dei miei genitori fino alla loro morte. Per me sono tutto, senza di loro non sarei la donna che tu oggi ami».

Shah Jahan annuì.

«Infine, se dovessi morire, promettimi che erigerai per me un mausoleo nel quale io possa riposare fino al giorno del giudizio».

«Tu non morirai!» rispose spaventato l'imperatore.

«Promettilo!»

«E se io morissi prima di te?»

«Vorrà dire che Allah avrà voluto liberarti dalle tue promesse».

Shah Jahan si sforzò di sorridere.

«Va bene. Giuro di costruire il monumento più bello e più puro dell'universo, un edificio quale mai gli uomini hanno conosciuto. Per te io costruirò l'eterno. Sei più tranquilla ora?»

Abbracciò la moglie, mormorandole all'orecchio: «Intanto non dimenticare che anche tu un giorno mi hai fatto un giuramento: quello di non abbandonarmi mai».

Il giorno dopo, il sogno – o meglio l'incubo – di Mumtaz divenne realtà. Partorì un bambino morto, dopodiché scivolò lei stessa tra le braccia della nera signora.

Secondo la tradizione il suo corpo, bagnato con canfora e acqua di rose, fu avvolto in cinque sudari di seta e trasportato sino ai giardini di Zainabad, sulle rive del fiume Taptia, dove venne sepolta l'11 dicembre, il corpo allineato da nord a sud e il volto girato verso la Mecca.

Schiacciato dal dolore, per quaranta giorni Shah Jahan osservò il lutto e vestì solo di bianco, il colore imposto dalla tradizione. Non aveva perso una moglie, aveva perso l'amore.

Agra, fine dicembre 1631

Ustad Issa Shirazi si presentò al cospetto di Shah Jahan con la testa cinta da uno spesso turbante nero. Curiosamente, l'imperatore aveva ordinato che si presentasse accompagnato dalla moglie.

«Mastro Issa, se sei qui è perché secondo l'opinione di tutti i miei consiglieri tu sei il più grande architetto del mondo. Sembra che nessun uomo, nell'Impero e al di fuori di esso, sia in grado di eguagliare il tuo genio».

Ustad Issa si limitò a chinare umilmente il capo.

«Vorrei porti una domanda» riprese l'imperatore. «Tu ami tua moglie?»

L'architetto, sorpreso dalla domanda, ebbe un sussulto.

«Perdutamente, Maestà. Mia moglie è il sole della mia vita».

«Dunque per te lei è tutto, giusto?»

«Tutto, e anche di più».

«Bene. Molto bene».

Shah Jahan rimase per un istante in silenzio, poi riprese: «Il mausoleo che costruirai dovrà sorpassare in bellezza i più sublimi edifici costruiti fino a oggi. Sei consapevole di questo?»

L'architetto annuì.

«Ora, mastro Issa, vorrei porti un'altra domanda. Hai idea di cosa rappresenti per me la perdita di mia moglie?»

«Maestà, io so solo che il vostro dolore dev'essere così atroce che mi sembra impossibile anche solo immaginarlo».

Shah Jahan approvò, lo sguardo perso nel vuoto.

D'un tratto la sua voce si alzò, spezzando il silenzio: «Guardia!»

Un soldato si presentò immediatamente.

L'imperatore indicò la moglie di Ustad Issa e ordinò: «Tagliale la gola!»

Sotto lo sguardo inorridito dell'architetto, la guardia obbedì.

Mentre la disgraziata cadeva a terra in un mare di sangue, il marito urlò il suo dolore.

«Perché, Maestà? Perché?»

Imperturbabile, Shah Jahan ribatté: «Adesso siamo uguali, il mio dolore è divenuto il tuo. Costruisci il mausoleo come se esso dovesse accogliere il sole della tua vita».

Che accadde poi nella mente di Shah Jahan?

All'improvviso, col sostegno degli ulema, ordinò la distruzione di tutti i templi induisti costruiti di recente nell'Impero, fece condurre nella capitale quattromila cristiani e induisti e ordinò che venissero torturati, poi li fece circoncidere e li costrinse a convertirsi all'Islam.

Secondo alcuni, un dolore troppo grande ha sempre bisogno di un capro espiatorio.

Autunno 1648

Il mausoleo di marmo bianco sorgeva ora in tutto il suo splendore, meraviglia tra le meraviglie. Per erigerlo erano occorsi ventimila operai e mille elefanti, che avevano trasportato i materiali necessari da tutta l'Asia. E dall'Europa erano stati chiamati degli artigiani capaci di concepire le minuziose travature di marmo e i vari pannelli, fatti di migliaia di pietre semipreziose.

Furono importati notevoli quantità di diaspro dal Punjab, di turchese e malachite dal Tibet, di lapislazzuli dallo Sri Lanka, di corallo dal Mar Rosso, di cornalina dalla Persia e dallo Yemen, di onice dal Dekkan e dalla Persia, di granati dal Gange e dal Bundelkhand, di agata dallo Yemen e da Jaisalmer, di cristallo di rocca dall'Himalaya. In tutto, per comporre i motivi delle tarsie incrostate nel marmo bianco, vennero impiegati circa trenta diversi tipi di pietre dure policrome ornamentali.

Il corpo centrale del sepolcro era circondato da quattro minareti identici, inclinati verso l'esterno, in modo che in caso di terremoto crollassero nella direzione opposta alla tomba. Davanti al monumento si trovava lo *charbagh*, un insieme di quattro giardini coperti d'alberi.

Nel corso della giornata, l'insieme rifletteva diversi colori per ricordare – almeno così si diceva – la volubilità e i mutamenti d'umore della donna: rosa all'aurora, bianco splendente a mezzogiorno, dorato al tramonto. E misteriosamente luminoso sotto i raggi della luna.

Terminato l'edificio, Shah Jahan si mise in testa di costruire un mausoleo anche per sé, una replica esatta del Taj

Mahal ma di marmo nero, sull'altra riva del fiume Yamuna. Tuttavia non riuscì ad attuare il progetto. Morì il 31 gennaio del 1666, e venne sepolto accanto alla sua sposa.

Alcuni dicono che in certi periodi dell'anno, quando lo Yamuna esonda, la luna piena mostra sulle sue acque il riflesso del bianco Taj Mahal… un riflesso in nero.

Ringraziamenti

La mia gratitudine va all'amico Merwann, che ha accettato di accompagnarmi lungo questo viaggio. La documentazione che ha saputo raccogliere, come pure i suoi consigli, sono stati per me un aiuto più che prezioso.

Indice

Finito di stampare
nel mese di febbraio 2016
per conto di Neri Pozza Editore, Vicenza
da Elcograf S.p.A.
Stabilimento di Cles (TN)
Printed in Italy